Чукчиские сказки

축치인 이야기

<지식을만드는지식 소설선집>은
인류의 유산으로 남을 만한 작품만을 선정합니다.
오랜 시간 그 작품을 연구한 전문가가
정확한 번역, 전문적인 해설, 풍부한 작가 소개, 친절한 주석을
제공하는 고급 소설 선집입니다.

지식을만드는지식 소설선집

시베리아 설화집

Чукчиские сказки

축치인 이야기

작자 미상

엄순천 옮김

대한민국, 서울, 지식을만드는지식, 2018

편집자 일러두기

• 이 책은 ≪Сказки и мифы народов Чукотки и Камчатки≫ (M. Наука, 1974), http://www.world-tales.ru/chukglav.html; https://www.sxn.io/rossiya-dalnij-vostok-f/chukotskie-skazki-t.html를 원전으로 옮긴이가 가려 뽑아 번역했습니다.
• 주석은 모두 옮긴이가 단 것입니다.
• 외래어 표기는 현행 한글어문규정의 외래어표기법을 따랐습니다.

차 례

동물 이야기

지혜롭고 용감한 축치인 이야기

샤먼 이야기

악령 이야기

동물 이야기

엄마의 복수를 갚은 아칸니카이

순록 한 마리가 새끼를 가진 채 혈혈단신 외로이 살고 있었다. 겨울 내내 산을 돌아다녔다. 봄 무렵 출산일은 가까워지는데 눈은 채 녹지 않았고 눈보라도 여전했다. 결국 눈보라가 치는 와중에 산에서 새끼를 낳았다. 새끼를 핥아 주고 있을 때 늑대가 몰래 다가와서 달려들었다. 어머나 세상에! 엄마 순록은 늑대에 맞서 강렬하게 저항했지만 결국 허사였다. 엄마 순록은 늑대에 의해 처참한 최후를 맞이했다. 아직 몸에 피가 채 가시지도 않은 새끼는 추위 속에서 얼어 가고 있었다. 늑대가 엄마 순록을 먹으려 할 때 새끼가 늑대에게 부탁했다.

"내가 엄마 젖을 먹으면서 자랄 수 있게 엄마 젖은 남겨 줬으면 좋겠어."

"그러지 뭐, 어차피 너는 내 먹이가 될 테니까 상관없어!"

"고마워!"

"그 대신 반드시 기억해. 내년에 너를 잡아먹으러 다시 올 거야! 아무 데도 가지 말고 이곳에서 나를 기다려!"

"네가 올 때까지 여기에 그대로 있을게! 걱정하지 마!"

늑대는 툰드라의 깊은 곳으로 떠났다. 엄마 배 속에서

묻은 핏기가 아직 마르지도 않은 새끼는 눈보라 속에 홀로 남겨졌다. 일어서고 싶었지만 일어설 수가 없었다. 다음 날, 무척 청명했다. 새끼는 기운을 내어 엄마에게 기어갔다. 엄마 젖을 아끼면서 아주 조금씩, 그것도 허기가 느껴질 때만 아주 조금씩 빨아먹었다. 새끼는 점점 순록의 모습을 갖춰 갔고 이제는 제법 빨리 달리게 되었다. 그렇게 혼자 살아갔다. 하지만 절대 엄마의 곁을 떠나지 않았다. 새끼는 달리기의 명수인 순록의 후예답게 더 빨리 달리고 싶었다. 봄이 되어도 새끼는 달리기 연습을 멈추지 않았다. 여름 무렵에는 더 먼 곳까지 아주 민첩하게 달릴 수 있게 되었다. 하지만 어디를 가도 새끼는 항상 엄마에게 되돌아왔다. 이렇게 새끼는 늑대와의 결전을 차근차근 준비하면서 복수의 칼을 갈았다.

'내가 왜 늑대의 먹이가 되어야 해! 어림 반 푼어치도 없지! 엄마의 원수를 반드시 갚아 주겠어!'

가을이 오자 늑대가 불쑥 찾아왔다.

"그래, 어떻게 지냈니? 이제는 너를 잡아먹어도 되겠지?"

"너무 안타까워! 내가 아직 어리고 살이 없어서 먹을 게 그리 많지 않다는 사실이 말이야."

"그래, 듣고 보니 네 말이 맞는 것 같군. 그럼 내년에 다시 올게! 그 대신 아무 데도 가지 말고 내가 올 때까지 기다려! 알아들었지?"

"좋아, 알았으니 가 봐!"

다시 달리기 수련을 했다. 험준한 산 여기저기를 뛰어다녔다. 겨울이 되자 새끼의 달리기 실력은 한층 더 향상되었다. 어느덧 또 1년이 지나갔고 새끼는 더 자랐으며 늑대는 어김없이 다시 찾아왔다.

"자, 이제는 어때?"

"지금까지 살을 많이 찌우려고 엄청 애를 썼어!"

"그렇군. 정말 고맙다."

"열심히 노력했는데도 아직 살이 별로 없다는 사실이 안타까울 뿐이야!"

"듣고 보니 그렇군. 그러면 1년 뒤에 다시 올게."

"고마워."

늑대는 다시 툰드라로 떠났고 완전히 청년이 된 순록은 살을 찌울 생각은 하지 않았고 오로지 더 강하고 더 빠른 순록이 될 생각에 가득 차 있었다. 이를 위해 쉼 없이 달리기 수련을 했다. 1년 후 다시 늑대가 나타났다.

"그래, 이제는 정말로 살이 통통하게 쪘겠지?"

"잘 모르겠어. 내가 보기에 나는 여전히 마른 것 같아. 아무리 노력해도 살이 안 찌네!"

"내가 보기에도 그렇군. 그럼 좋아. 어차피 이렇게 됐으니 1년 뒤에 다시 올게!"

늑대는 툰드라로 떠났고 청년이 된 순록은 1년 동안 또 수련을 했다. 수없이 산을 탔고 절벽을 뛰어다녔다. 1년이 또 지나갔고 어김없이 늑대가 찾아왔다.

"그래, 이제는 정말로 아주 훌륭한 먹이가 되었겠지?"

"물론 더 자란 건 사실이야. 그래도 아직은 좀 마른 편이야. 지난 1년 동안 무척 힘들었거든. 그래서인지 살을 찌우려 해도 안 되더군!"

"정말로 많이 말라 보이는군. 그럼 당분간 살찌우는 데 모든 노력을 기울이도록 해. 일단 이번에도 나는 그냥 간다!"

사실 순록의 말은 거짓이었다. 그동안 살을 찌우려는 노력은 전혀 하지 않았다. 또다시 겨울이 되었고 순록은 까마득한 천척 절벽을 달리면서 쉬지 않고 수련을 했다. 여름이 되자 순록은 더 민첩해지기 위해 산기슭으로만 걸어 다녔다. 뼈를 깎는 노력 덕분에 산양처럼 튼튼하고 민첩해졌다. 높지 않은 절벽 사이를 뛰어서 건너 보았고 바위를 뿔로 받아 보았다. 힘이 굉장해졌다. 그래서 그를 '힘이 센 순록'이라는 의미로 아칸니카이라고 부르게 되었다. 아칸니카이는 달리기 수련을 하지 않을 때는 늑대가 엄마를 죽인 그곳에 와서 뼈만 남은 엄마의 시체 주위를 처연

하게 맴돌았다. 다시 늑대를 만났다. 늑대는 너무 배가 고팠다.

"이봐! 잘 지냈나? 또 왔어. 이제는 정말로 너를 잡아먹어야겠다! 더는 미룰 수가 없어!"

"그래! 그렇게 하도록 해! 지금까지 많이 참았지!"

아칸니카이의 생각은 말과는 달랐다. 늑대와 맞붙어 엄마의 원수를 갚을 생각이었다. 이제 아칸니카이의 몸집은 거대했으며 힘은 무척 셌고 민첩했다.

"좋다, 너를 죽여야겠다!"

"그런데 실없이 앉아서 네게 호락호락 당할 수는 없지! 달리기 시합을 하자! 앉아서 맥없이 네 먹이가 되어 줄 수는 없지 않겠어? 내가 먼저 달릴 테니 한번 쫓아와 봐!"

"알았어! 어디 한번 달려 봐!"

늑대는 아칸니카이 따위는 금방 따라잡을 수 있을 것이라는 확신에 차 있었다. 아칸니카이가 달리기 시작하는데 빨라도 너무 빨랐다. 늑대가 그 뒤를 쫓아갔지만 도저히 따라잡을 수가 없었다. 종당에 늑대가 소리쳤다.

"야! 너 거기서 좀 기다려! 멀리 가지는 않겠다고 네 입으로 말했잖아!"

아칸니카이는 늑대를 높은 절벽으로 유인하기 위해 갑자기 속도를 늦추어 천천히 달리면서 늑대에게 말했다.

"여기까지 와 봐!"

늑대는 한달음에 절벽으로 달려갔다. 아칸니카이가 절벽 밑으로 뛰어내리자 늑대도 같이 뛰어내렸는데… 늑대는 어떻게 되었을까…? 절벽은 강 바로 옆에 있었는데…. 이를 어떻게 한단 말인가! 아칸니카이는 강을 건넜다. 늑대는 강기슭으로 그대로 떨어지면서 다리를 심하게 다쳤다. 그럴 수밖에! 절벽이 얼마나 높았는데! 늑대가 엉엉 울기 시작했다.

"엉 엉 엉! 네 놈의 뼈까지 먹어 치우고 말 거야! 세상에! 너무 아파!"

"너는 그렇게 당해야 해! 어째서 우리 엄마를 죽였지? 아직 엄마의 복수를 다 갚은 게 아니야! 아직 너와 계산할 게 남아 있어!"

늑대는 굴러떨어진 절벽 옆에 누워서 소리쳤다.

"그래? 어디 네 엄마에 대한 복수를 할 테면 해 봐! 내 친구들을 모조리 부르겠어!"

"재밌겠는데. 네 친구들을 다 오라고 해 봐! 나도 친구들을 부르겠어!"

아칸니카이는 여우와 담비에게 도움을 요청했다. 늑대를 도와주러 늑대들이 떼지어 몰려왔다.

"아칸니카이라는 저 순록을 죽여야 돼! 처음에는 달리

기 내기를 하자고 해. 이기면 그 자리에서 즉시 죽여! 하지만 가장 고통스러운 방법으로 죽여야 돼! 그냥 죽이면 절대 안 돼! 명심해!"

"알았어."

늑대 떼에 더하여 오소리, 갈색 곰, 쥐들, 다람쥐들, 갈매기들 그리고 늙었지만 덩치가 거대한 산만 한 순록까지 늑대를 도와주겠다고 출정했다. 이 순록의 이름은 마타치기르키나이닌[1]이었는데 몸만 순록이었지 다리는 개의 다리였고 뿔은 태양을 덮을 정도로 거대했다. 아칸니카이에게는 여우와 담비밖에 없었지만 아칸니카이는 이 순록에 대해 눈곱만큼의 두려움도 느끼지 못했다. 늑대가 친구들에게 말했다.

"준비됐지? 그럼 싸우러 가자!"

출정했다. 쥐들은 거대한 순록의 발자국을 따라 달려갔고 다른 동물들은 풀을 밟고 달려갔다. 마타치기르키나이닌의 뒤에는 눈보라 비슷한 회오리바람이 휘몰아쳤고 그는 모습이 보이지도 않을 정도로 정말 빠른 속도로 달려갔다. 무척 오랫동안 달렸다. 일부는 달리는 속도가 더 빨라졌고 일부는 더 느려졌다. 잠시 후 뒤처지는 동물들이 속

---

1) '중매쟁이'란 의미다.

출했다. 갈매기는 마타치기르키나이닌에게 뒤지지 않으려고 무진장 애를 쓰면서 젖 먹던 힘까지 다했지만 결국 순록에게 선두를 놓치고 말았다. 아칸니카이가 친구들에게 말했다.

"친구들! 마타치기르키나이닌을 앞지르자! 그가 우리를 앞지르게 내버려 둘 수는 없지 않겠니?"

"물론이지, 자! 달리자!"

여우와 담비는 아칸니카이의 겨드랑이 밑에 매달려서 아칸니카이와 함께 달렸다. 그런데 얼마나 빨리 달리는지! 마타치기르키나이닌과 비교 자체가 불가능한 것이 아닌가! 옆에서 그 모습을 보면 하늘을 날고 있다는 착각이 들 정도였다. 그렇게 마타치기르키나이닌을 따라잡았다. 아칸니카이는 눈보라 속으로 빠져든 것 같았다. 날씨는 무척 청명했기 때문에 이 눈보라는 마타치기르키나이닌이 달리면서 일으킨 회오리바람이었다. 아칸니카이가 친구들에게 말했다.

"좋아, 이제는 마타치기르키나이닌을 죽이자!"

아칸니카이는 회오리바람 속으로 돌진해서 마타치기르키나이닌을 죽였다. 이제 남아 있는 힘겨운 상대는 곰뿐이었다. 담비가 제안했다.

"내가 곰과 겨뤄 보면 어떨까?"

"그래 한번 해 봐."

담비가 곰을 향해 돌진하더니 맞붙어 싸우기 시작했다. 담비는 아주 높이 아주 멀리 뛰어올랐다. 곰은 돌연 담비를 시야에서 잃어버렸다. 도대체 담비는 어디로 갔을까! 그때까지도 곰은 담비가 자신의 입안으로 뛰어 들어간 사실을 알아채지 못했다. 곰이 말했다.

"이 녀석은 도대체 어디에 있는 거야?"

그러다 별안간 극심한 통증으로 되도 않는 소리를 질러 대기 시작했다.

"악! 악! 악!"

땅 위를 데굴데굴 구르다 결국 비명횡사했다. 담비가 곰의 입에서 기어 나오면서 아칸니카이에게 말했다.

"입안으로 들어간 뒤 곧장 위장으로 가서 발톱으로 마구 할퀴었더니 숨도 한번 크게 못 쉬고 죽어 버렸네."

"잘했어, 정말 고마워! 엄청나게 힘든 상대를 죽여 주다니!"

아칸니카이는 이제는 자신의 능력을 보여 주고 싶었다.

"아직 갈매기가 남아 있군!"

하늘로 뛰어올라 갈매기의 날개를 잡아채 모두 죽였고 쥐들은 밟아 죽였으며 늑대들과의 대결은 더 이상 말할 필요조차 없다. 싸움 상대가 되지 않았다. 이제는 엄마를 죽인 늑대만 남았다. 아칸니카이가 늑대를 쫓아갔다.

"자! 이제는 우리의 계산을 끝내자! 그렇게 심하게 눈보라가 치는 날 왜 우리 엄마를 잡아먹었지? 갓 태어난 나를 옆에 두고 말이야! 내가 얼마나 힘들었는지 알아? 네가 나를 능멸한 것을 잊지 않고 있었어! 이 못된 늑대 새끼!"

아칸니카이는 아주 격하게 화를 내면서 말을 이어 갔다.

"네가 한번 생각해 봐! 내가 매일 너를 위해 살을 찌우려는 노력을 했을 것 같아? 절대 그럴 일은 없지. 나는 오직 강하고, 민첩하고, 빠르게 달리고 싶은 생각뿐이었어. 이 모든 것은 너에게 복수를 하기 위한 것이었어! 알아들었어!"

그 자리에서 아칸니카이는 이 못된 늑대를 죽였고 친구들에게 말했다.

"도와줘서 너무 고마워! 이제부터 우리 같이 행복하게 그리고 사이좋게 살자!"

아내를 구하러 나선 수캐

아내를 구하러 옆 마을로 간 수캐가 어느 집 문 옆에 앉아 있었다. 잠시 후 주인 개가 집으로 들어오라고 했다.

"무슨 일로 어디에서 왔는가?"

"아내를 구하러 왔습니다."

"딸들아, 들었느냐?"

딸들 중 한 명이 말했다.

"예, 제가 아내가 되겠어요."

아침에 수캐는 아내를 데리고 집으로 돌아갈 채비를 했다. 엄마 개가 딸에게 소시지를 준비해 주면서 당부했다.

"가다가 혹시라도 병약한 개를 보거든 이 소시지를 주도록 해라."

길을 떠났다. 남편 개가 도중에 말했다.

"저기에 내 조상님들이 누워 계신다오."

아내는 못 들은 척하고 잠자코 걸었다. 하다못해 듣는 시늉이라도 하면 좋으련만….

집 근처에 가니 지저분한 강아지들이 부부를 마중 나왔다. 아내가 투덜거렸다.

"대체 저렇게 지저분한 강아지들이 왜 우리를 마중 나

오는 거야? 어휴, 기분 나빠! 저리 가! 더러워!"

강아지들은 울면서 집으로 달려가서 엄마에게 형이 아주 못된 아내를 데리고 온다고 전했다. 시어머니가 입에 관솔을 물고 며느리를 맞으러 나왔다. 며느리는 시어머니인지 모르고 마구 화를 내면서 쫓아 버렸다.

"저리 가! 내 몸에 불이 붙으면 어쩌려고 그래? 네가 책임질 거야? 그 관솔로 네 털과 귀나 몽땅 태워 버려!"

도대체 어찌된 심보인지! 그러한들 어쩌겠는가! 남편이 집에 들어가면서 아내에게 눈을 감으라고 했다. 하지만 아내는 보란 듯이 두 눈을 부릅뜬 채로 들어갔다. 이번에는 남편이 눈을 감고 집 밖에 있는 헛간 옆 얼음 구덩이에 가서 물을 가져오라고 했다. 아내는 이번에도 남편 말을 귓등으로도 듣지 않았다. 그러니 얼음 구덩이를 찾지 못할 수밖에! 적반하장도 유분수지 집으로 돌아온 아내가 소리를 질렀다.

"무슨 얼음 구덩이가 있다고 그래요! 직접 가서 보세요. 개뼈다귀만 나뒹굴고 있어요."

"그래 됐소! 이제 그만 잡시다! 밤에 밖에서 소란스러운 소리가 들려도 절대 나가지 마시오. 하지만 두 번 정도 그 소리가 계속되면 나가 보시오. 그 전에는 절대 나가면 안 되오! 명심하시오!"

그런데 아내는 이번에도 역시 남편 말을 귀담아듣지 않았고 소란스러운 소리가 들릴 때마다 밖으로 나갔다. 결국 남편은 그녀를 아내로 맞이하는 것을 포기하고 고향 마을로 다시 데려다주었다. 집으로 돌아온 수캐는 아내를 구하러 다시 옆 마을로 갔다. 어느 집 문 옆에 앉아 있었더니 이번에도 주인 개가 다가와 물었다.

"어디서 왔나? 무슨 볼일이 있는 것 같은데? 정말 그런가?"

"그렇습니다. 아내를 구하러 왔습니다."

"딸들아, 들었지? 누가 시집갈래?"

"저요, 막내요! 제가 가겠어요."

다음 날 잠에서 깨니 장모가 선물로 소시지를 준비해주었다. 수캐는 소시지를 들고 새 아내와 함께 길을 떠났다. 남편이 한 번도 멈추지 않고 걸어가자 아내가 말했다.

"잠깐만요, 그렇게 서두르지 마세요. 먼저 당신 조상님들께 인사를 드립시다."

아내의 말을 들은 남편은 뛸 듯이 기뻐했다. 조상님께 인사를 드린 뒤 다시 길을 재촉했다. 어느덧 집이 어렴풋이 보였다. 집 근처에 가니 강아지들이 부부를 맞이하러 달려 나왔다. 새 아내는 모두에게 소시지를 한 조각씩 던져 주었다. 강아지들은 집에 가서 엄마에게 형이 매우 착한 아내를 데리고 온다고 전했다. 시어머니가 입에 관솔을 물고 며느리를 맞이하러 나왔다. 아내가 시어머니에게 달려가서 말했다.

"이제는 많이 늙으셨어요. 잘못하다 털을 태울 수도 있어요. 제가 들고 가겠어요. 이리 주세요."

남편은 집으로 들어가면서 아내에게 눈을 감으라고 했다. 아내는 남편이 시키는 대로 했다. 눈을 떴더니 집 안에는 한 번도 본 적 없는, 반짝반짝 윤기가 흐르는 청동 식기가 가득했다. 남편은 이번에는 눈을 감고 헛간 옆 얼음 구덩이에 가서 물을 가져오라고 했다. 아내는 이번에도 남편이 시키는 대로 했다. 눈을 감고 물을 가지러 갔더니 아름다운 얼음 구덩이가 보였다.

자기 전에 남편이 아내에게 말했다.

"소란스러운 소리가 네 번 들리면 그때 밖으로 나가 보시오."

아내는 소란스러운 소리가 들려도 미동도 않다가 네 번 그 소리가 계속 되자 밖으로 나갔다. 집 옆에는 어마어마하게 많은 순록 떼가 있고 그 옆에는 눈부시게 아름다운 청년의 모습을 한 남편이 서 있었다. 남편 옆에는 멋지게 차려입은 아이들이 뛰어놀고 있었고 시어머니는 아름다운 옷을 입고 우아하게 서 있었다.

바람결에 이 이야기를 들은 첫 아내는 자신이 그 수캐의 진정한 아내라며 친구에 대한 험담을 늘어놓았다. 그러나 이제 와서 어쩌겠는가! 엎질러진 물을 다시 주워 담을 수는 없는 법! 어째서 그렇듯 나쁜 행동만 골라서 했단 말인가!

흰 암곰과 결혼한 청년

할머니가 부모를 여읜 손자와 그 삼촌과 함께 살고 있었다. 삼촌은 하루도 쉬지 않고 바다표범 사냥을 나갔고 하루도 거르지 않고 바다표범 고기를 가지고 왔다. 그것도 먹고 남을 정도로 제법 많이 가지고 왔다. 덕분에 소년은 여태 단 한 끼도 걸러 본 일이 없었다. 어느덧 소년은 자라 청년이 되었고 삼촌을 도와 함께 사냥을 다녔다. 삼촌은 청년에게 작살을 만들어 주었다. 청년은 바다표범 사냥을 시작하면서 자신의 끼니는 자신이 해결했다. 언제부턴가는 따로 사냥을 다녔다. 청년이 사냥해 온 바다표범 손질은 할머니 몫이었다.

이날은 청년에게 유난히 사냥 운이 따르지 않았다. 바다표범은 고사하고 물풀 하나 건지지 못했다. 얼음을 타고 먼 바다로 나갔다. 뒤를 돌아보니 이미 꽤 멀리까지 와 있었다. 너무 멀리 왔다는 생각에 되돌아가려는데 갑자기 거센 눈보라가 몰아쳤다. 그 순간 별안간 발을 딛고 있는 얼음이 갈라지면서 청년은 바다 밑으로 한없이 내려갔다. 가늠하기 힘들 정도로 한없이 멀리까지 내려갔다. 그런데 어느 순간 사방을 둘러보니 세상에! 얼음 위에 앉아 있는 것이 아닌가! 그 순간 흰 암곰이 불쑥 물속에서 얼음 위로 올라오더니 청년의 옆으로 다가왔다.

"어디에서 왔어요?"

"글쎄, 나도 내가 어디에서 왔는지 잘 모르겠어! 집이 어느 쪽인지 도무지 모르겠는데…."

"당신 웃옷을 제게 줘 보세요. 한번 입어 보고 싶어요."

"그럼 나는 뭘 입고 있으라고?"

"당신 옷을 빼앗으려는 게 아니라 도와주려는 거예요."

"알았어! 줄게! 주고말고! 자! 입어."

청년의 웃옷을 입은 곰이 말했다.

"당신이 오늘 바다표범 사냥을 못 한 것은 바다 할머니가 사냥을 도와주지 않았기 때문이랍니다."

"그래? 그럼 어떡해야 되지?"

"일단 바닷가로 나가요."

"어떻게?"

"내가 시키는 대로 하면 돼요."

흰 암곰이 물속으로 들어갔고 청년은 흰 암곰의 등에 앉았다. 곰이 말했다.

"눈을 감고 내 귀를 꽉 잡으세요!"

바닷가를 향해 가고 또 갔다. 한참 뒤, 드디어 청년의 집 맞은편 바닷가에 도착했다. 곰이 주저하면서 말했다.

"저를 당신의 아내로 맞이하는 건 어때요? 잘 생각해 보세요. 나쁘지 않을 거예요."

청년은 곰을 아내로 맞이하기로 했고 둘은 청년의 집으로 향했다. 그에 앞서 곰은 가죽을 벗어 얼음 사이에 숨겨 놓았다. 바로 그 순간 예쁜 아가씨로 변한 곰이 청년에게 말했다.

"이제부터 여기에서 사냥을 하면 돼요."

곰이 손톱으로 얼음에 금을 긋자 얼음이 갈라지면서 바다표범이 사방에서 몰려왔다. 바다표범이 얼마나 많은지 눈 위에 검은 깨를 흩뿌려 놓은 것 같았다. 곰이 말했다.

"늘 이렇게 사냥을 하면 돼요! 앞으로는 바다표범을 아주 많이 잡게 될 거예요."

바닷가 높은 곳으로 올라갔다. 드디어 집에 도착하자 청년이 할머니에게 말했다.

"이 사람에게 문신을 새겨 주세요. 제 아내랍니다."

할머니가 암곰에게 문신을 새겨 주면서 물었다.

"어디에서 왔느냐?"

"저도 제가 어디에서 왔는지 잘 모른답니다."

청년은 바다 사냥을 나가서 곰 아내가 시킨 대로 했다. 덕분에 바다표범을 참 많이 잡았다. 어느 날 아내가 아이를 가졌는데 곰을 낳았다. 아이의 아버지가 된 청년은 더

욱 열심히 바다표범 사냥을 다녔다. 이제 바다표범 가죽을 벗기고 내장을 손질하는 것은 아내의 몫이었다. 새끼 곰은 늘 비계만 먹었다. 아내가 또 아이를 가졌는데 이번에는 사람의 아들을 낳았다. 이웃 아이들은 새끼 곰에게 놀러 오는 것을 무척 좋아했다. 아이들은 해가 뜨면 눈곱도 떼지 않고 새끼 곰에게 달려왔다. 아이들은 새끼 곰과 함께 있는 시간이 말할 수 없이 즐거웠다. 그런데 할머니는 이것이 심히 못마땅했다. 어느 날 할머니가 잔소리를 늘어놓았다.

"이 녀석들아, 이제 그만해라! 실컷 놀았어! 정말로 너무 시끄럽고 정신이 없구나! 너희들이 얼마나 정신을 빼놓는지 불도 잘 안 타는구나! 우리 손자며느리의 정체가 궁금했는데 알고 보니 흰 곰이었어! 세상에! 대체 이게 무슨 일이냐! 날벼락도 유분수지!"

새끼 곰이 갑자기 풀이 죽었다. 엄마가 돌아와서 물었다.

"왜 그렇게 풀이 죽었니? 무슨 일 있었니?"

"아니요, 그냥 할머니한테 혼났어요."

할머니가 말했다.

"우리 손자며느리가 알고 보니 흰 곰이었어, 세상에! 어떻게 이런 일이!"

엄마가 새끼 곰에게 옷을 입히자 둘째 아들이 물었다.

"어디 가려고?"

"여기를 떠나려고!"

"엄마! 나도 데려가! 나만 남겨 놓고 가면 어떻게 해!"

그렇게 셋이 바닷가로 떠났다. 얼음이 있는 곳에 도착하자 엄마는 얼음 틈 사이로 손을 집어넣어 숨겨 놓았던 곰 가죽을 꺼냈다. 가죽을 입자 엄마는 예전처럼 흰 곰이 되었다. 그렇게 셋이 먼 바다로 떠났다.

남편이 바다 사냥을 마치고 집으로 돌아왔다. 바다표범을 잡아 왔다.

"여보! 이리 나와 봐, 바다표범을 잡아 왔어. 표범의 낯짝에 물을 부어야지."

할머니는 잘 듣지를 못했다. 다시 남편이 말했다.

"물은 어디에 있어?"

할머니가 말했다.

"여기에는 지금 나뿐이 없다."

"아내와 아이들은 어디에 있어요?"

"글쎄다… 어디에 있는지 모르겠는데."

"할머니가 또 뭐라고 했어요?"

"그래! 내가 조금 야단을 쳤다. 그랬더니 쌩하고 나가버리더구나."

"뭐라고 하셨어요?"

"이 말밖에 안 했다. 우리 손자며느리가 알고 보니 흰 곰이었다고. 세상에 어떻게 이런 일이 있냐고."

남편은 아내와 아이들을 찾아 길을 나섰다. 바다 수탉의 가죽,[2] 활, 철로 만든 창, 작살 촉을 자루에 집어넣고는 길을 떠났다. 우옐렌 마을 쪽으로 나 있는 아내와 아이들의 발자국을 발견하고는 발자국을 따라 걸었다. 걷고 또 걸었다. 얼마나 걸었을까? 불현듯 저 멀리서 아내와 아이들이 걸어가는 것이 보였다. 흰 곰, 새끼 곰, 어린 남자아이였다. 인기척을 느낀 아내가 뒤를 돌아보았다. 이내 남편임을 알아차린 아내가 남편에게 다가왔다.

"어디 가는 거예요? 내 고향에 가면 곰들이 분명 당신을 죽이려고 할 거예요!"

"당신을 안 만났으면 나는 이미 오래전에 죽었을 거야!"

"제게는 친척이 아주 많아요. 남편도 있어요. 그들이 당신을 죽일 거예요!"

"죽이라고 해! 당신이 없었으면 나는 이미 오래전에 죽었을 거라니까!"

"정 그렇다면 같이 가요!"

---

2) 바다 수탉은 수탉의 형상을 한 바닷속 상상의 동물로 에스키모인들 사이에는 바다 수탉의 형상을 한 부적이 제법 널리 전파되어 있다.

바다 한가운데로 갔다. 얼음 사이를 건너면서 계속 앞만 보고 걸어갔다. 곰의 집을 향해 걷고 또 걸었다. 마침내 곰 아내의 집에 도착했다.

"바로 여기가 우리 집입니다."

집이 얼마나 웅장하던지! 안으로 들어갔다. 곰들이 커튼을 열고 내다보았다. 그런데 무슨 곰이 그리도 많은지! 누가 왔는지 자세히 살펴보더니 무척 기뻐했다. 장인 곰이 들어오라고 하여 안으로 들어가자 곰들이 새끼 곰과 어린 소년을 에워쌌다. 장인 곰이 큰 소리로 말했다.

"앞으로 정신 차려야 합니다! 보십시오! 인간이 왔어요!"

그 말끝에 남편을 쳐다보면서 말했다.

"곰들이 자네를 죽이려 할 것이네."

"예! 그렇게 하라고 하십시오."

"두고 보게. 누가 사냥을 더 잘하는지 내기하자며 자네를 찾아올 것이네."

"알겠습니다. 상관없습니다."

"그런데 이보게! 나도 자네 나이 때는 자네처럼 자신만만했다네."

아닌 게 아니라 잠시 후 아내의 전남편을 앞세운 곰들이 남편을 찾아왔다.

"저 친구가 내 아내를 따라 도대체 어디까지 온 거야?

좋아, 좋아! 어떻게 되는지 두고 보자고! 먼저 누가 사냥을 더 잘하는지 겨뤄 보자. 일단 준비하고 밖으로 나와."

장인 곰이 말했다.

"내 가죽 옷을 입는 게 좋겠어! 안 그러면 위험해!"

"아닙니다. 그냥 이대로 가겠습니다."

남편은 밖으로 나가 자루에서 작살 촉을 꺼냈다. 곰들이 남편 주위를 뛰어다니면서 신기한 듯 두리번거렸다. 한 노인 곰이 걱정스러운 표정을 지으며 곰들에게 말했다.

"어린 곰들을 잘 데리고 있어. 인간에게서 멀찍이 떨어져 있어야 해. 인간이 아이들에게 마법을 걸 수도 있단 말이야."

남편은 밖으로 나가 바닷가로 향했다. 그곳에는 이미 덩치가 산만 한 흰 곰이 와서 기다리고 있었다.

"이봐, 어서 와. 안 올 줄 알았는데 정말로 왔네. 감히 겁도 없이."

"안 오긴 왜 안 와! 비겁하게!"

"자, 그럼 겨뤄 보자. 누가 사냥을 더 잘하는지 한번 볼까!"

"그래 좋아, 해보자고!"

"바다표범 다섯 마리를 먼저 잡는 쪽이 이기는 걸로 하자."

정해진 사냥터에 도착했다. 곰이 배를 대고 엎드려서 바다표범의 동태를 살피기 시작했다. 남편은 순식간에 바다표범 한 마리를 잡았다. 하지만 곰은 계속 바다표범을 지켜보기만 했다. 남편은 벌써 바다표범을 두 마리나 잡았다. 마침내 곰이 바다표범 한 마리를 잡았다. 남편은 세 마리를 잡았다. 곰은 아직 두 마리밖에 못 잡았다. 남편은 이미 바다표범 다섯 마리를 다 잡았지만 곰은 모두 합해도 고작 세 마리밖에 못 잡았다. 그렇게 남편이 흰 곰을 이겼다.

집으로 향했다. 남편이 집에 도착하자 처가 식구들이 뛸 듯이 기뻐하는 것이 아닌가! 그 순간 장인 곰이 말했다.

"인간들은 대단하다니까! 그런데 어쩌나! 내일이면 자네는 반드시 죽을 것이네."

"예! 좋습니다! 저는 그러지 않아도 이미 오래전에 죽은 목숨입니다."

다음 날 다시 장인 곰이 말했다.

"이번에는 정말로 내 가죽 옷을 입고 가는 게 좋겠어."

"아닙니다. 이대로 가겠습니다."

남편은 자루에서 바다 수탉 가죽을 꺼내 허리춤에 찔러 넣은 뒤 활과 화살 네 대를 들고 바닷가로 향했다. 절벽에서 이미 곰이 기다리고 있었다. 구경꾼들이 모여들었다.

처가 식구들은 잠시 후 펼쳐질 비극적인 장면을 떠올리면서 매우 처연한 모습으로 앉아 있었다. 곰이 절벽에서 바다로 뛰어내린 뒤 돌을 꺼내 와 남편에게 보여 주었다.

"이 돌을 잘 봐 둬! 바다 밑에 가서 이 돌을 찾고 네 돌도 하나 주워 와. 돌이 더 무거운 쪽이 이기는 거야! 알았지?"

곰은 돌을 바닷속으로 다시 집어 던졌다. 남편은 뒤로 물러섰다가 곧장 바닷속으로 뛰어들었다. 수탉의 가죽을 입은 남편은 물속에서 날아다녔다. 수탉의 가죽을 챙긴 이유가 이제야 드러났다. 물속에서 쉽게 날아다니려는 심산이었다. 바다 아래로 내려가니 돌 두 개가 있는데 하나는 조금 전에 곰이 던진 바로 그 돌이었고 하나는 그보다 무거워 보이는 다른 돌이었다. 남편은 제법 오랫동안 바닷속에 있다가 물 위로 올라오면서 곰에게 말했다.

"자! 보거라! 이건 조금 전 네가 던진 돌이다. 내가 네 친구를 죽이고 아내를 차지하게 될 것 같구나."

남편은 다시 바닷속으로 들어가 더 묵직한 돌을 꺼내 얼음 위에 놓았다. 그 자리에 있던 모든 곰이 이 돌을 똑똑히 보았다. 이 돌은 한눈에도 아까 곰이 물속에서 꺼낸 돌보다 훨씬 무거워 보였다. 남편은 돌을 다시 바닷속에 던졌다. 남편이 곰을 이겼다. 처가 식구들은 기쁨에 겨워 한달음에 집으로 달려갔다. 장인 곰이 물었다.

"어떻게 되었느냐?"

"세상에 그가 또 이겼어요!"

장인 곰이 말했다.

"인간들은 정말 대단해! 놀라울 뿐이야!"

남편이 집에 오자 처가 식구들은 눈물을 흘리면서 기뻐했다.

"너무 좋아하지 말게! 내일은 기필코 자네를 죽이려 할 거네! 내일 자네는 격투를 하게 될 것이야!"

"예! 좋습니다!"

장인이 남편에게 말했다.

"이번에는 정말로 내 가죽 옷을 입도록 하게."

"아닙니다, 이대로 가겠습니다."

다음 날 곰이 또다시 남편을 찾아왔다. 남편은 웃옷의 등에 활과 화살 세 대를 숨기고 경기를 하러 갔다. 곰은 미리 와서 남편을 기다리고 있었다. 엄청나게 많은 관중이 이 격투기를 보려고 옥시글옥시글 몰려들었다. 남편이 곰에게 가자 곰은 예고도 없이 바로 남편에게 달려들었다. 남편은 조금도 당황한 기색 없이 껑충껑충 뛰면서 곰의 주먹을 피했다. 다시 곰이 그에게 달려들었지만 한 방 제대로 때리지도, 한번 제대로 잡지도 못했다. 지친 곰은 숨을 거칠게 몰아쉬었다. 그 순간 남편이 곰에게 달려들어 활을 쏘았다. 다시 곰이 돌진해 왔으나 이미 기운이 빠져 남편의 옆을 스치고 갔다. 남편이 다시 활을 쏘았다. 곰은 가쁘게 숨을 몰아쉬었다. 남편이 세 번째 화살을 쏘자 곰은 땅에 주저앉으면서 잠시 으르렁댔다.

"어째서 이 땅에 있는 모든 것이 파랗게 보이느냐?"

곰은 몸을 쭉 늘어뜨린 채 그대로 땅에 나동그라지면서 죽고 말았다. 관중은 혼연일체가 되어 떨 듯이 기뻐하면서 이런 말을 주고받았다.

"우리의 독재자를 죽인 저 사람에게 정말 감사해야 해!"

처가 식구들이 집으로 달려가자 장인이 물었다.

"그래, 어떻게 되었느냐?"

"그 사람이 곰을 정말로 죽였어요!"

"어떻게 그런 사람이 있단 말이냐! 내가 언젠가 땅에 갔었지. 그때 사람들이 얼마나 나를 쫓아다니던지! 어휴, 나는 그들을 피해 도망 다니느라 엄청 고생했단다. 달리고 또 달려도 계속 쫓아오는 거야. 그러다 막다른 골목에 가고 말았지 뭐냐! 정말 바로 내 옆에까지 쫓아왔는데 내가 그 순간 물속으로 뛰어들었어. 물속에서 가만히 보니 사람들이 바닷가까지 쫓아와서 나를 찾고 있더군. 그 사람들은 정말 나쁜 사람들이었는데…. 사람들이 다 그런 건 아닌가 보군. 그런데 아직 우리에게는 흰 곰이라는 거대한 산이 남아 있다네! 엄청나게 포악한 독재자지!"

남편이 말했다.

"좋아요! 제가 흰 곰의 숨통을 완전히 끊어 놓겠어요."

장인 곰이 말했다.

"아니야, 흰 곰과는 싸움을 하면 안 될 것 같아. 이쯤에서 그만두게."

장인 곰의 말은 허공에서 부서졌다. 남편은 이미 밖으로 나간 뒤였다. 그 순간 관중이 다시 구름같이 모여들었다. 그런데 갑자기 그 많던 관중이 일언반구도 없이 모두 집으로 뿔뿔이 흩어지는 것이 아닌가! 남편이 생각했다.

'흰 곰은 어디에 있지…. 흰 곰은 한 번도 본 적이 없는데….'

남편은 바닷가로 갔다. 그곳에는 곰들이 옆에 가는 것조차 두려워하는 흰 쥐가 있었다. 남편이 흰 쥐를 쫓아가서 발로 밟자 찍소리 한번 못 내고 그 자리에서 죽어 버렸다. 이 광경을 본 곰들이 말했다.

"정말로 사람들은 대단해! 발로 한 번 밟았을 뿐인데 죽어 버리다니!"

처가 식구들이 한달음에 달려가서 장인에게 말했다.

"세상에 우리에게 구세주가 왔어요! 흰 곰을 발로 밟았더니 그 자리에서 찍소리도 못 내고 죽었어요! 우리의 독재자가 완전히 죽었어요! 이제 우리에게 평화가 찾아왔어요!"

곰과 함께 겨울잠을 잔 목동 티네시킨

어느 가을날 목동 티네시킨은 무리에서 뒤처진 순록을 찾고 있었다. 눈보라가 일었다. 티네시킨은 너무 얇게 입고 있어서 얼어 죽기 직전이었다. 곰 굴을 발견하고 그곳으로 들어갔다. 곧 굴 근처에 온 곰이 킁킁 냄새를 맡으면서 주위를 둘러보더니 굴 안을 들어왔다. 티네시킨을 발견한 곰은 그를 때리면서 옷을 갈기갈기 찢어 버렸다. 티네시킨이 곰에게 애원했다.

"제발! 그만 때려! 너무 아프잖아!"

"뭐야? 어처구니가 없군! 너 때문에 내가 얼마나 놀란 줄 알기나 해? 왜 여기에 있는 거야? 왜 내가 들어올 때 인기척을 하지 않은 거야? 대체 어디에서 온 거야?"

"무리에서 뒤처진 순록 한 녀석을 찾아다니다가…. 너무 춥고 얼어 죽을 것 같아 이곳에 와서 잠깐 몸을 녹이고 있었어."

"아하! 그렇구나! 그럼 나와 함께 여기에서 겨울을 나자. 어차피 나는 겨우내 잠만 잘 텐데 뭐."

"좋아, 그렇게 하자. 나도 실컷 자고 싶어."

"그런데 내 말 명심해. 나를 깨우고 싶거든 손으로 치지 말고 돌이나 막대기를 들어서 머리를 내리쳐야 해. 안 그러면 못 일어나거든."

자려고 누웠다. 티네시킨이 잠든 곰의 털을 손으로 만지작거렸다. 곰이 갑자기 벌떡 일어났다.

"아악! 누구야? 대체 어떤 놈이야?"

"나야. 내가 네 털을 만졌어."

"어휴! 화를 안 낼 수가 없구나. 너는 바보 아니니? 어째서 털을 만지는 거야? 나를 깨우고 싶으면 어떻게 하라고 했어? 조금 전에 들은 것도 기억을 못 하니? 정말 미치겠네!"

다시 자려고 누웠다. 다음 날 티네시킨이 다시 곰을 깨우기 시작했다. 이번에는 돌을 들어 머리를 내리쳤다. 세상에! 곰이 잠에서 깨어 벌떡 일어나 앉았다.

"왜 깨웠어?"

"집에 가고 싶어."

"좋아, 집으로 가. 저 산 너머에 네 집이 있어."

티네시킨은 집으로 돌아왔다. 가족들은 이루 말할 수 없는 기쁨에 모두 고함을 지르면서 껴안아 주었다.

"그런데 그동안 어디에 있었니?"

"곰이랑 같이 있었어요. 함께 겨울을 났어요."

순록 사육인이 되고 싶었던 갈색 곰

갈색 곰은 순록을 사육하고 싶은 마음에 마을에서 가장 부유한 순록 사육인 차우추를 찾아 나섰다. 어마어마한 순록 떼를 발견한 곰은 멀찍이 떨어진 곳에 우두커니 앉아 있는 차우추에게 다가갔다.

"안녕하세요!"

"안녕! 무슨 일이야?"

"순록을 길러 드릴게요. 그 대가로 제게 순록을 몇 마리만 주세요. 저도 순록을 기르고 싶어요."

"알았어. 직접 순록을 기르기 전에 내 순록을 길러 보는 것도 괜찮지. 낮에 나 대신 순록을 지켜 주면 그 대가로 순록을 줄게."

"정말이죠? 그럼 낮에는 제가 순록을 지킬게요."

"그래! 그럼 오늘부터 시작하자. 나는 집으로 갈게. 대신 석양이 지면 순록 떼를 집으로 몰아 와야 해."

"집이 어디죠?"

"저기야. 저기 계곡에 있어."

"알았어요. 순록은 제가 지킬 테니 집에서 쉬세요."

차우추는 집으로 갔고 곰은 순록 곁에 남았다. 저녁이

되자 순록들이 뿔뿔이 흩어지기 시작했다. 곰은 순록들을 한곳에 모으려고 무진장 애를 썼지만 허사였다. 달래기도 하고 으름장도 놓았지만 모두 헛수고였다. 약이 박박 오른 곰이 순록에게 소리를 쳤다.

"도대체 너희는 무얼 찾아 그렇게 쉴 새 없이 돌아다니는 거니? 세상에? 뭐 이런 것들이 다 있어? 내가 묻는 말에 대답 좀 해! 내가 분명히 물었잖아. 뭘 그렇게 찾아다니느냐고…. 왜 대답을 안 해! 됐어 됐다고! 고개를 땅에 처박고는 도대체 아무 말도 하지 않네. 너희 마음대로 해!"

순록들을 버리고 차우추의 집으로 가니 차우추가 물었다.

"순록들은 어디에 있니?"

"어휴, 아무리 애를 써도 순록들을 모을 수가 없어요. 주인이 떠나자마자 어떻게 알았는지 순록들이 모두 여기저기로 흩어졌어요. 그리고 도대체 무얼 그리 찾아다니는 건지…. 내가 묻는 말에는 대답도 없고…. 내가 뭘 그리 찾느냐고 몇 번이나 물었어요. 하지만 아무런 대답도 하지 않았어요. 벌레인가? 도대체 뭘 그리 찾는 거죠?"

"무슨 일을 그렇게 해! 순록을 남겨 놓고 오면 어떻게 해? 그러고도 순록을 기르고 싶다는 말이 나와?"

갑자기 차우추의 화난 모습에 겁이 난 곰은 우물우물하

면서 말했다.

“에이, 그렇게 화내지 말고 진정하세요! 제발! 나를 죽이지는 마세요!”

“입 닥쳐!”

“아이쿠, 아이고, 나를 죽이고야 말겠구나!”

차우추는 곰에게 달려들었고 곰은 줄행랑을 치면서 소리를 쳤다.

“어머! 세상에! 알고 보니 차우추는 엄청 추악한 짐승이었어!”

늑대의 자식 교육법

젊은 늑대 부부가 있었다. 봄에 아내가 새끼를 낳았다. 겨울 무렵 새끼들은 부쩍 자라 있었다. 하지만 새끼들은 늘 부모 옆에 붙어 있었다. 늑대의 자식 교육은 특별하다. 아버지 늑대가 새끼들에게 떼 지어 있는 순록이나 다른 야생동물 사냥법을 몸소 가르쳐 준다. 순록 떼를 발견한 아버지가 새끼들에게 말했다.

"자, 잘 보거라, 저기에 순록이 많이 있지. 오늘은 운이 좋구나. 저 집은 부잣집이 분명하다. 몇 마리 정도는 너끈히 잡을 수 있겠어. 이렇게 저렇게 이렇게 저렇게 사냥을 하면 된다. 알겠느냐?"

아버지 늑대에게 배운 사냥법을 시험하기 위해 아들들이 출정했다. 아버지와 어머니 늑대는 사냥을 나가지 않았고 그 자리에 남아 아들들의 무사귀환을 염원했다. 늑대들은 묶여 있는 순록의 고삐를 모두 잘랐다. 하지만 1년생 암컷 한 마리만은 건드릴 수 없었다. 짐을 쌓아 둔 썰매에 묶인 채 풀을 뜯고 있었기 때문에 어쩔 수가 없었다. 순록을 잃은 주인은 망연자실한 채 무척 슬피 울었다. 자신의 순록들이 가여워 미칠 것만 같았다. 이 집은 아버지 어머니 네 아들 두 딸이 함께 살고 있었다.

늑대들은 이번에는 다른 마을에 사는 부자의 집을 습격하기로 했다. 그곳에 도착한 아버지 늑대가 아들들에게 말했다.

"이제는 순록이 더 많은 집을 습격할 것이다. 이 순록들의 주인은 아주 부자인데 진저리 날 정도로 못됐단다. 이웃들을 지독하게 괴롭힌단다. 그러니 이 집 순록들에게는 눈곱만큼의 자비도 베풀 필요 없단다. 순록을 모조리 죽여도 좋다. 자, 가서 마음껏 사냥을 하도록 해라!"

늑대들이 순록 떼를 덮치기 시작했다. 매우 서툴렀지만 많은 순록을 죽였다. 어찌되었든 거의 다 죽인 뒤에는 그 자리에서 먹어 치웠다. 그리고 아버지 늑대에게 가서 말했다.

"아버지! 우리가 순록 떼를 다 죽였어요."

"자업자득이지! 이제부터는 못되게 살면 순록들에게 저주가 내린다는 것쯤은 깨닫게 되겠지!"

얼마의 시간이 흐른 뒤 늑대 떼는 이전에 한 번 휩쓸고 갔던 집으로 다시 오게 되었는데 그 집은 엄청난 부자가 되어 있었다. 썰매에 묶여 있던 암컷이 몇 배의 새끼를 낳았고 새끼가 자라서 또 새끼를 낳았기 때문이다. 부자가 된 순록 사육인은 이웃의 가난한 사람들을 불러 함께 일을 했다. 주인도 일꾼도 진심으로 돌본 덕분에 순록들이 정말 무럭무럭 잘 자랐다. 주인은 부자가 된 뒤에도 일꾼들에게 여전히 정중했고 예전에 가난했던 시절의 기억을 잊지 않고 늘 떠올렸다. 그런데 이웃을 괴롭혔던 부자는 늑대들에 의해 순록이 떼죽음을 당한 뒤로 눈 뜨고 보기 민망할 정도로 아주 비참한 처지로 전락했다.

이곳을 다시 찾게 된 늑대 떼는 주인이 가난한 이웃들에게 굉장히 친절하게 대하는 광경을 목도하게 되었다. 아버지 늑대가 아들들에게 말했다.

"이곳에서 다시 사냥을 하자. 지금 우리에게는 먹을 것이 하나도 없단다. 바쁠수록 돌아가야 하듯 주의해야 할 점이 있다. 저 집에는 순록이 굉장히 많지만 한 마리를 각별히 조심해야 한다. 제일 큰 흰색 순록인데 뿔이 무지 크기 때문에 순록들 가운데서도 아주 두드러져 보일 거다. 멀리서부터 그 순록을 주의해서 보거라. 이 순록은 마법에 걸린 순록이기 때문에 이 순록을 죽이면 우리 모두 죽게 된단다. 자, 아들들! 이제 내 말을 잘 알아들었지?"

"예! 명심하겠습니다."

"이제 사냥을 하러 가거라!"

늑대들이 순록 떼를 덮쳤다. 겨우 몇 마리만, 그것도 가장 영양 상태가 불량한 놈들만 덮칠 수 있었다. 똑같이 먹이를 주지만 그중에서도 발육 상태가 불량한 녀석은 나오기 마련이었다. 습격 도중 늑대 한 마리를 잃어버렸다. 아들들이 돌아오자 아버지가 물었다.

"잘했다! 몇 마리를 잡았느냐?"

"모두 여섯 마리입니다."

"그래, 그걸로 충분하다. 그런데 막내가 안 보이는구나?"

"어디에선지 모르겠지만 순록들을 덮칠 때 잃어버렸어요. 어디로 갔는지 도저히 찾을 수가 없었어요."

아버지 늑대는 불안한 마음에 안절부절 어쩔 줄 몰라 했다.

"아이쿠! 에구머니! 이 일을 어쩌면 좋으냐! 분명 흰 순록의 뒤를 쫓아간 것 같구나!"

없어진 막내아들을 애타게 찾기 시작했다. 사방을 돌아다녔지만 도저히 찾을 수가 없었다. 아들들을 모두 불러 모았다.

"그래, 그 녀석은 어디에 있느냐?"

"어디에 있는지 저희로서는 도저히 알 수가 없습니다."

아들들은 무척이나 놀랐고 아버지 늑대는 시간이 흐를수록 더 불안하고 초조해졌다.

"대체 그 녀석은 어디에 있는 거냐? 조금 더 기다려 보자."

기다렸다. 긴 침묵과 긴장의 시간이 이어졌고 1분이 10년 같았다. 피 말릴 정도로 고통스러운 얼마의 시간이 흐른 뒤 없어졌던 막내아들이 나타났다. 땀이 얼마나 심하게 흐르는지 숨 쉬는 것조차 힘들어했다. 그 와중에 있는 대로 자랑을 늘어놓았다.

"봐, 보라고! 내가 얼마나 힘이 세고 겁이 없으며 지혜로운지 말이야! 아버지가 말했던 그 흰 순록을 결국 내가 죽였어!"

아버지 늑대가 말했다.

"도대체 어디에 갔던 거냐? 얼마나 오랫동안 찾았는데…. 형들이 아주 녹초가 되었어. 내가 당부하지 않았느냐. 흰 순록은 절대로 죽이면 안 된다고! 그런데 어쩌면 좋단 말이야! 이제부터 우리에게 저주가 내릴 것이다!"

"어떻게 하면 좋아! 아버지의 말을 완전히 잊어버렸어!"

"자, 이제 이곳을 떠나야만 된다. 하지만 우리가 이곳을 떠나는 것이 문제가 아니다. 우리는 곧 죽게 될 수도 있다. 이 순록은 절대 죽이면 안 되었다. 이제 세 패로 나누어서 신속하게 툰드라로 달아나자."

늑대들은 세 패로 나누어서 각기 다른 방향으로 달아났다. 순록을 죽인 늑대는 엄마 늑대와 함께 가다가 순록을 죽인 마을 근처에 이르자 그 자리에서 죽고 말았다. 순록의 주인이 순록을 죽인 늑대에게 마법을 걸어 둔 것이 분명했다. 그 이후 아들 늑대들은 아버지 늑대를 원망하고 증오하면서 아버지와 함께 사는 것을 거부했다. 그래서 지금도 늙은 수컷 늑대들은 혼자 어두운 툰드라를 헤매 다닌다!

해마의 아내들

한 아가씨가 시집을 통 가지 않으려 했다. 아버지가 남편과 함께 살라고 집도 지어 주었다. 하지만 막무가내였다. 어느 날 아가씨가 아버지에게 말했다.

"제게 깊고 큰 나무통 하나만 만들어 주세요. 부탁이에요."

아버지는 즉시 딸의 청을 들어주었다. 그런데 어째서인지 아가씨는 이틀 내내 낮만 되면 집을 비웠다. 그다음 날은 아예 하루 종일 볼 수가 없었다. 그날 밤, 아가씨의 집에서 아기 해마의 울음소리가 들려왔다. 아버지가 말했다.

"세상에! 어디에선가 해마가 울고 있군. 그래, 어딘지 직접 가서 찾아봐야겠군!"

해마의 울음소리는 아가씨의 집으로 이어졌다. 집에 들어간 아버지는 자신이 만들어 준 통 안에서 갓 태어난 해마가 헤엄을 치며 소리 내어 울고 있는 광경을 보았다. 아버지는 해마를 죽인 뒤 집으로 가지고 와서 말했다.

"할멈! 이거 보시오, 해마를 잡았소. 빨리 삶으시오! 해마 고기를 마음껏 먹어 봅시다!"

아내는 뛸 듯이 기뻐하면서 해마를 삶기 시작했다. 해마가 다 삶아지려는 찰나 딸이 들어왔다.

"딸아! 잘 왔다! 빨리 와서 같이 먹자꾸나."

다가와서 해마 고기인 것을 확인한 아가씨는 한쪽으로 멈칫 물러서면서 말했다.

"제 아이를 먹을 수는 없어요!"

눈물을 흘리면서 밖으로 나간 아가씨는 한달음에 바닷가로 달려가 털퍼덕 주저앉은 채 아주 슬피 구슬 같은 눈물을 뚝뚝 떨어뜨렸다. 그때 해마 네 마리가 바닷물을 헤치면서 아가씨에게 다가왔고 그중 한 마리가 바닷가로 기어 나와 아가씨에게 물었다.

"왜 웁니까?"

"세상에! 집에 갔더니 우리 아기를 부모님이 잡아서 먹고 있었어요. 저를 당신의 집으로 데려가 줘요, 당신의 아내가 되어 함께 살고 싶어요. 당신과 영원히 함께하고 싶어요."

"그건 안 될 말이오! 아버지가 나를 심하게 꾸짖을 거요."

하지만 아가씨는 고집을 꺾지 않았다.

"어서 빨리 이곳을 떠나고 싶어요! 부모님이 우리의 아기를 잡아먹었단 말이에요!"

"그래, 알았소. 떠납시다!"

네 마리 해마와 같이 길을 떠났다. 아가씨는 남편 해마의 등에 올라타서 곧장 넓은 바다로 나갔다. 며칠을 쉬지 않고 바다를 항해했다. 무척 기나긴 여행이었다. 마침내 멀리에서 구름을 닮은 것이 보였고 왁자지껄한 소리도 들렸다. 해마의 나라에 도착한 것 같았다. 남편 해마가 말했다.

"자! 저기가 우리나라입니다. 이제 곧 집에 도착할 거요."

바로 눈앞에 해마들로 가득한 거대한 땅이 나타났다. 해안가로 나가 해마들 사이를 오랫동안 걸어갔다. 중간쯤 가니 좀 전과는 비교도 안 되는 거대한 해마 떼가 보였다. 남편 해마가 말했다.

"드디어 집에 왔구려."

그런데 집이라고 할 만한 것은 아무것도 없었다. 큰 공간에 해마들이 서로 몸을 맞대고 누워 있을 뿐이었다. 해마의 부모가 아들 해마에게 말했다.

"이제 보니 다른 세계의 아가씨를 아내로 데리고 왔구나. 우리가 네게 입이 닳게 말했잖니! 해마 나라의 아가씨와 결혼을 하라고 말이다! 도대체 부모의 말을 귓등으로도 안 듣는구나! 낯선 세계의 아가씨와 결혼하다니. 이제부터 아가씨가 굶지 않도록 네가 잘 보살피도록 해라. 또 아가씨를 잘 지켜 주거라. 친척들이 잘못하여 아가씨를 눌러 죽일 수도 있어."

이렇게 하여 아가씨는 해마 나라에서 살기 시작했다. 남편은 매일 아가씨에게 오징어, 문어, 낙지를 잡아다 주었고 아가씨는 열심히 먹었다. 하지만 아가씨는 날이 다르게 여위어 갔다. 그 모습을 본 아버지 해마가 아들 해마에게 말했다.

"저 아가씨는 먹지 못해 곧 죽을 것 같구나. 너도 저 아가씨가 좋아하는 음식이 무엇인지 알고 있겠지만 내가 염려되어 알려 주겠다. 저 아가씨는 순록, 바다표범, 해마, 고래 고기를 잘 먹는다. 하지만 너는 이 동물들을 사냥할 수가 없다. 물론 지천에 널린 게 해마니 해마는 잡을 수 있겠지. 하지만 그렇게 되는 날 네 친척들이 모두 네게 등을 돌릴 것이다. 참으로 답이 없구나! 어떻게 하면 좋겠느냐?"

아들은 바닥을 응시한 채 잠자코 있었다. 아버지가 다시 말했다.

"아가씨를 집으로 데려다주는 것이 좋겠다. 아가씨가 너무 가엾지 않으냐? 이렇게 하다가 아가씨는 여기에서 죽고 말 거다. 네가 보기에도 정말 마르지 않았느냐!"

"알겠어요, 데려다주는 것이 좋겠어요, 저러다 죽으면 너무 마음이 아프잖아요. 그렇게 되면 저는 정말 힘들어질 거예요."

해마가 세 친구에게 말했다.

"다시 한번 나와 같이 가 줘. 아내를 데려다주고 와야겠어. 지난번처럼 넷이 함께 가자."

가는 도중 아가씨가 남편에게 말했다.

"집으로는 가지 않을 거예요. 부모님을 다시는 보고 싶지 않아요. 더 이상 부모님과 함께 살 수는 없어요. 부모님은 우리의 아이를 잡아먹었어요. 아무 곳이나 좋아요. 다른 곳으로 데려다주세요."

"좋소! 그렇게 하리다. 당신을 다른 마을에 데려다주리다. 당신을 만나기 전에 다른 세계의 아가씨와 결혼을 한 적이 있소. 아버지가 그녀도 집으로 돌려보내라고 했소. 나는 그녀의 고향 마을을 훤히 알고 있는데 그곳으로 데려다주겠소."

"그래요, 그렇게 하는 것이 좋겠어요. 우리는 서로 경쟁자이지만 당신을 기억하면서 사이좋게 지내겠어요."

땅이 보였다. 가까이 가자 남편 해마가 말했다.

"지금 내 친구들이 먹을 것을 마련해 줄 것이오. 괜찮다면 내 첫 아내에게도 나누어 주었으면 하오. 같이 마음을 달래면서 먹도록 하시오."

해마 두 마리가 물속으로 들어가더니 곧 새끼 해마를

잡아 가지고 와서 아가씨에게 건내주었다. 그러고는 해마들은 이내 해마 나라로 돌아갔다. 아가씨는 등에 먹을 거리를 짊어지고 해변을 따라 걸었다. 한참을 걷다 보니 큰 유르타[3]가 있어 안으로 들어갔는데 아무도 없었다. 아가씨가 말했다.

“집주인이 없네…. 주인이 누구일까? 혹시 주인이 와서 나를 죽이는 것은 아닐까!”

집 안에는 순록 고기를 말리는 중이었는데 그 양이 무척 많았다. 아가씨가 혼자 중얼거렸다.

“죽을지도 모르니 죽기 전에 실컷 먹자.”

먹기 시작했다. 자신의 음식은 풀지 않고 그대로 두었다. 갑자기 밖에서 발자국 소리와 말소리가 들렸다.

“어라? 누가 내 집에 왔나 본데? 냄새가 아주 지독한데…. 그래 누구인지 한번 보자! 초대하지 않은 불청객을 무섭게 혼내 주겠어. 겁도 없이 감히 내 집에 들어오다니!”

아가씨는 숨죽인 채 쥐 죽은 듯 가만히 앉아 있었다. 갈색 암곰이 순록 두 마리를 끌고 들어오다 아가씨를 발견했다.

“우리 집에는 왜 온 거지? 너는 인간이잖아!”

---

3) 유르타 : 북방 유목민의 천막집이다.

"해마 남편이 나를 이곳에 데려다주었어. 근처에는 집이 전혀 없어서 하는 수 없이 여기로 들어왔어. 어휴, 너무 화내지 마. 우리 서로 친구가 됐으면 좋겠어."

"그렇군, 나도 해마에게 시집을 갔었는데…."

"아하! 네가 내 해마 남편의 전 부인이구나! 이것은 길을 가면서 먹으라고 남편이 챙겨 준 음식이야. 남편이 이 음식을 너와 함께 먹으라고 신신당부했어."

"그렇구나, 그럼 함께 먹자, 그러고 나서 순록 고기도 함께 먹자. 영원히 나와 함께 살자. 내 친구가 되어 줘."

"좋아, 영원히 너와 함께 살겠어."

"단, 당분간 내가 사냥을 할게. 그동안 너는 게으름 피우지 말고 힘과 지혜를 닦도록 해. 내게는 적이 무척 많아. 적들이 절대로 우리를 무시하지 못하게 해야만 해. 해마다 가을만 되면 습격을 하는데 나는 이미 너무 늙었어. 언젠가는 그들을 이기지 못하는 날이 올 거야. 나는 그날이 오는 게 두려워. 게다가 그들은 떼로 몰려다니는데 나는 혼자란 말이야."

"알았어, 네가 사냥을 하는 동안 나는 열심히 힘을 기르도록 할게!"

아가씨는 힘을 길렀다. 이틀 뒤 곰이 아가씨의 힘을 시험해 보았는데 도저히 이길 수가 없었다. 하지만 곰은 이렇게 말했다.

"아직 멀었어. 계속해서 힘을 기르고 더 빨리 달리는 연습을 해."

마침내 아가씨는 누구도 따라올 수 없을 만큼 힘이 세어졌다. 곰을 새 깃털 들듯이 가볍게 들어 위로 던졌다. 달리는 것도 무척 빨라서 도저히 따라갈 수가 없다. 곰이 말했다.

"됐어, 이제는 충분해! 아주 힘이 세졌어. 더 연습을 하지 않아도 돼. 이제는 적들을 가볍게 물리칠 수 있을 거야."

가을이 되자 창으로 무장한 한 무리의 남자들이 그들을 습격했다. 곰이 말했다.

"너는 풀밭에 가서 숨어 있어. 절대 나를 쳐다보지 마. 사방에서 적들이 내게 달려들 거야. 내가 지치면 '아! 너무 지쳤어!'라고 말을 할게. 그때 밖으로 나와서 고래 뼈를 잡고 그걸로 적들을 찌르면 돼."

곰은 세 명의 남자와 아주 오랫동안 싸웠다. 드디어 곰이 말했다.

"아! 너무 지쳤어!"

그 순간 아가씨가 뛰쳐나와 고래 뼈로 모든 적들을 해치웠다. 그렇게 아가씨가 곰을 구해 주었고 아가씨와 곰은 평생 서로 도우면서 함께 살았다.

괴물 독수리에게서 아내를 구해 온 요나뵤츠긴

요나뵤츠긴[4]이 아내와 함께 살고 있었는데 아들도, 딸도 없었고 개도 키우지 않았다. 요나뵤츠긴은 하루도 거르지 않고 순록 사냥을 다녔는데 순록을 무척 많이 잡았다. 어느 날 밤 사냥을 마치고 집으로 돌아왔는데 아내가 없었다.

'이 사람이 어딜 갔지?'

텅 빈 집에 들어온 요나뵤츠긴은 불길한 예감에 눈을 뒤집고 아내를 찾았지만 어디에서도 찾을 수가 없었다. 한 번도 이런 일이 없었는데! 아내에게 무슨 일이 생긴 건 아닐까…. 결국 아내를 찾지 못한 채 툰드라에 가서 구슬피 눈물을 흘리기 시작했다. 그때 갑자기 어디에선가 여우가 뛰어나왔다.

"요나뵤츠긴! 뭐 하고 있어? 왜 우는 거야?"

"아내가 없어졌어. 아무리 찾아도 찾을 수가 없구나."

---

4) 요나뵤츠긴은 '삶의 저장소'라는 의미다. 축치인의 이름은 대다수가 부사에서 기원하는데 대부분은 현대 축치어에서 그 기원 파악이 가능하다.

"어머나, 세상에! 너무 안됐네."

"제발 아내를 찾을 수 있게 도와줘."

"물론이지! 도와줄게. 그럼 제일 맛있는 고기를 골라서 내게 줘 봐. 그럼 내가 뭔가 조금 힌트가 될 만한 걸 알려 줄게."

"정말? 그렇게 하고말고! 힌트를 알려 준다면야 그보다 더한 것도 줄 수 있어. 지금 당장 제일 맛있는 고기를 삶아 줄게."

"좋아, 나는 잠깐이라도 눈을 붙여야겠어. 너무 피곤하거든. 고기가 준비되면 즉시 나를 깨워."

"물론이지."

요나뵤츠긴은 고기를 삶았다.

"일어나. 고기를 다 삶아 놨어."

"알았어."

여우가 고기를 먹기 시작했다. 정말 많이 먹었다. 고기가 목까지 차올라 더 이상 먹을 수 없을 때까지 먹었다.

"자, 그럼 이제부터 내 말 잘 들어. 네 아내가 집에 혼자 있을 때 어디서인지 정확하게 알 수는 없지만 아주 큰 날개가 달린 남자 거인이 날아왔어. 가만히 보니 사람이 아니라 거대한 괴물 독수리더군! 그 독수리가 네 아내를 하늘에 있는 자기 집으로 데려갔어. 너는 이렇게 하면 돼. 작은 활 하나와 화살 두 대를 직접 만들어서 독수리 나라로 가. 가다 보면 크고 긴 언덕이 보일 거야. 거대한 독수리가 그 언덕을 막고 있기 때문에 언덕을 넘어가면 절대 안 돼. 자기 몸으로 그 크고 긴 언덕을 다 막을 수 있을 정도로 거대한 독수리야. 먼저 그 독수리를 죽여야 돼. 그런데 단 한 번에 독수리를 죽이지 못하면 네가 독수리의 먹이가 될 거야. 그러니까 이렇게 해야 해. 독수리는 자면서도 절대 경계를 늦추지 않아. 독수리들의 나라로 누구도 들어오지 못하게 항상 살피고 있단 말이야. 그러니 정말로 아주 조심스럽게 독수리에게 다가가서 화살을 머리에 정확하게 쏘도록 해. 독수리가 몸을 떨면 즉시 두 번째 화살을 쏴. 이 독수리를 죽이면 대장 독수리가 사는 곳까지 아무런 방해도 받지 않고 갈 수 있을 거야. 대장 독수리가 네 아내를 데려간 범인이야. 그런데 반드시 기억할 게 있어. 대장에게 갈 때까지 누구에게도 들키면 안 돼. 누군가에게 들키는 날이면 너는 죽은 목숨이야."

요나뵤츠긴의 아내의 이름은 바렌이었다. 요나뵤츠긴이 길을 떠날 채비를 하자 여우가 말했다.

"그래, 지금 당장 떠나도록 해!"

요나뵤츠긴이 떠난 뒤 여우는 그의 집에서 살기 시작했다. 요나뵤츠긴이 떠나면서 여우에게 돌아올 때까지 자신의 집에서 살라는 말을 남긴 것도 한 이유였다. 길을 떠난 요나뵤츠긴은 걷고 또 걷다가 갑자기 엄청나게 큰 독수리를 발견했다. 정말 얼마나 큰지 독수리의 몸이 크고 긴 언덕을 다 덮고 있었다. 요나뵤츠긴은 숨소리도 내지 않고 살금살금 다가갔다. 거인 독수리는 요나뵤츠긴이 옆에 오고 있는지도 모른 채 정신없이 자고 있었다. 아주 가까이 다가가서 머리에 정통으로 화살을 쏘았다. 독수리는 몸을 심히 떨면서 극심한 고통에서 벗어나려고 애를 썼다. 하지만 요나뵤츠긴은 즉시 두 번째 화살을 쏘았다. 아! 이렇게 하여 독수리의 숨통을 완전히 끊어 놓았다!

시간이 없었다. 요나뵤츠긴은 길을 재촉했다. 무척 빨리 걸었다. 젖 먹던 힘까지 다했다. 멀리서 아주 거대한 집의 윤곽이 희미하게 보이자 혼잣말을 했다.

"바로 저곳에 바렌이 있을 거야!"

집에서 조금 떨어진 곳에 몸을 숨기고 어스름이 내리기만 기다렸다. 누구의 눈에도 띄지 않는 곳에 숨어 있었다. 드디어 어스름이 내리고 주위가 칠흑처럼 어두워지자 집 바로 옆으로 전속력으로 달려갔다. 집 근처에 갔더니 한쪽 편에 큰 호수가 있었다. 요나뵤츠긴은 호숫가 나무 뒤에 숨었다.

그런데 세상에! 가만히 보니 바렌이 물을 길으러 나오

는 것이 아닌가! 아주 길게 끌리는 옷을 입고 호수로 오고 있었다. 물새들은 해가 떨어지는 시간이 되면 어김없이 물을 뜨러 오는 바렌이 가여워서 슬피 울었다. 바렌은 호수에 도착할 때까지 쉼 없이 눈물을 흘렸다. 아니 호수에 도착한 후에도 고개를 떨구고 하염없이 눈물을 흘렸다. 그러자 호수에 있는 수많은 물새들도 같이 눈물을 흘렸다. 바렌이 잠깐 생각에 잠긴 채 가만히 서 있는데 물새들이 지금까지 들어 본 적 없는 아주 다채로운 목소리로 소리를 지르기 시작했다.

"바렌, 국 국 꾹! 아우 가 아우 가! 바렌, 구 구 꾹! 아우 가 아우 가!"

누워 있던 대장 독수리가 소리를 질렀다.

"대체 저놈의 물새들이 오늘따라 왜 이렇게 극성맞게 울어 대는 거야?"

갑자기 요나보츠긴이 불쑥 뛰어나오자 아내는 꿈인지 생시인지 분간할 수 없었지만 이루 말할 수 없이 기뻤다.

"어디서 오는 길이에요?"

"집에서."

"여기가 어디라고 와요! 당신을 죽일 거예요!"

"마음대로 하라고 해! 내가 그자를 죽이고야 말겠어."

"어머나, 이제는 들어가야겠어요. 늦게 왔다고 욕을 퍼

부어 댈 거예요."

"그래 빨리 가 보시오. 그에게 여기에는 아무도 없다고 하시오. 그리고 이렇게 하시오. 밤에 그와 할 수 있는 한 오랫동안 즐거운 시간을 가지시오. 독수리가 잠이 들면 아주 거대한 칼을 독수리의 목에 꽂으시오."

"그렇게 하겠어요."

바렌이 물을 가지고 돌아오자 아닌 게 아니라 독수리는 길길이 날뛰면서 욕을 했다. 머리부터 발끝까지 화가 넘실넘실 춤을 추었다.

"거기에서 왜 이렇게 오래 있었던 거야? 누구를 만난 것이 분명해! 사실대로 말해 봐. 안 그러면 당장 죽여 버리겠어!"

"아니에요! 아무도 보지 못했어요. 거기에는 아무도 없었어요."

"그런데 왜 이렇게 늦게 온 거야?"

"물을 너무 오래 길었나 봐요."

"아하? 그곳에 사람이 없었다고? 정말이야? 그런데 새들이 왜 그렇게 울어 댔지?"

"새들이잖아요! 새들이 우는 건 당연한 거죠."

"으흠! 듣고 보니 그렇긴 한데…."

독수리는 바렌의 말을 믿기는 했지만 집요할 정도로 계

속 추궁했다.

“어째서 새들이 ‘바렌, 국 국 꾹!’이라고 했지? 도대체 오늘따라 새들이 왜 그렇게 심하게 울어 댄 거지? 혹시 네 남편이 온 거 아니야?”

“세상에, 말도 안 돼! 그 사람이 여기를 어떻게 오겠어요. 그 사람은 절대 이곳에 오지 못해요. 여기가 어디라고…. 너무 멀어요.”

“으흠, 그렇긴 하지.”

그제야 독수리는 바렌의 말을 전적으로 믿었다. 밤이 이슥해지자 둘은 자리에 누웠다. 바렌은 밤새도록 독수리를 즐겁게 해 주었다. 마침내, 독수리가 잠에 곯아떨어졌다. 독수리가 깊은 잠에 빠진 것을 확인한 바렌은 살그머니 일어나서 베개 밑에 숨겨 둔 칼을 꺼냈다. 불을 켠 뒤 커튼을 걷고 있는 힘을 다해 독수리의 목에 칼을 꽂았다. 독수리의 거대한 머리가 몸통에서 잘려 나가 바닥에 나뒹굴었다. 몸통이 일어나려고 발악을 하자 바렌은 한 번 더 칼을 찔렀다. 독수리는 비명 소리 한 번 못 내고 그렇게 황천길로 갔다. 바렌은 뒤도 돌아보지 않고 남편에게 달려갔다.

이렇게 둘은 집으로 갔다. 집에 가니 여전히 여우가 살고 있었다. 여우가 말했다.

"안녕하세요!"

"여우야, 안녕! 아직 모든 위험이 사라진 것은 아니야. 뒤에서 독수리들이 쫓아오고 있어. 어떻게 하면 좋겠니?"

여우는 이리저리 머리를 굴리면서 곰곰이 생각했다.

"두 분은 툰드라로 가서 숨으세요. 저는 여기에 혼자 남아 있을게요. 저한테 모든 걸 맡기세요. 제게 좋은 방법이 있어요."

"그렇게 하마. 부탁한다."

부부는 툰드라로 가서 수풀 뒤에 숨었는데 갑자기 어디선가 어마 무시한 소리가 들려왔다. 산 뒤에서 적들이 구름같이 몰려오는 소리였다. 여우가 분주히 집 안을 돌아다니면서 일을 하고 있었다. 도대체 여우는 무슨 일을 그렇게 열심히 했을까? 적들이 집에 와서 여우에게 물었다.

"요나뵤츠긴은 어디에 있느냐?"

"글쎄요? 모르겠는데요? 그런데 요나뵤츠긴이 누구예요? 도대체 누구지?"

"빨리 말해! 요나뵤츠긴이 어디에 있냐고? 말하지 않으면 너를 당장 때려죽이겠다!"

"글쎄 저는 요나뵤츠긴이 누군지 모른다니까요!"

"그러면 이건 누구의 집이냐?"

"누구의 집이냐고요? 당연히 제 집이죠! 무시하지 마세요! 제게도 집이 있답니다! 그렇게 화내지 마세요. 무섭잖아요. 대신 제가 세상에서 제일 맛있는 고기를 삶아 드릴게요. 아마 먹으면 그 맛에 기절할 거예요. 제 집에 이렇게 귀한 손님이 온 게 정말 오랜만이라서…. 너무 기분이 좋네요. 그동안 잠깐 눈을 붙이세요."

"그래, 좋다, 그렇게 하자, 잠깐이라도 눈을 붙이는 게 좋겠다. 너무 오랫동안 날아왔더니 정말 피곤하구나."

적들은 요나뵤츠긴의 집에서 잠이 들었고 여우는 지체하지 않고 집 구석구석에 불을 붙였다. 집이 불타기 시작했다. 불이 활활 타오르더니 잠시 후 집이 시뻘건 불길에 휩싸였다. 여우가 아주 큰 소리로 외쳤다.

"요나뵤츠긴! 네 적들이 불에 타고 있어! 활활 아주 잘 타고 있어!"

요나뵤츠긴은 수풀에서 뛰어나와 집으로 한달음에 달려갔다. 적들은 이미 온몸이 갈고리 모양으로 휘어 있었고 몇몇은 아직 잠에 취한 채 죽는 줄도 모르고 불에 타고 있었다. 이렇게 여우가 적들을 지혜로 물리쳤다. 여우가 적들에게 이렇게 말한 것은 괜한 것이 아니었다.

"제가 세상에서 제일 맛있는 고기를 삶아 드릴게요. 제 집에 이렇게 귀한 손님이 온 게 정말 오랜만이라서…. 너무 기분이 좋네요!"

지혜롭고 용감한 축치인 이야기

공을 가지고 노는 여인

여인 홀로 아주 웅장하고 멋진 집에 살고 있었다. 여인은 아무 일도 하지 않았다. 여인이 하는 일은 공을 가지고 노는 것이 전부였다. 밤이 되면 자고 아침이 되면 일어나 식사를 한 뒤 늘 이렇게 말했다.

"자, 이제 준비가 다 됐으니 오늘도 하루 종일 공을 가지고 놀아 볼까!"

밖으로 나가서 발로 공을 차기 시작했다. 온종일 공을 가지고 놀다가 피곤해지면 집에 돌아와서 쉬었다. 그러던 어느 날 문득 여인은 이런 생각을 하게 되었다.

'새 공을 갖고 싶은데 뭐로 만들지? 가만있어 보자…. 도저히 못 만들겠는데…. 아니야, 만들 수 있을 거야. 그래, 나는 이 세상 사람이 아니라 달나라에서 온 아주 특별한 사람이잖아. 나는 원하는 모든 걸 할 수 있어!'

여인은 달과 태양을 잡아 와서 공을 만들었다. 공의 절반은 달, 절반은 태양이었다.[5] 공은 준비되었으나 안에는

---

5) 축치인과 에스키모인이 손으로 가지고 노는 공을 태양으로 형상화하는 것은 태양계의 약탈과 회귀에 대한 신화와 관련이 있다.

아무것도 없이 그냥 텅 비어 있었다. 여인이 말했다.

"이렇게 크고 아름다운 내 공의 안이 비어 있다니…. 너무 안타까워! 뭐로 안을 채우면 좋을까?"

밖으로 나가서 하늘을 쳐다보면서 말했다.

"도대체 내 공을 뭐로 채우면 좋단 말이냐? 그래, 하늘에 있는 별을 모조리 가져와서 채우면 되겠군!"

하늘에 떠 있는 별을 모조리 잡아 와서 집으로 들어가 공 안에다 흩뿌렸다. 일을 다 끝내고 밖으로 나갔더니 하늘에는 별도, 달도, 태양도 없었다. 사방에는 어둠뿐이었다. 여인이 말했다.

"세상에, 어떻게 이럴 수가! 공을 하늘 위로 던져 볼까?"

금방 사방이 밝아졌다. 그런데 공이 땅으로 떨어지면 다시 사방이 어둠의 적막에 휩싸였다. 공을 위로 던지면 밝아지고 여인이 손으로 잡으면 어두워졌다. 놀이가 끝났다. 여인이 공을 가지고 집 안으로 들어가니 주위는 한 치 앞이 안 보일 정도로 어두워졌다. 영문을 모르는 사람들은 무슨 일인지 짐작조차 못 한 채 그저 두려움에 몸을 떨 뿐이었다. 남자들이 말했다.

"이게 대체 무슨 일이지? 태양은 어디에 있는 거야? 달과 별은 또 어디에 있는 거야?"

인초운[6] 마을의 한 남자가 골똘히 생각하더니 이렇게 말을 했다.

“내가 개썰매를 타고 태양 달 별을 찾으러 가겠어!”

남자는 윤기가 자르르 흐르는 바다표범 가죽이 가득 담긴 자루 두 개를 개썰매에 싣고 길고 굵은 통나무를 준비한 뒤 말했다.

“자, 우리 모두 곧 죽을 수도 있습니다! 태양도 달도 별도 없기 때문이죠. 제가 여동생이 사는 로린노[7] 마을에 가서 무슨 일인지 알아보고 올게요.”

길을 떠났다. 기름에 통나무를 집어넣고 불을 붙였다. 불이 활활 타오르면서 길을 환하게 비추어 주었다. 바람 한 점 없었다. 이럴 수가! 이는 필시 하늘이 돕고 있다는 길조가 아니겠는가! 가는 내내 통나무 불이 길을 밝혀 주었다. 이제 목적지까지는 반밖에 남지 않았다.

공을 가지고 놀던 여인이 남자를 발견했다.

“아니 남자잖아! 어떻게 저렇게 지혜로울 수가! 불을 켜고 달려오다니! 지금 당장 나가 봐야겠어. 이 남자를 놓치

---

6) 추콧카의 지명 인추빈에서 파생되었는데 인추빈은 에스키모 식 지명 인식비크에서 기원한다.

7) 추콧카의 지명 루렌 마을(앞이 보이는 사람들이 사는 마을)의 러시아어 음차다.

면 엄청 후회할 거야."

여인이 공을 가지고 밖으로 나가 하늘 위로 던지자 갑자기 사방이 환해졌다.

로린노 마을로 가던 남자는 무척 놀랐다.

"그렇군, 바로 저 여자 때문이었군. 태양이 어디에 숨어 있나, 달과 별은 또 어디로 가 버렸나 궁금했는데 바로 여기에 있었군! 바로 저 여인이 가지고 있었군! 저 여인은 어떻게 태양 달 별을 가지게 되었지? 이 사실을 알면 모든 사람들이 저 여인을 죽이려 들 거야. 어떻게 해야 하지? 여인에게서 공을 빼앗는 게 좋겠어. 그게 가장 좋은 방법이야."

여인에게 다가가자 여인은 집으로 들어가 버렸다. 다시 사방에는 어둠이 흘렀다. 남자가 여인의 집에 가서 말했다.

"이보시오, 여인! 이리 나와 보시오."

"싫어요. 나가지 않을 거요."

"그러지 말고 나와 보시오."

"절대 안 나갈 거요."

남자는 돌로 만든 칼을 꺼내 들고 집 안으로 들어가서 여인을 붙들고 말했다.

"지금 당신을 죽이겠소! 당신은 정말 나쁜 사람이오! 당신 때문에 온 세상 사람들이 죽게 생겼소! 지금 당장 당신을 죽이겠소!"

"죽이지 마세요!"

"아니 당신을 죽여야겠소! 당신 때문에 사람들이 공포에 떨고 있단 말이오! 그걸 알기나 하고 이런 짓을 하는 거요?"

"알았어요, 공을 던질게요."

"좋소! 그렇게 한다면 죽이지는 않겠소, 같이 나가서 던집시다!"

같이 밖으로 나가 여인이 공을 땅으로 집어 던지자 남자가 말했다.

"이게 아니잖소? 왜 공을 하늘로 던지지 않는 거요? 당신이 태양 달 별을 가지고 무슨 짓을 했는지 알기나 하오? 공을 잘라서 당장 던지시오!"

"어머나, 어머나, 어떻게! 그럼 나는 공을 가지고 놀 수 없잖아요!"

서럽게 울기 시작했다. 그에 아랑곳 않고 남자가 "와! 와!" 탄성을 지르면서 공을 하늘 높이 던지자 세상이 금방 밝아졌다.

"앞으로는 절대 이런 짓 하지 마시오!"

"알겠어요. 앞으로는 절대 하지 않겠어요. 맹세해요."

인초운 마을의 남자는 집으로 돌아갔고 태양 달 별을

되찾은 사람들은 기쁨에 겨워 덩실덩실 춤을 추었다. 그때부터 여인은 쉼 없이 바느질만 했다. 공을 만들고 거기에 태양 달 별을 수놓았다. 엄청나게 많은 공을 만들었다. 여인이 얼마나 많은 공을 만들었는지는 알 수가 없다.

큰어머니를 구한 아이

아주 오래전 부모 잃은 아이가 큰아버지와 함께 살고 있었다. 아이는 매일 둑에 가서 눈물을 쏟아 낸 뒤 집으로 돌아오고는 했다. 어느 날 큰아버지가 물었다.

"애야, 어디 갔다 오니?"

"잠깐 둑에 갔다 와요."

"그렇게 연신 울지만 말고 빨리 식사를 해라."

"예, 조금 이따 먹을게요."

이날도 여느 때와 다름없이 아이는 둑에서 눈물을 쏟아 내고 있었다. 그런데 갑자기 풀이 아이에게 말을 걸어왔다.

"애, 울지 마. 이제 그만 울어. 집에 가서 큰아버지에게 새 사냥을 하게 활과 화살을 만들어 달라고 해. 화살은 벽을 뚫을 정도로 날카로워야 해. 그리고 재작년에 없어진 큰어머니를 찾으러 가. 알았지?"

아이가 싱글벙글 기쁜 표정을 지으며 집으로 돌아오자 큰아버지가 물었다.

"오늘은 왜 이렇게 기분이 좋니?"

"큰아버지! 활과 화살을 만들어 주세요. 새 사냥을 할 거예요."

"그래? 지금 당장 만들어 주마. 그동안 요기를 하고 잠시 눈을 붙이도록 해라."

큰아버지가 활과 화살을 다 만들자 아이가 말했다.

"큰아버지! 화살촉을 이것보다 더 날카롭게 갈아 주세요."

"알았다. 더 날카롭게 갈아 주마."

큰아버지는 화살촉을 날카롭게 갈기 시작했다. 화살촉이 아주 날카롭게 갈아진 것 같았다. 큰아버지가 화살을 벽 앞에 놓자 아이가 화살을 쏘았다. 화살이 벽 가운데 박혔다. 아이가 원하는 것만큼 날카롭지가 않았다. 아이가 큰아버지에게 말했다.

"이것보다 더 날카롭게 갈아 주세요!"

큰아버지는 화살촉을 더 날카롭게 갈아서 벽 앞에 놓았다. 아이가 화살을 쏘니 화살이 벽을 뚫고 밖으로 날아갔다. 아이가 말했다.

"이젠 됐어요."

아이는 활과 화살을 들고 밖으로 나갔다. 화살을 쏘아 화살이 가는 방향으로 걸어갔다. 그러던 어느 날 아이가 고모에게 말했다.

"길을 떠나게 음식을 준비해 주세요."

"무슨 음식을 준비해 주면 좋겠니?"

"순록이 있잖아요. 순록 고기를 싸 주세요."

"알았다."

길을 가면서 먹을 음식을 준비하는 고모에게 말했다.

"툰드라와 바다에서 잡아 온 다른 동물 고기도 좀 싸 주세요."

고모는 길을 가면서 먹을 음식을 쌌다. 아이는 등에 먹을거리를 넣은 자루를 짊어지고 길을 나선 뒤 활을 쏘아 화살이 날아가는 곳으로 걸어갔다. 한참을 걸었다. 어느 곳에 이르니 유르타가 있어 안으로 들어갔다. 어린 소녀가 손가락 사이에 실을 끼우면서 놀고 있었는데 실이 너무 낡아서 끊어지기 일보 직전이었다. 아이는 측은한 생각이 들어 자신이 가지고 노는 실을 소녀에게 주었다. 소녀는 뛸 듯이 기뻐했다. 그들은 함께 실을 가지고 놀았다. 소녀의 엄마는 바느질을 하느라 그들을 돌아볼 겨를이 없었다. 소녀가 엄마에게 말했다.

"엄마! 이것 좀 봐요. 오빠가 이 실을 줬는데 아주 튼튼해요. 기분이 너무 좋아요!"

엄마는 놀고 있는 아이들을 곁눈질로 바라보다가 몸을 돌리면서 아이에게 말했다.

"너는 무슨 일로 어디에 가는 중이니?"

"큰어머니를 찾으러 갑니다. 재작년에 누군가에게 납치되었어요."

"아하! 그렇구나."

잠시 후 소녀의 엄마는 아이에게 음식을 대접했다. 아이가 식사를 끝냈다.

"애야, 기특하구나. 분명히 큰어머니를 찾을 수 있을 게다. 그런데 두고 보거라, 너와 함께 갈 친구가 생길 게다."

아이는 밖으로 나가 다시 화살을 쏘아 화살이 가리키는 방향으로 걸어갔다. 가는 도중 유르타가 있어 안으로 들어갔더니 새들이 살고 있었다. 새들은 아이를 아주 반갑게 맞아 주었다. 노인 새가 아이에게 물었다.

"애야! 너 누구를 찾으러 가는 거지? 맞지?"

"예! 큰어머니를 찾으러 가요. 재작년에 누군가에게 납치되었거든요. 큰어머니를 찾아야 해요."

"꾸물거리지 말고 식사를 하자마자 길을 떠나거라. 한시가 급하구나. 내 아들이 같이 가면서 네 친구가 되어 줄 게다."

둘이 함께 길을 가는데 갑자기 사방이 어둠에 휩싸였다. 이에 아랑곳하지 않고 아이와 소년 새는 계속 길을 재촉했다. 아이가 소년 새에게 말했다.

"목이 너무 말라. 한 모금이라도 좋으니 물을 마시고

싫어."

"나도 그래."

물을 찾았지만 도저히 찾을 수가 없었다. 그런데 갑자기 소년 새가 말했다.

"손으로 더듬어 보니 무언가 동그란 것이 있어!"

함께 손으로 더듬었더니 과연 무언가 만져졌다. 아이가 말했다.

"찔러 보자."

동그란 물체를 찔렀더니 구멍에서 즙이 나왔다. 소년 새가 즙을 빨아 먹으면서 말했다.

"뭔지 모르겠지만 시원하고 시큼하고 달달해."

"그래? 어디 한번 마셔 보자!"

호로딸기였다. 아이와 소년 새는 호로딸기 즙을 마신 뒤 가던 길을 재촉했다. 어둠 속에서 걷고 또 걸어 마침내 세상의 경계 지점에 이르렀다. 구멍이 보여 안을 들여다보니 하늘까지 닿아 있는 큰 산 두 개가 보였다. 산들은 갈라지고 맞붙고를 반복했는데 갈라질 때마다 많은 새들이 그 사이를 날아다녔다. 소년 새가 아이에게 말했다.

"다음번에 산이 갈라지고 첫 새가 날아오를 때 저기를 지나가야 돼. 저기에 가면 두 명의 악령이 있을 거야. 먼저 만난 악령에게는 툰드라 동물 고기를, 다음에 만나게 되는 악령에게는 바다 동물 고기를 줘. 이 악령을 지나면 유르타가 보일거야. 그곳에 네 큰어머니가 살고 계셔."

소년 새는 이렇게 말한 뒤 멀리 날아갔다. 소년 새의 말은 틀림이 없었다. 산이 갈라지자 첫 새가 날아올랐다. 이 순간을 놓치지 않고 아이는 그곳을 뛰어 지나갔다. 아이가 계곡을 통과하자마자 산들이 다시 맞붙었다. 계속 걸어가던 아이는 악령을 발견했다. 옆으로 지나갈 때 아이는 악령의 혀에 툰드라 동물 고기를 집어넣었다. 그리고 계속 길을 걸어가다 두 번째 악령이 있어 혀에 바다 동물 고기를 집어넣었다. 쉬지 않고 길을 재촉했다. 정말 오랫동안 걸어간 끝에 드디어 유르타를 발견했다. 문 앞에는 아주 무시무시하게 큰 흰색 곰과 갈색 곰이 묶여 있었다. 문 옆으로 가자 곰들이 으르렁대면서 울어 댔다. 아이가 목걸이를 풀어 물에 적신 뒤 위협하는 시늉을 하자 곰들은 그대로 엎어졌다. 아이가 곰들의 코 사이를 지나갈 수 있을 정도로 곰들은 온순해졌다. 곰들은 아이를 보고 그저 으르렁대기만 할 뿐 아무런 저항도 하지 못했다. 밖의 분위기가 이상하다고 느낀 남자가 여인에게 말했다.

"이봐! 잠깐 밖에 나가 봐! 무슨 일이 있는 것 같아!"

확인하러 나간 여인이 말했다.

"제 조카가 왔어요."

"알았어, 들어오라고 해."

들어가서 일단 식사를 시작했다. 한쪽 구석에서 누군가 기분 나쁘게 웃고 있어 아이는 그곳을 유심히 바라보았다. 악령 몇 명이 게걸스럽게 무언가를 먹으면서 키득거리고 있었다. 입이 어떤 악령은 배에 붙어 있고 어떤 악령은 등에 붙어 있었다. 그리고 몇몇 악령은 입이 얼굴을 가로지를 만큼 컸다. 식사가 끝나자 남자가 아이에게 말했다.

"실컷 먹었으니 이제는 자거라."

이렇게 말한 뒤 남자는 집 밖으로 나갔다. 그런데 유르타 밑에서 이상한 굉음이 들리더니 곧이어 메아리가 되어 울려 퍼졌다. 아이는 도저히 잠을 잘 수가 없었다. 한숨도 못 자고 밤새 누워만 있었다. 아침녘에 큰어머니가 아이에게 왔다.

"이 밑은 불구덩이란다. 그곳에서 남자가 너와 내기를 하자고 할 것이다."

그 순간 남자가 들어와서 아이에게 말했다.

"아하! 일어났구나. 그럼 먼저 식사부터 하고 잠깐 쉬었다 내기를 하자."

식사가 끝나자 남자는 자신은 낡은 자루를 들고 아이에게는 새 자루를 주었다. 바닥이 열리면서 불구덩이가 눈앞에 펼쳐졌다. 무슨 일인지 궁금한 악령들이 그곳으로 우르르 몰려들었다. 주인이 아이에게 물었다.

"네가 먼저 뛰어내리는 게 좋지 않겠니?"

"아니요, 당신이 주인이니까 먼저 뛰어내리는 게 좋겠어요."

남자는 목에 걸린 구슬 목걸이를 물에 적신 뒤 불구덩이로 뛰어내렸다. 잠시 뒤에 되돌아왔는데 발바닥 끝이 조금 탔을 뿐 아무 이상이 없었다. 아이는 뛰어넘기 전에 남자가 했던 것처럼 구슬 목걸이를 물에 적셨다. 남자가 아이에게 말했다.

"자! 이제 네 차례다."

"저는 못 할 게 분명해요. 하지만 한번 해 볼게요. 안 하는 것보다는 낫잖아요."

아이가 뛰어내렸다. 남자보다 훨씬 오래 불구덩이 속에 있다가 되돌아왔는데 발바닥이 정말 아주 조금 그을렸을 뿐 아무 이상이 없었다. 남자가 아이에게 말했다.

"아하! 네가 큰어머니를 찾으러 온 것이 아주 무모한 짓은 아니로구나. 내일 네 큰어머니와 함께 떠나거라."

"그렇게 하겠습니다! 일단 지금은 안으로 들어가서 같이 식사를 하죠."

같이 식사를 한 뒤 남자는 다시 밖으로 나갔고 아이는 곧바로 잠에 곯아떨어졌다. 다음 날 잠에서 깼다. 식사를 마치고 남자와 아이는 바닷가로 갔다. 보트 두 대가 있었는데 한 대에는 작살이 다른 한 대에는 창이 있었다. 남자가 아이에게 말했다.

"너는 어느 보트에 타겠느냐? 작살이 있는 보트냐 아니면 창이 있는 보트냐?"

"작살이 있는 보트를 타겠습니다."

따로 보트를 타고 가면서 사이좋게 이야기를 나누었다. 유르타 맞은편 바닷가에 도착하자 남자가 아이에게 말했다.

"저곳에 네 큰어머니가 있다. 어서 함께 떠나거라. 지금은 툰드라에서 풀뿌리를 캐고 있으니 돌아올 때까지 기다렸다 함께 떠나거라."

이 말을 끝으로 남자는 되돌아갔다. 아이는 보트를 묶은 뒤 남자가 가리켜 준 집으로 들어갔다. 그런데 갑자기 어디선가 기분 나쁜 이상한 비명 소리가 들렸다. 미처 집 안으로 들어오지 못한 여인 악령이 안으로 들어오려고 팔딱팔딱 뛰면서 내는 소리였다. 아이는 유르타에서 나와 보트를 향해 전속력으로 달렸다. 엄청 빨리 달린 끝에 보트를 타고 바닷가를 빠져나올 수 있었다. 그 시각 여인 악령은 유르타 안으로 들어가 날카로운 칼을 찾아 바닷가로 쏜살같이 달려오고 있었다. 바닷가에는 엄청나게 큰 바위가 있었는데 편평하고 매끈매끈했다. 바닷가에 도착한 여인 악령은 큰 바위를 칼로 자르면서 말했다.

"두고 봐! 너를 죽이고야 말겠어!"

이 말에 화가 머리끝까지 치솟은 아이가 악령에게 되돌아와서 말했다.

"그래? 좋아! 그렇다면 내가 먼저 너를 죽여 주겠어!"

아이가 편평한 바위에 작살을 던지자 바위가 산산조각 났다. 아이가 바위 조각을 들어 여인 악령을 찌르자 악령은 그 자리에서 소름 돋는 비명을 지르면서 죽었다. 아이는 다시 보트를 타고 무사히 바다를 건너와 남자에게 갔다.

"그래, 그 여자가 너를 죽이려고 하지 않았느냐?"

"아무 짓도 하지 않던데요. 그런 여자가 누구를 죽일 수 있겠어요? 소리만 고래고래 지를 줄 알았지 아주 멍청하던데요."

"이상하군. 다른 사람들은 잘도 죽였는데."

"그렇게 사람을 잘 죽이는 여자가 어째서 저는 죽이지 못했을까요?"

"여자는 어디에 있느냐?"

"바닷가에 죽은 채로 누워 있지요."

"그래 알았다. 오늘 밤은 내 집에서 자도록 해라. 아침이 되면 큰어머니를 모시고 집으로 떠나거라. 네가 이겼다."

같이 식사를 하고 누웠다. 다음 날 아이는 큰어머니와 함께 집으로 향했다. 한참을 걸어가다 두 번째 악령이 있는 곳에 이르니 악령이 말했다.

"고마워! 배고파서 죽을 뻔했지 뭐니. 다행히 네가 먹을 것을 주어 살아났어. 나도 네게 보답을 하고 싶어. 저기 앞쪽에 있는 내 친구에게 가 봐. 너를 도와줄 거야."

아이와 큰어머니는 한참을 걸어 다른 악령이 있는 곳에 이르렀다. 악령이 말했다.

"고마워! 네가 아니었다면 나는 굶어 죽었을 거야. 마침 네가 먹을 것을 줘서 살아났어. 너를 도와줄게. 내 혀에 앉아. 산이 열리고 첫 새가 나타나면 내게 말을 해. 그리고 재빨리 눈을 감았다가 멈춘 것 같다는 느낌이 들면 그때 눈을 뜨도록 해."

산이 갈라지면서 첫 새가 나타나자 아이가 말했다.

"저기 봐, 첫 새가 나타났어."

두 사람은 재빨리 눈을 감았다. 악령이 두 사람에게 침을 뱉었다. 그들은 악령이 자신들을 어딘가로 데려간다고 생각했지만 눈은 뜨지 않았다. 갑자기 멈춘 것 같아 눈을 떴다. 주위는 어둠만이 자욱했다. 아이가 큰어머니에게 물었다.

"우리가 있는 곳이 어디죠?"

"글쎄다, 잘 모르겠구나."

두 사람은 이미 어둠 속으로 들어온 것이었다. 그 순간 아이는 자신이 놓고 간 자루에 발이 걸리면서 이곳이 소년 새와 함께 호로딸기 즙을 마신 곳이라는 사실을 알아차렸다.

"큰어머니, 이제부터는 곧장 걸어가면 돼요. 여기에서 친구와 함께 호로딸기 즙을 마셨어요."

어둠을 뚫고 하염없이 걸어가는데 갑자기 발밑에서 모래 밟히는 소리가 들렸다. 큰어머니는 모래를 자루에 담은 뒤 계속 길을 걸었다. 마침내 세상의 경계 지점에 이르렀다. 큰어머니는 나뭇가지를 꺾어 양말 안에 넣은 뒤 다시 길을 재촉했다. 유르타가 나타나자 아이가 말했다.

"여기에는 새들이 살아요."

"새가 너를 도와주었니?"

"예! 새들 덕분에 큰어머니를 찾아 함께 올 수 있었어요."

"으흠! 그렇구나."

두 사람은 유르타 안으로 들어갔다. 큰어머니는 자루에서 구슬을 아주 많이 꺼내 여인 새에게 주었는데 이 구슬은 조금 전에 큰어머니가 자루에 넣었던 모래였다. 다시 길을 떠나 실을 가지고 노는 소녀가 사는 집에 이르자 아이가 큰어머니에게 말했다.

"여기에 사는 소녀에게 뭔가 선물을 하고 싶어요."

유르타 안으로 들어갔다. 큰어머니는 양말에서 천 조각을 꺼내 소녀에게 주었다. 그리고 식사를 한 뒤 길을 나서 마침내 집에 도착했다. 아이는 큰아버지 큰어머니와 함께 오래도록 행복하게 살았다.

용감한 에이구스케이

한 남자가 두 아들을 데리고 숲 근처에서 살고 있었다. 남자는 아들들을 사랑하지 않았을 뿐만 아니라 귀찮고 성가시다는 생각에 아주 못되게 굴었다. 마침내 남자는 아들들을 숲에 데리고 가서 버려야겠다고 결심했다.

"애들아, 열매 따러 숲에 가자!"

물론 이것은 새빨간 거짓말이었다.

"신난다! 빨리 가요!"

함께 숲으로 출발하면서 형은 구운 과자를 가지고 갔다. 숲으로 가는 동안 형은 집으로 가는 길을 표시하기 위해 과자 조각을 군데군데 던져 놓았다. 형은 아버지가 거짓말을 하고 있다는 사실을 알아차린 것이 분명했다. 숲에 도착하자 아버지가 말했다.

"잠시 여기에서 기다려라. 덫을 살펴보고 올게."

"알았어요, 기다릴게요."

아버지는 아이들을 두고 떠났다. 아이들이 시야에서 사라지자 뒤도 안 돌아보고 한달음에 집으로 달려갔다. 형이 동생에게 말했다.

"아버지가 너무 오랫동안 돌아오지 않네. 집에 가자."

아이들은 집으로 돌아갔다. 형이 던져 놓은 과자 조각이 아이들의 길잡이가 되어 주었다. 아버지가 깜짝 놀라서 물었다.

"어떻게 길을 알고 왔느냐?"

"아주 쉬워요."

"내일도 열매 따러 숲에 가자꾸나."

다음 날 잠에서 깨자마자 곧장 숲으로 갔다. 이번에 형은 작은 돌을 주머니에 넣고 갔다. 이번에도 집으로 가는 길을 표시해 둘 작정이었다. 그런데 아버지가 너무 먼 곳으로 데려가는 바람에 형이 가져간 돌로 길을 미처 표시할 수가 없었다. 아버지가 말했다.

"여기에서 잠시 기다리도록 해라. 곧 돌아오마."

아버지는 아이들을 숲속에 남겨 두고 떠났다. 지난번과 달리 집으로 가는 길을 찾지 못한 아이들은 이번에는 심히 당황했다. 어둠이 내려오자 하는 수 없이 나무 밑에 웅크리고 앉아 잠이 들었다. 얼마나 스산하고 무섭던지! 다음 날 잠에서 깨어나 눈길 닿는 곳으로 걸어갔다. 집이 어디에 있는지 도저히 알 수가 없었다. 오래 헤매다 집 두 채를 발견했다. 형이 동생 에이구스케이[8]를 불렀다.

---

8) '북방의 작은 사람'이라는 의미다.

"에이구스케이야, 들어가자! 너는 뒷집으로 가. 나는 앞집으로 갈게. 우리 중 한 명에게는 행운이 올 거야."

"그래, 그러자."

그렇게 아이들은 함께 집을 향해 걸어가서 형은 앞집으로, 동생은 뒷집으로 들어갔다. 에이구스케이가 들어간 뒷집에는 여인이, 형이 들어간 앞집에는 이 여인의 부모가 살고 있었다. 여인의 부모가 형에게 말했다.

"세상에, 이런! 우리 예비 사위가 왔구나."

다음 날 아침 뒷집에 있는 에이구스케이를 본 여인의 아버지가 말했다.

"어머나! 여기에 사위가 한 명 더 있군. 세상에! 흰 야생 순록 고기가 무척 먹고 싶군."

여인의 아버지가 자신의 집으로 돌아가자 여인이 말했다.

"에이구스케이야! 네가 진정 용감하고 지혜롭다면 살아남게 될 거야. 저 산 너머에 아주 어마어마하게 큰 흰 야생 순록이 있는데 땅속에 박혀 있단다. 이 활과 화살을 가지고 가. 순록을 보는 즉시 쏘아야 돼. 단 실눈을 뜨고 쏘아야만 돼. 똑바로 쳐다봐서는 안 돼. 절대!"

에이구스케이는 활과 화살을 들고 길을 떠났다. 산에 올라가니 정말로 어마어마한 순록이 서 있었다. 머리가 세 개이고 다리는 땅속에 박혀 있었다. 에이구스케이는 실눈을 뜨고 활시위를 당겼다. 우르르 쾅! 아주 강한 울림이 들렸다. 마치 큰 절벽이 무너져 내리는 것 같았다. 잠시 후 잠잠해졌다. 에이구스케이는 무슨 일이 일어났는지 자세히 살펴보았다. 순록이 죽은 것이었다.

에이구스케이는 고기를 조금 등에 짊어지고 내려왔다. 바로 그 야생 순록은 약혼녀를 구하기 위해 이곳에 왔던 남자들을 모두 잡아먹은 아주 나쁜 놈이었다. 못된 놈 같으니라고! 에이구스케이가 집에 돌아와서 말했다.

"고기를 가져왔습니다!"

여인의 아버지가 말했다.

"에이, 무서워! 세상에! 엄청난 순록을 죽이다니…. 이 소년은 아주 나쁜 녀석이로구나!"

여인이 말했다.

"아니에요, 아주 훌륭한 소년이에요."

다음 날 다시 여인의 아버지가 명령했다.

"에이구스케이야! 가서 거인의 혀를 가져오너라."

여인이 말했다.

"거인의 혀를 가져오는 것은 불가능해요. 죽으라는 말이나 마찬가지예요. 하지만 어쩌겠어요. 내일 곧장 툰드라로 가세요."

길을 떠난 에이구스케이는 무척 오랫동안 걸었다. 그런데 갑자기 거대한 늑대가 서 있었는데 무슨 이유에서인지 움직이지 못하고 땅에 달라붙어 있었다. 에이구스케이는 늑대를 땅에서 떼어 툰드라로 보내 주면서 지금 당장 순록을 잡아서 거인의 집으로 가져다 달라고 부탁했다. 에이구스케이는 거인의 집 앞에 세워진 말하는 바위 앞에 도착했다. 바위 여기저기를 두드리자 문이 열렸다. 안으로 들어갔더니 거인이 있었다.

"에이구스케이! 에이구스케이가 맞지? 어쩐 일이냐?"

"그래, 나는 에이구스케이다! 네 혀를 가지러 왔다!"

"그런데 어쩌니, 내 혀는 줄 수가 없는데."

"그래? 하지만 어떻게 되는지 두고 보자! 나는 반드시 가져가야 해! 네가 여태 한 번도 맛본 적 없는, 세상에서 가장 맛있는 음식을 줄게. 그러니 네 혀를 내게 줘."

"그래 알았어. 그렇게 하자. 일단 식사부터 하자."

거인의 말이 끝나자 위에서 음식이 내려왔는데 이제껏 본 적 없는 진수성찬이었다. 에이구스케이가 말했다.

"정말 고마워. 산해진미가 따로 없네. 나도 뭔가 보답을 하고 싶어."

"그래? 내게? 어떻게?"

"잠깐 기다려! 늑대야! 순록 고기를 가지고 이리 들어와."

그때 늑대가 입에 순록 고기를 물고 안으로 들어왔다. 에이구스케이가 거인에게 말했다.

"순록 고기인데 좀 먹어 봐."

거인이 순록 고기를 먹으면서 말했다.

"세상에! 엄청 맛있어! 이렇게 맛있는 음식이 있다니!"

"무척 맛있지? 그럼 이제 네 혀를 이리 줘."

거인은 혀를 꺼내 주었고 에이구스케이는 여인의 집으로 돌아와 여인의 아버지를 만났다.

"그래, 어떻게 되었느냐? 혀는 가지고 왔느냐?"

"가지고 왔습니다."

"그 혀를 다른 것과 바꾸는 것이 좋지 않겠느냐?"

"무엇과 바꾸고 싶으세요?"

"이 지팡이랑 바꾸지 않겠니? 보렴, 정말 좋은 지팡이란다."

"아니요, 절대 바꾸지 않을 거예요."

에이구스케이는 여인 아버지의 제안을 단칼에 거절한 뒤 여인을 아내로 맞이했다.

자신이 기른 벌레에게 죽임을 당한 남자

부부가 살고 있었는데 이웃은 없었다. 남편은 매일 사냥을 다녔고 매일 서너 마리의 바다표범을 잡았는데 가끔 열두 마리까지 잡는 날도 있었다. 부부에게는 아이가 없었다. 아내가 아이를 낳을 수 없기 때문이었다. 어느 날 남편은 사냥을 하면서 골똘히 생각하다 아이를 못 낳는 아내에게 너무 화가 났다. 아내를 죽이기로 결심했다. 바닷가에 큰 돌집을 짓고 온갖 벌레를 다 모아다 길렀다.

이제는 바다표범을 잡으면 아내가 아니라 벌레에게 주었다. 벌레들은 바다표범을 남김없이 먹어 치웠다. 벌레들은 하루가 다르게 쑥쑥 자라더니 어느 날인가는 사람 손만큼 커졌다. 남편이 동물들을 집으로 가져오지 않자 아내가 물었다.

"어째서 이제는 사냥을 하지 않는 거죠?"

"아이도 없는데 내가 뭐 하러 사냥을 하겠소!"

그런데 이상한 일 아닌가! 매일 사냥을 간다고 나가지 않았는가! 그런데 사냥을 안 한다니! 남편은 여전히 매일 바다표범을 대여섯 마리 잡았고 모두 벌레들에게 주었다. 남편이 바다표범 고기를 던져 주면 벌레들은 순식간에 게 눈 감추듯 먹어 치웠다. 어느 날 아내가 사냥 자루를 새로 만들어 남편에게 주었다. 남편이 나간 뒤 우연히 위를 올려다보니 거미9)가 아내의 머리 위를 기어가고 있었다. 이상한 예감이 든 아내는 거미를 잡아서 물었다.

"여기서 뭐 하는 거야?"

"네가 너무 불쌍해서 왔어. 사냥 자루 따위는 이제 그만 만들어! 차라리 그 시간에 덧신을 만드는 편이 나아. 네가 남편을 위해 이렇게 애쓰는 동안 남편은 너를 죽이려고 돌집을 지어서 벌레들을 기르고 있단 말이야. 두고 봐, 조만간 남편이 다정한 말투로 산책을 가자고 할 거야. 그러면 덧신을 바지에 넣고 흔쾌히 따라나서. 덧신을 남편에게 들키면 절대 안 돼. 벌레가 사는 돌집에서 멀지 않은 곳에 덧신 한 짝을 슬쩍 던져 놔. 남편이 덧신을 보는 사이 슬쩍 다른 한 짝도 던져. 그리고 하늘을 올려다보면서 '이거 봐! 지금 어디에 있어?'라고 말해. 알았지?"

거미는 이렇게 이해 불가한 이상한 말을 남긴 뒤 홀연

---

9) 추콧카와 캄차카 지역의 고아시아인에게 거미는 고난에 직면한 사람을 도와주는 지혜의 상징이다. 고아시아 설화에서 거미는 종종 몸집이 작은 할머니의 모습으로 나타나서 불행에 처한 사람에게 조언을 해 주고 악령으로부터 사람을 구해 준다.

히 떠났다. 아내는 거미의 충고대로 덧신을 만들어서 숨겨 두었다. 그러고는 아무 일 없다는 듯 여전히 남편의 사냥 자루를 만들었다. 어느 날 남편이 바다표범을 마흔다섯 마리나 잡아 왔다.

"내일 나와 함께 바닷가로 산책을 갑시다. 당신도 바람을 좀 쐬는 게 좋겠소. 집에만 있으니 갑갑하지 않소?"

"좋아요! 같이 가요. 정말 좋아요."

"고기를 가지가지로 다 준비하시오. 많을수록 좋겠소. 우리 둘이 배가 터질 때까지 먹어 봅시다."

"그러죠, 준비하겠어요. 그런데 당신은 우리가 꼭 죽을 날을 받아 놓은 것처럼 말을 하네요. 왜 그런 거죠?"

"무슨 말이야! 그냥 말이 그렇게 튀어나온 것뿐이오. 우리가 이렇게 편히 쉬는 게 처음이잖소. 당신은 정말로 바깥바람을 좀 쏘여야 돼요. 나는 매일 나가니까 상관없소. 당신이 너무 가여워서 그런 것뿐이오."

"알았어요, 너무 좋아요."

아내는 아주 신선한 순록과 바다표범 고기를 준비했다. 실컷 먹었다. 정말 대단한 포만감이었다. 너무 배가 불러 움직이는 것조차 힘이 들었다. 이날따라 유별나게 아주 오랫동안 푹 잤다. 다음 날 한낮이 돼서야 잠에서 깨어났다. 부부는 가장 멋진 옷으로 곱게 차려입었다. 남편은 아내가 새로 만들어 준 사냥 자루를 둘러멨다. 아내는 남편 몰래 덧신을 양쪽 바지 주머니에 찔러 넣고 길을 나섰다. 그런데 갑자기 큰 돌집이 보였다, 아내가 물었다.

"저기 보세요, 뭔지 모르지만 아주 큰 집 같은 것이 있네요?"

"저곳은 내 은신처요. 저기에서 동물들의 동태를 살피지요. 기억나겠지요? 내가 오랫동안 사냥을 하지 못했던 거 말이오. 저걸 만드느라 그런 거였소."

집 가까이로 간 아내는 기분 나쁜 웅웅 소리에 소스라치게 놀랐다. 집 안에서 들리는 것이 분명했다.

"이게 무슨 소리죠?"

"잘못 놓여 있던 돌이 떨어지는 소리일 거요."

사실은 집 안에 있는 벌레들이 내는 소리였다. 아내가 일부러 남편에게 말했다.

"보세요, 저기 절벽을 보세요. 뭔가 하얀 것이 절벽을 따라 걸어가는 거 보이죠?"

이렇게 말을 한 뒤 발걸음을 빨리해서 남편을 앞질러 갔다. 남편이 절벽을 걸어가는 하얀 물체를 찾는 동안 아내는 덧신 한 짝을 땅에 떨어뜨렸다. 갑자기 길에 나뒹굴고 있는 예쁜 덧신을 발견한 남편이 너무 놀라 고함을 질렀다.

"우와! 이거 보시오! 이런 덧신은 난생 처음 보는구려. 당신과 나들이 나온 기분 좋은 날 이런 덧신을 보다니! 이런 덧신은 여태껏 한 번도 본 적이 없소."

남편이 덧신을 이리저리 돌려 가면서 열심히 보는 동안 아내는 남은 덧신을 땅에 떨어뜨렸다. 남편이 말했다.

"이 덧신의 짝은 어디에 있지?"

잠시 뒤 덧신의 짝을 발견한 남편이 덧신 두 짝을 뚫어지게 보고 있는 사이 아내는 잠시 발걸음을 멈춘 채 하늘을 쳐다보면서 거미가 시킨 대로 나지막이 말했다.

"이봐! 지금 어디에 있어?"

그러자 거미가 줄을 내려서 아내를 줄에 매단 뒤 잽싸게 하늘로 끌어 올렸다. 벌레가 가득 찬 돌집 바로 위로 아내를 데리고 갔다. 아래를 보니 집 안은 벌레로 가득했다. 그곳에는 사람 손보다 더 큰 벌레들이 기어 다니고 있었다. 진짜로 벌레가 어찌나 많은지! 남편이 주위를 둘러보면서 말했다.

"이 사람은 도대체 어디에 있는 거야? 도무지 알 수가 없군…. 참으로 이상한 일이네…. 땅으로 꺼졌나? 아니면 하늘로 올라갔나?"

돌집을 보다가 아내를 발견한 남편이 말했다.

"세상에! 도대체 저 사람에게 무슨 일이 생긴 거야?"

남편은 잽싸게 벽으로 기어 올라가서 아내를 잡으려 했다. 하지만 줄이 공중으로 올라가는 바람에 잡을 수가 없었다. 손을 뻗었으나 아내의 발꿈치도 채 닿지 않았다. 다시 한 번 아내를 잡으려고 손을 뻗다가… 그만 벌레들이 기어 다니는 집으로 떨어지고 말았다. 벌레들이 순식간에 남편을 먹어 치웠다. 정말 찰나의 순간이었다. 벌레들 사이에서 뼛조각만이 하얗게 반짝거렸다.

거미는 아내를 집으로 데려다주었다. 그런데 세상에! 분명 아침까지는 없었던 집이 옆에 한 채 더 있는 것이 아닌가! 이 집은 거미 아들의 집이었다. 그 시간 거미의 아들은 순록에게 이끼를 먹이느라 집에 없었다. 거미가 아들에게 속히 집에 가 보라고 하여 서둘러 왔더니 아뿔싸! 여인이 있는 것이 아닌가! 거미가 두 사람에게 말했다.

"이제 두 사람은 결혼을 하도록 해라. 그리고 행복하게 살아라."

두 사람도 흔쾌히 승낙을 했다. 거미가 여인에게 말했다.

"이 집에 있는 살림살이를 모두 만져도 되고 꺼내 봐도 되지만 벽 옆에 있는 자루는 절대 만지면 안 된다."

여인이 벽 옆을 보니 아닌 게 아니라 손가락 두 개만 한 크기의 아주 작은 자루가 있었다. 거미가 나갔다. 여인은 집 안의 살림살이를 꺼내어 정리하면서 혼자 곰곰이 생각했다.

'어째서 거미가 나보고 저 자루를 만지지 말라고 했을까? 그러지 말고 한번 풀어 보자!'

여인은 자루를 풀었다. 한꺼번에 안에 들어 있던 것이 모두 빠져나왔다. 각양각색의 동물 가죽이었다. 순식간에 동물 가죽들이 아주 거대해졌다. 흰색 곰과 갈색 곰의 가죽, 여우와 토끼 가죽이었는데 어디에서도 볼 수 없는 무척 아름다운 것들이었다. 여인은 화들짝 놀랐지만 있는 힘을 다해 다시 자루에 집어넣으려고 했다. 하지만 자루는 여우의 꼬리도 들어가지 못할 정도로 작았다. 이 순간 거미가 돌아와서 얼마나 다행인지! 집에 돌아와 이 광경을 본 거미가 말했다.

"어째서 자루를 풀었지? 내가 분명히 이 자루를 만지지 말라고 했을 텐데!"

거미는 모든 것을 한데 모았다. 여인이 보니 눈 깜짝할 사이 모든 것이 자루 속에 들어가 있었다. 거미가 어떻게 이것들을 자루에 쓸어 담았는지 전혀 알 수가 없다. 아무튼 여인은 행복하게 살았다. 아이들을 낳았고 순록 떼는 나날이 늘었다. 그녀를 괴롭히던 자는 자신이 키우던 벌레에게 잡아먹히는 비운을 겪었다.

흰옷 입은 남자

남자가 두 아내와 살고 있었다. 어느 날 아내들에게 말했다.

"흰 천으로 옷가지와 사냥 자루를 만들어 주시오."

아내들은 남편이 시키는 대로 했다. 흰 천으로 사냥 자루, 윗도리, 바지, 모자, 장갑을 만들었다. 밤이 되자 남편은 흰 옷가지를 주섬주섬 입으면서 아내들에게 말했다.

"지금 밖으로 나갈 테니 조금 있다가 나와서 나를 찾아보시오!"

남편은 흰옷으로 갈아입고 밖으로 나갔다. 집 옆에는 바람이 들이치지 않아서 눈이 쌓여 있었다. 남편은 그곳에 드러누워 소리쳤다.

"나와 보시오!"

아내들은 밖으로 나가서 무척 오랫동안 남편을 찾았지만 결국 찾지 못했다.

"어디에 있습니까?"

"여기에 있소. 지금껏 당신들은 내 주위를 서성거렸소. 하지만 내가 눈과 같은 색인 흰옷을 입고 있어서 찾지 못한 것이오. 이제 안심하고 길을 떠나 볼까 하오."

"아니 어디로 가시려고요?"

"페엑티에게 가서 그의 아내를 빼앗아 올 것이오. 지금껏 그에게서 아내를 빼앗아 온 사람은 없었소."

"당신도 못 할 거예요. 죽으러 가는 것이나 마찬가지예요!"

"그렇게 말하지 마시오! 정히 그렇다면 그를 만나 보기나 하겠소."

남자는 아내들이 만들어 준 흰 옷가지들을 입고 길을 나섰다. 밤이 깊어 갔다. 칠흑 같은 어둠 속을 걸어가다 갈라진 땅 사이에서 악령을 발견했다. 악령은 노인이었는데 아이를 강제로 끌고 가고 있었다. 아이는 숨이 넘어갈 정도로 자지러지게 울고 있었다. 얼마나 울었던지 목이 메어 더 이상 울 수도 없는 지경에 이르렀다. 흰옷 입은 남자가 말했다.

"이봐, 뭐 하는 거야? 왜 아이를 끌고 가는 거야? 우리 마을 아이들이 자꾸 없어지는 이유를 이제야 알겠군!"

악령은 엄청 놀랐다.

"에구머니나, 뭐! 뭐! 어때서! 나는 아무 짓도 하지 않았어. 그냥 그대로 가던 길로 가는 것이 네 신상에 좋을 거야. 내 친구들이 네 목소리를 들으면 당장 너를 죽일 거야. 안 되겠어. 아이를 놓아주고 대신 너를 우리 집으로 끌고 가야겠어. 빨리 앞장서!"

흰옷 입은 남자가 말했다.

"네가 앞장서야 하지 않겠어? 나는 길을 모르잖아…."

악령이 앞장섰다. 집 가까이에 가니 이미 동이 트고 있었다. 악령에게 아침은 어둠의 시작이었다. 악령이 흰옷 입은 남자에게 말했다.

"여기에서 잠시 기다려! 아내에게 손님이 왔다고 말할게. 바닥에 쓰레기가 뒹굴고 있을지 몰라서 그래. 그래도 손님이 왔는데 지저분하면 창피하잖아."

흰옷 입은 남자는 악령이 들어가서 아내에게 말하는 소리를 들었다.

"바다표범이 우리 집에 왔어. 내 무기를 이리 줘. 오늘은 실컷 먹게 될 거야. 으하하하!"

이 말을 들은 남자는 눈 위로 달려가서 드러누웠다. 밖으로 나온 악령은 남자를 찾기 시작했지만 어찌 된 영문인지 도무지 찾을 수가 없었다. 사실 악령은 남자의 바로 옆에 서 있었다. 마침내 악령에게는 사방이 칠흑 같은 어둠에 휩싸였다. 낚시를 갔던 악령 친구들이 돌아와서 물었다.

"어두운데 뭘 그리 찾고 있어?"

"바다표범. 자기 발로 걸어서 여기까지 왔는데 갑자기

사라졌지 뭐야."

"왜 진즉 바다표범 얘기를 하지 않았어?"

친구들이 그의 얼굴을 무언가로 찌르기 시작했다. 악령에게 지금은 한 치 앞도 분간하기 힘든 어두운 밤이기 때문에 친구들은 앞뒤 가리지 않고 되는대로 마구 찔러 댔다. 악령의 얼굴이 완전히 퉁퉁 부어올랐다. 모두 집 안으로 들어가자 남자는 일어서서 유유히 자신의 길을 떠났다. 한참을 걸어 아담하고 한적한 마을에 도착했다. 어느 집 근처에 가서 지팡이를 눈 속에 꽂아 두고 잠시 쉬는데 인기척을 느낀 개가 마구 짖어 댔다. 집 안에서 노인이 소리쳤다.

"에이, 저놈의 개가 왜 이리 짖어 대? 나가서 혹시 무슨 일이 있는지 보고 오는 게 좋지 않겠니?"

큰아들이 나왔다.

"나 원 참, 아무것도 없는데 왜 이리 짖어 댈까? 벌써 보름달이 휘영청 밝게 떴네."

흰옷 입은 남자가 말했다.

"그렇지요, 완전히 보름달이지요."

큰아들은 기함을 했다. 말하는 사람이 보이지 않았기 때문이다.

"어이쿠, 거 누구요?"

"흰옷 입은 사람이오."

"그렇군요, 우리 집으로 들어갑시다."

집 안으로 들어가자 큰아들이 아버지에게 말했다.

"아버지! 우리 집에 흰옷 입은 사람이 왔답니다."

"그래? 정말 그렇군! 혹시 악령 아니야?"

"아닙니다, 저는 악령이 아닙니다."

"그렇다면 바닥에 앉아서 한 곡조 뽑아 보게."

노인은 쉬지 않고 연거푸 물었다.

"어디로 가는 길인가?"

"페엑티에게 아내를 빼앗으러 갑니다."

"그건 불가능해. 자네는 죽음을 찾아가는 거나 마찬가지야."

"그렇군요! 그렇다면 페엑티가 어떻게 생겼는지 보고만 오지요 뭐. 여기에서 멉니까?"

"그리 멀지 않네."

다음 날 잠에서 깬 흰옷 입은 남자는 길을 재촉했다. 한참을 걷다 보니 어느새 해가 저물고 있었다. 가만 보니 앞쪽에 보초들이 서성이고 있었다. 드디어 페엑티의 집에 도착했다. 페엑티는 집 옆 바위 위에 앉았다. 그때 쿠우르키라는 이름의 보초가 다가왔다.

"저, 안녕하세요! 무슨 일로 오셨나요?"

"으흠! 페엑티의 아내를 빼앗으러 왔소."

이 소리를 들은 페엑티가 갑자기 벌떡 일어섰다.

"대체 무슨 말을 하는 거야? 미쳤어? 나와 내기를 해서 이기면 데리고 가도 좋아."

그러고는 하인들에게 말했다.

"어린 순록 네 마리와 늙은 순록 한 마리를 잡아 오너라."

하인들은 순록을 잡아 왔고 큰 모닥불을 피운 뒤 남김없이 구웠다. 페엑티는 고기가 다 익자 솥에서 꺼내 한입 가득 뜯으면서 흰옷 입은 남자에게 말했다.

"자, 이제 첫 번째 내기를 하자."

땅 밑으로 향하는 아주 거대한 문을 활짝 열었다. 그곳을 들여다보라고 했다. 흰옷 입은 남자가 구덩이 속을 들여다보려는 순간, 치사하게 페엑티가 남자를 그곳으로 밀어 넣는 것이 아닌가! 구덩이 속에는 아주 큰 불이 활활 타고 있었다. 남자는 불을 지나 땅속으로 떨어졌다. 페엑티가 먹는 것도 보았다. 음식을 알뜰하게 먹어 치운 페엑티는 잠시 뒤 자기 앞에 흰옷 입은 남자가 서 있는 것을 보았다. 페엑티가 말했다.

"으응? 이게 어떻게 된 거야? 내 아내를 빼앗겠다고 이곳에 온 것이 아주 미친 짓은 아니었군!"

"아닙니다! 아내를 빼앗다니요? 그저 당신을 만나고 싶어서 온 것뿐입니다."

페엑티는 하인들에게 다시 동물을 잡아 오라고 했다.

"송아지 세 마리와 늙은 소 두 마리를 가져와!"

시키는 대로 동물들을 잡아서 모두 삶았다.

"좋아, 차를 마시기 전에 조금 맛을 봐야겠군. 고기를 다 먹었으니 이번에는 두 번째 내기를 하자."

땅 밑으로 향하는 두 번째 문을 활짝 열어젖힌 페엑티가 남자에게 말했다.

"여기를 한번 들여다봐."

남자가 들여다보는 사이 페엑티가 치사하게 또 남자를 그곳으로 밀어 넣었다. 구덩이에는 우람한 갈색 곰 두 마리가 앉아 있었다. 페엑티는 그곳에 남자를 가두었다. 남자는 모기로 변해 구덩이 속을 날아다니다가 곰의 귓잔등에 앉았다. 페엑티의 식사가 끝났다. 페엑티가 구덩이 문을 여는 순간 구덩이에서 모기가 날아와 땅에 부딪히더니 다시 흰옷 입은 남자로 변했다. 페엑티가 말했다.

"이건 또 뭐야? 내 아내를 빼앗으러 온 것이 정말로 미친 짓이 아니었군!"

"별말씀을 다 하십니다. 그저 당신을 만나러 온 것뿐입니다."

"좋아, 이번에는 마지막 내기를 하자."

페엑티는 노래하는 노파를 불러오라고 했다. 땅의 문이 다시 열렸다. 남자가 그곳을 들여다보니 무언지 확실하지 않지만 큰 톱 같은 것이 있었다. 페엑티는 하인들에게 남자를 자루에 집어넣고 끈으로 묶은 뒤 톱 사이에 놓으라고 했다. 노파가 노래 부를 준비를 하자 갑자기 위에서 거미가 내려와 자루의 끈을 풀고 흰옷 입은 남자를 위로 끌어당기면서 말했다.

"큰 톱이 어떻게 하는지 잘 듣고 잘 봐."

톱 사이에는 자루만 남아 있었다. 노파가 노래를 부르기 시작했다.

"오오! 사람을 집어넣을 자루를 만드는 일은 정말 재미있고 즐겁지! 우우우! 오오오!"

노파의 노래가 끝났다. 자루를 끌어냈는데 자루는 텅 비어 있고 남자는 아무렇지도 않게 태연한 모습으로 페엑티 앞에 나타났다.

"놀랍군! 내 아내를 빼앗으러 왔다는 것이 참으로 미친 짓만은 아니었군!"

"정말로 당신을 만나러 온 것뿐입니다."

"자, 이제는 북으로 겨뤄 보자!"

내기를 시작했다. 페엑티는 한 아내는 자신의 앞에, 한 아내는 자신의 뒤쪽에 앉혔다. 뒤에 앉은 아내의 발과 앞에 앉은 아내의 발을 서로 묶었다. 흰옷 입은 남자가 북을 두드리면서 말했다.

"아내를 세심하게 보시오. 나는 집으로 갑니다."

북이 혼자 알아서 연주하기 시작했다. 페엑티는 부지불식간에 잠이 들었다. 흰옷 입은 남자는 그사이 페엑티의 아내들과 함께 쏜살같이 집으로 달려갔다. 그때 갑자기 거미가 말했다.

"저기 봐, 페엑티가 순록을 타고 우리를 쫓아오고 있어!"

"그냥 내버려 둬!"

흰옷 입은 남자는 집에 도착하자마자 페엑티의 아내들에게 새까만 그을음을 칠했다. 그 순간 페엑티가 집에 다가왔다. 흰옷 입은 남자가 페엑티에게 말했다.

"어? 이게 누구야? 왜 왔소?"

"내 아내들을 데리러 왔다."

"당신 아내들을 왜 우리 집에서 찾는 거요? 당신 집에 있을 텐데…. 자, 봐! 이 여자들이 당신 아내들이오? 내가 말했잖소. 아내들을 세심하게 지켜보라고 말이오. 그리고 나는 집으로 간다고 했을 텐데…. 저 여인들은 내 여동생들인데 내가 생각해도 참 못생겼소."

"저 여자들은 됐어! 알았으니까 예쁜 여동생이 있으면 보여 줘."

"그럼 여기에서 잠깐 기다려요. 정말 눈처럼 예쁘게 생긴 동생이 있소. 금방 데리고 오겠소."

남자는 페엑티가 눈치채지 못하게 칼과 드릴을 가지고 집 뒤로 가서 눈으로 여인을 만든 뒤에 말했다.

"자, 어서 빨리 페엑티에게 가자."

그녀를 페엑티에게 데리고 갔다.

"자, 내 여동생을 데리고 왔소. 어서 데리고 가시오."

"와, 정말 예쁜데! 하늘에서 내려온 천사 같군."

남자의 마음이 바뀔까 봐 페엑티는 급히 서둘러 번개같이 집으로 출발했다. 도중에 여인이 말했다.

"빨리 더 빨리 달리세요. 금방이라도 아이를 낳을 것만 같아요."

집에 도착해서 식사를 했다. 여인이 땀을 뻘뻘 흘리자 코가 녹기 시작했다. 여인은 문 밖으로 코를 내밀어 코를 고쳤다. 잠시 뒤 또 페엑티에게 말했다.

"빨리 식사를 끝내세요. 금방이라도 아이가 나올 것 같아요."

페엑티는 여인이 너무 급히 서두르는 바람에 음식이 목에 걸릴 것 같았다. 페엑티가 식사를 끝내자 눈 여인은 녹기 시작했다. 그와 동시에 온 집 안이 물에 잠기기 시작하더니 급기야는 물이 강물처럼 들어차기 시작했다. 그 순간 갑자기 심한 눈보라가 일더니 모든 순록이 눈보라에 휩쓸려 갔다. 눈보라에서 살아남은 페엑티는 순록을 찾기 시작했지만 이미 모두 얼어 죽은 뒤였다. 이렇게 페엑티는 영락했고 흰옷 입은 남자의 자손들은 대대손손 행복하게 잘 살았다.

레켄 집안의 식인 풍습을 없앤 무틀류비

아주 오래전 피나쿨 마을의 언저리에, 마을과 아주 외떨어진 곳에 고아 남매가 살았다. 사람들이 나누어 주는 음식만 먹고 연명할 정도로 무척 가난했다. 어느 해, 겨우내 눈보라가 심하게 몰아쳤다. 모든 사람들이 굶주림에 떨었다. 그럼에도 부자 마을 어귀의 첫 번째 집에 사는 가족들만은 굶지 않았다. 어느 날 눈보라에도 불구하고 무틀류비[10]가 나갈 채비를 하자 여동생이 말했다.

"이렇게 눈보라가 심하게 부는데 대체 어디 가려고 해? 그러다 얼어 죽어!"

"말리지 마! 쓸데없는 말도 하지 마!"

무틀류비가 화를 내면서 말했다. 무틀류비는 눈보라를 맞으면서 길을 나섰다. 한참을 갔다. 입고 있던 옷이 살에 닿으면서 얼어 죽을 것만 같았다. 결국 무틀류비는 오던 길로 되돌아갔다. 집까지는 아직 멀었는데 다리가 휘청거렸다. 여동생을 불렀다. 오빠의 목소리를 들은 여동생이 달려가서 얼어붙은 오빠를 집으로 끌고 왔다. 오빠는 도

---

10) 직역하면 '피의 호흡'이란 의미다.

무지 마음의 안정을 찾지 못했다. 얼마 지나지 않아 또 나가려고 했다. 여동생은 이번에도 가지 말라고 애원했다. 도대체 이렇게 눈보라가 심하게 부는데 어디로 간단 말인가! 오빠는 도무지 말을 듣지 않았다. 다시 눈보라를 맞으면서 길을 나섰다. 드디어 눈보라의 경계 지점에 이르렀다. 바람이 잦아들었고 조금 더 가니 바람 한 점 없었다. 멀리 어렴풋이 지붕을 닮은 것이 설핏 보였다. 가까이 가서 보니 집이었다. 무틀류비가 집 안으로 들어갔지만 아무도 그를 보지 못했다. 그가 투명인간으로 변신했기 때문이다. 이곳은 레켄의 집이었는데 그 집안사람들에게 무틀류비는 두려운 존재였다. 그만큼 무틀류비는 영민하고 뛰어났다.

레켄이 누군가에게 말했다.

"우리 조상님이 내게 주라고 맡겨 놓은 물건을 가지고 오게."

누군가 레켄에게 둥근 머리처럼 생긴 물건을 주었다. 레켄은 이것으로 피나쿨 마을이 어디에 있는지 점을 치기 시작했다. 무틀류비가 지팡이로 레켄이 점을 치고 있는 물건을 꽉 누르자 더 이상 움직이지 않았고 점괘도 나오지 않았다. 레켄은 둥근 물건을 휙 집어 던지면서 말했다.

"다른 걸 주게. 이 물건은 아무 짝에도 쓸모가 없어. 거짓말만 하고 있어."

누군가 레켄에게 머리가 달린 담비 모피를 주었다. 레켄이 다시 점을 치기 시작했다. 모피가 움직이기 시작했다. 그 순간 무틀류비가 지팡이로 모피를 누르니 모피도 더 이상 움직이지 않았다. 레켄은 더 이상 점을 칠 수가 없었다.

문 옆에는 큰 개가 묶여 있었다. 개가 피나쿨 마을을 보면서 짖어 댔다. 레켄이 묶어 놓은 줄을 풀어 주자 개는 피나쿨 마을을 향해 전속력으로 달려갔다. 무틀류비도 서둘러 집으로 달려갔다. 무틀류비가 피나쿨 마을에 도착할 때쯤 개도 마을에 도착했다. 개는 마을의 집을 부수려 했고 무틀류비의 집도 엎으려고 바동거렸지만 뜻대로 되지 않았다. 결국 무틀류비의 옆집을 무너뜨린 뒤 안에 있던 사람들을 잡아먹었다. 화가 난 무틀류비는 개를 잡아 해마 송곳니로 만든 작은 바다표범 인형을 묶어 놓은 줄에 함께 묶어 옴짝달싹 못 하게 만들었다. 바다표범 인형은 앞발이 여기저기 불쑥 튀어나와 있었고 눈이 기괴하게 컸기 때문에 보는 것만으로도 혐오감을 불러왔다. 레켄이 개를 찾으러 달려왔지만 무틀류비가 개를 데리고 있는 바람에 개를 데리고 갈 용기가 선뜻 나지 않았다. 궁여지책으로 무틀류비를 부르기 시작했다.

"이봐, 무틀류비! 개를 이리 내놔!"

"아니요, 안 줄 거예요. 어째서 피나쿨 마을로 개를 보낸 거죠? 이제부터 개는 우리와 함께 살 거예요. 그냥 돌아가세요."

"개를 이리 내 봐. 안 그러면 주술을 걸어서 혼내 줄 거야!"

"그럼 저도 주술을 걸 거예요!"

"개를 이리 줘. 그러면 너를 운수 좋은 사냥꾼으로 만들어 달라고 주술을 걸게."

"그러지 않아도 저는 필요한 만큼 충분히 사냥을 하고 있어요. 더 이상은 필요 없답니다."

"네게 하인이 필요하다면 아들을 하인으로 보낼게. 개를 이리 줘."

"아들을 먼저 데리고 오세요. 당신은 분명 나를 속일 거예요."

레켄은 어린 아들을 데리고 와서 무틀류비에게 주고 개를 데리고 갔다. 무틀류비가 말했다.

"당신이 아들을 도로 데려가면 우주 끝까지라도 쫓아갈 거예요. 그리고 당신에게는 감당하기 힘든 엄청난 불행이 닥칠 거예요."

레켄이 떠났고 곧 그의 아들도 달아났다.

"빌어먹을, 이것들이 나를 속였군!"

그 뒤 무틀류비의 여동생은 며칠 동안 불안과 초조 속에 헤매더니 곧 레켄의 아들을 낳았다. 아이의 이름을 타이키기르긴[11]이라고 지었다. 무틀류비는 이 아이에게 해초 채집하는 법을 가르쳤다. 어느 날 타이키기르긴이 무틀류비에게 말했다.

"무틀류비 삼촌! 같이 해초 따러 가요."

함께 길을 나섰다. 해변에 도착하자 무틀류비는 바다에 작살을 집어넣고 해초를 휘감아 올렸다. 해초가 무척 많이 따라 올라왔다. 운 좋게도 바다표범이 해초를 따라 올라왔다.

어느 날 타이키기르긴은 옆 마을에 가서 먹을 것을 구해오고 싶었다. 이를 알아차린 무틀류비는 당연히 갔다 오라면서 이렇게 말했다.

"줄과 지팡이를 가지고 가거라. 차를 마시기 전에 그들은 분명 고래 뼈를 두 개씩 먹을 것이다. 하지만 너는 세 개를 달라고 하여 먹어라. 그러면 그들을 이길 수 있을 것이야. 또 그들이 네게 샤먼 의식을 하자고 하면 같이해라."

타이키기르긴은 길을 떠났다. 집에 도착하니 주인은 차

11) 직역하면 '창조'란 의미다.

를 마시기에 앞서 아닌 게 아니라 고래 뼈를 두 개씩 나누어 주면서 먹으라고 했다. 타이키기르긴은 세 개를 달라고 청했다. 밤이 되어 주인이 샤먼 의식을 거행하기 시작하면서 타이키기르긴에게 함께 하자고 했다. 타이키기르긴은 자신은 샤먼이 아니어서 샤먼 주술을 모른다며 거절했다. 그러자 주인이 말했다.

"네가 샤먼이 아니더라도 진정 무틀류비 집안의 자손이라면 샤먼 의식에 참가하는 것을 거절해서는 안 된다."

타이키기르긴은 샤먼 의식에 참가했다. 타이키기르긴이 주술을 외우자 집이 순식간에 공중으로 떠오르면서 어디론가 날아가기 시작했다. 주인이 타이키기르긴에게 애걸복걸하여 주술을 멈추었다. 다음 날 타이키기르긴은 무척 많은 양의 고래 고기를 가지고 집으로 돌아갔다. 그 양이 너무 많아 집에 쌓아 놓을 곳이 없을 정도였다. 타이키기르긴은 무틀류비 삼촌, 엄마와 함께 풍족하게 살았다. 그런데 얼마 지나지 않아 고기가 바닥을 보이자 타이키기르긴은 다시 고기를 구하러 어디론가 가야 할 것 같았다. 무틀류비가 말했다.

"이번에는 아무것도 얻지 못하고 빈손으로 돌아오게 될 거다. 이 마을의 샤먼은 차를 마시기 전에 고래 지느러미를 세 개씩 먹을 것이다. 따라서 네 몫으로 더 돌아올 것이 없기 때문에 너는 그들을 이길 만한 힘을 비축할 수가 없을 것이다."

"고기가 떨어져 가요. 어떻게든 고기를 구해야 해요. 빈손으로 돌아오게 되더라도 한번 가 보겠어요."

타이키기르긴은 이번에는 지난번에 갔던 마을의 옆 마을로 갔다. 마을에 도착한 타이키기르긴이 만난 사람은 이미 그를 알고 있었다. 그 때문인지 그는 타이키기르긴을 매우 반갑게 맞아 주었는데 알고 보니 무틀류비의 친아들이었다. 식사 시간에 고래 지느러미를 세 개씩 먹었다. 타이키기르긴은 고래 지느러미를 하나 더 달라고 했지만 역시나 여분의 지느러미는 없다고 했다. 어쩌겠는가! 저녁에 주인은 타이키기르긴에게 자신들과 샤먼 의식을 하면서 즐거운 시간을 보내자고 했다.

"저는 샤먼 의식을 할 줄 몰라요."

주인이 고집을 부렸다.

"너는 무틀류비 집안의 자손이기 때문에 샤먼 의식을 못 할 수가 없다. 같이 샤먼 의식을 하자."

샤먼 의식이 시작되었다. 갑자기 주인이 타이키기르긴에게 큰 천을 뒤집어씌워 놓고 자신은 건초 더미 위로 뛰어 올라갔다. 순간 타이키기르긴은 천을 둘러쓴 채 집보다 더 높은 곳으로 뛰어 올라가서 둘러쓰고 있던 천으로 집을 덮어 버렸다.

"이제 됐어! 그만하자!"

타이키기르긴은 각양각색의 툰드라 고기를 들고 집으로 갔다. 집에는 다시 먹을거리가 넘쳐났다. 그러던 어느 날, 타이키기르긴이 무틀류비에게 말했다.

"이번에는 다른 마을에 가고 싶어요. 어디가 좋을까요?"

"바닷가에 아주 영험한 샤먼이 살고 있단다. 그곳으로 가거라. 그의 아내는 정말 예쁘단다. 그녀를 찾아가거라. 네게 샤먼 의식을 하자고 할 것이다. 그러면 밤새도록 샤먼 의식을 해라. 아침에 모두 잠이 들면 여인을 데리고 주술을 외우면서 바다 한가운데로 날아가 바위에게 도와 달라고 해라. 그리고 바위가 시키는 대로 해라."

타이키기르긴은 길을 떠났다. 주인들은 타이키기르긴에게 알은체를 하면서 무척 반갑게 맞아 주었다. 그런데 대체 그들이 어떻게 타이키기르긴의 이름을 알았을까? 아무렴 어떠냐! 밤이 되자 주인은 샤먼 의식을 하자고 하더니 타이키기르긴의 의사도 묻지 않은 채 다짜고짜 의식을 시작했다. 주인은 잠자고 있는 사람들을 깨웠지만 아무도 일어나지 못했고 주인도 이내 잠이 들었다. 타이키기르긴은 주인의 아내를 데리고 바다로 갔다. 동이 틀 무렵 타이키기르긴은 바다 한가운데 있는 바위에게 가서 말했다.

"바위야, 좀 도와줘!"

바위가 갈라졌고 타이키기르긴과 아내는 바위 틈새로 들어갔다. 바위가 닫히면서 예전과 다름없는 모습이 되었다. 잠에서 깬 샤먼은 타이키기르긴과 아내가 없어진 것을 알고 노발대발했다. 샤먼은 타이키기르긴을 샅샅이 찾아서 끌고 오라며 흰 거위들을 파견했다. 흰 거위들은 바다 가운데 바위로 갔다. 바위를 깨려 했지만 거위의 힘으로는 어림도 없었다. 거위들은 바위를 물 밖으로 꺼내어 입에 물고 집으로 가려고 했다. 하지만 바위는 정말로 무거웠다. 어림도 없었다. 거위들은 샤먼에게 어떻게 해야 할지 물어보러 갔다. 그사이 타이키기르긴과 아내는 바위에서 나와 유유히 집으로 돌아갔다. 무틀류비가 타이키기르긴에게 말했다.

"타이키기르긴아! 이제 너도 다 컸으니 친척들이 보고 싶지? 이제는 친척들과 함께 유목을 하면서 같이 살자."

집은 그대로 둔 채 모두 레켄 마을로 떠났다. 그곳에 도착하니 레켄 가족들은 아직 자고 있었다. 그 옆에 얼기설기 집을 짓고 설핏 잠이 들었다. 아침에 무틀류비가 타이키기르긴에게 말했다.

"레켄에게 가서 우리가 여기로 이사 왔다고 전해라."

타이키기르긴이 옆집에 가자 낯선 사람의 출현에 놀란

레켄의 가족들이 소리를 지르기 시작했다. 하지만 레켄은 곧 자신의 아들임을 알아차리고 무척 반갑게 맞아 주었다.

"어이구, 반갑구나! 다른 가족들은 어디에 있니? 그들은 무엇을 하고 있니? 왜 너 혼자니?"

"모두 잘 지내요. 옆집으로 이사 왔어요."

레켄이 타이키기르긴에게 말했다.

"그렇구나, 고맙다! 무틀류비에게 가서 우리 집안의 우두머리가 되어 달라고 전해라."

집에 돌아온 타이키기르긴이 무틀류비에게 말했다.

"삼촌보고 이 집안의 우두머리가 되어 달래요."

무틀류비는 흔쾌히 승낙했다. 무틀류비는 레켄 집안의 사람들을 모두 모아 놓고 말했다.

"이제부터 여러분은 동물 고기만 먹으십시오. 이제껏 사람 고기를 너무 많이 먹었어요. 지금부터 사람 고기는 절대 먹지 마세요. 죄악입니다! 제 말을 어기면 여러분에게 엄청난 질책이 가해질 것입니다! 제 말을 반드시 기억하십시오!"

하는 수 없이 레켄 집안의 사람들은 바다 동물과 야생 순록 사냥을 시작했다. 그러나 가끔 사람 고기가 그리워 주술을 걸고 싶은 마음이 모락모락 피어났다. 그러던 어느 날 무틀류비에게 애원했다.

"제발, 좀 봐주게! 단 한 번만이라도 좋으니 사람 고기를 먹게 해 주게! 사람 사냥을 해서 곧 돌아오겠네!"

"좋소, 정 그렇게 원한다면 이번 한 번만 허락하겠소. 단 적은 건드려도 괜찮지만 우리 친척들은 건드리지 마시오."

레켄 집안의 사람들은 약속대로 금방 돌아왔는데 엄청 많은 사람들을 끌고 왔다. 무틀류비는 무슨 일인지 보러 나갔다가 경악을 했다. 모두 피나쿨 마을에 사는 무틀류비 집안의 사람들이 아닌가! 그때 무틀류비가 레켄 집안의 사람들에게 말했다.

"이 사람들을 모두 풀어 주시오! 제 말을 정말 안 듣는군요! 제가 분명히 말하지 않았습니까? 우리의 친척들은 건드리지 말라고요. 앞으로 여러분은 절대 사람 고기를 먹을 수 없습니다. 이후로 여러분은 동물 고기만 먹어야 합니다."

이후 그는 레켄 집안의 사람들을 완전히 복속시켰고 그들에게 사람 사냥을 금지했으며 동물 고기만 먹게 했다.

바다 무지개

두 형제가 살았다. 형은 부자였고 아내가 두 명이나 있었다. 동생은 무척 가난했으며 형의 집과 아주 멀리 떨어진 움집에서 홀로 살았다. 다른 사람들처럼 형의 집에 가서 온갖 허드렛일을 해 주면서 끼니를 해결했다. 누군가는 나무 그릇을 만들었고 누군가는 다른 무언가를 만들었다. 아침마다 동생은 맨 마지막에 형의 집에 도착했고 형은 잊지 않고 늘 이렇게 말했다.

"이봐, 동생, 좋은 아침이야! 아낙네들이 우리가 먹을 음식을 준비하고 있어. 내 처들이 네게 음식을 줄 거야. 그런데 식사 때도 못 맞추고 왜 항상 늦게 오니? 창피하지도 않니?"

동생은 부끄러워서 건초 더미 속에 코를 박았다. 다른 사람들이 빨리 와서 먹으라고, 그러다간 다른 사람들이 다 먹어 치우겠다고 재촉하면 그제야 식사를 시작했다. 동생은 두 그릇을 남김없이 먹어 치웠고 무척 흡족해했다. 저녁에는 주변 잡일을 깔끔하게 정리한 뒤 제일 늦게 집으로 돌아갔다.

다음 날 바람이 세차게 불었다. 동생은 늘 그랬듯이 가장 늦게 형의 집에 도착했다. 사람들은 그를 비웃었지만 그는 이미 오래전부터 이런 상황에 익숙해져 있었다.

이날도 여느 때와 다름없이 동생은 맨 마지막으로 형의 집을 떠났다. 바닷가에 잔잔한 파도가 일기 시작하더니 느닷없이 무지개가 떠올랐다. 동생은 무지개를 보면서 집으로 걸어갔다. 집 옆에 서서 다시 무지개를 물끄러미 바라보았다. 너무 신기한 나머지 자기도 모르게 무엇엔가 이끌리듯 무지개를 향해 걸어갔다. 그곳에 갔더니 한 여인이 물속에서 불을 비추고 있었다. 눈부시게 아름다운 여인이었는데 하얀 장갑을 끼고 있었다. 여인이 동생을 올려다보면서 말했다.

"이봐요, 이리 오세요."

"어떻게 가야 하나요?"

"눈을 꼭 감고 뛰어내리세요."

동생은 여인이 있는 곳을 찬찬히 살펴보았는데 도저히 뛰어내릴 엄두가 나지 않았다. 무서웠다! 혹시 물에 빠져 죽으면 어떻게 하지? 오랫동안 망설였지만 결국 뛰어내리기로 결심했다. 바로 옆에서 보니 여인은 무척 고결하고 아름다웠다. 얼떨결에 여인을 껴안았더니 여인이 말했다.

"먼저 당신에게 음식을 만들어 주고 싶어요. 식사를 마치고 편안히 주무세요. 당신이 늘 배가 고파 허덕인다는 사실을 몰랐다면, 당신의 형이 당신을 무시한다는 사실을 몰랐다면 당신 앞에 나타나지 않았을 거예요."

여인은 갖가지 음식을 장만했고 식사를 마친 뒤 나란히 누워서 잠을 청했다.

"내일도 형은 자신의 처들이 당신을 위해 음식을 만들었다고 당신에게 핀잔을 줄 거예요. 식사를 마친 뒤 형에게 이렇게 말하세요. 지금까지 형수님들이 저에게 음식을 만들어 주느라 고생했으니까 오늘은 제 아내가 형에게 음식을 대접한다고 말이에요. 그러고 손을 문 밖으로 내밀면 제가 당신에게 맛난 음식이 가득 담긴 접시를 줄 테니 형에게 주세요."

다음 날 동생은 어김없이 가장 늦게 형의 집에 도착했고 또 형은 동생에게 늘 하던 말을 쏟아 냈다.

"네 아내가 나를 위해 음식을 만들어 줄 일은 평생 가도 없을 거야. 하지만 내 처들은 너를 위해 음식을 만들어 놓았다. 도대체 너는 어째서 하루도 거르지 않고 제일 늦게 오니?"

동생은 묵묵히 식사를 했다. 식사가 끝나고 동생이 밖으로 손을 내밀자 갖은 음식이 화려하게 차려진 예쁜 그릇이 나타났다.

"지금까지 형수님들이 제게 음식을 만들어 주었으니 오

늘은 제 아내가 형에게 음식을 대접하는 거예요. 한번 맛이라도 보세요."

이 광경에 너무 놀란 형은 어떤 말도 할 수가 없었다. 울화가 치민 형은 음식을 남김없이 먹어 치운 뒤 동생에게 그릇을 집어 던졌다. 그릇이 산산조각 났다. 얼마나 심하게 깨졌는지 그릇 조각을 찾을 수조차 없었다. 형이 동생에게 말했다.

"아내를 바꾸자."

동생은 대꾸할 필요조차 못 느꼈다. 이날도 동생은 제일 마지막으로 형의 집을 떠났다. 동생의 발길은 마법에 이끌리듯 저절로 무지개가 있는 곳으로 향했다. 아침에 여인이 동생을 깨웠다.

"일어나세요. 누가 오고 있어요."

형이었다.

"너는 어째서 매일 늦게 오니? 내 처들이 네가 먹을 음식을 준비하느라 정말 힘들어하는구나! 너는 양심이라고는 손톱만큼도 없구나!"

"형님! 알겠어요! 항상 형수님들이 제게 음식을 만들어 주었으니 오늘도 제 아내보고 형에게 음식을 대접하라고 할게요."

이 말을 마치자 무척 아름다운 여인이 음식을 들고 들어왔다. 형은 한 손으로는 여인을 안고 다른 손으로는 식사를 했다. 식사가 끝난 뒤에 본격적으로 여인을 껴안고 싶었지만 이미 곁에는 아무도 없었다. 형은 동생의 뒤를 좇아가서 아내를 바꾸자고 생떼를 부렸다. 동생이 말했다.

"도대체 왜 이렇게 고집을 피우는 겁니까! 저기 보세요, 무지개가 보이죠?"

"보이지."

"거기 가서 한번 그렇게 생떼를 부려 보세요. 그러면 형의 소원이 이루어질지도 몰라요."

형은 무지개로 달려갔다. 등불을 들고 있는 여인이 있었다. 여인이 형을 불렀다. 형은 무지개에게 뛰어내리고 싶은 마음이 간절했지만 무서웠다. 하지만 욕망이 두려움을 이겼다. 뛰어내렸다. 이른 아침 여인이 형을 깨웠다.

"일어나세요. 충분히 주무셨어요. 누군가 이리로 와서 우리를 짓밟아 죽일 거예요!"

형은 일어나고 싶지 않았다. 여인을 더 격하게 껴안고 싶었다. 그러나 형이 집 밖으로 나가는 순간 잔잔하던 파도의 가장자리가 둘로 나누어지더니 무언가 강렬하게 '팡' 터지는 소리가 들려왔다. 소스라치게 놀란 형은 숨을 가쁘 몰아쉬다 그 자리에서 죽고 말았다.

물집투성이 청년

할머니와 손자와 함께 살고 있었다. 손자는 이미 장성했지만 온몸이 물집으로 덮여 있어 보기가 여간 흉한 게 아니었다. 가려움을 못 이겨 시도 때도 없이 온몸을 긁는 바람에 얼굴까지 물집으로 뒤덮여 있었다. 할머니는 너무 늙었다. 이웃에는 다섯 가족이 살고 있었는데 모두 아들들이 있었다. 청년에게는 이름이 있었지만 '물집투성이'란 의미로 모두 그냥 볼디르 바피르칸이라고 불렀다. 바피르칸은 항상 홀로 순록 떼를 지켰다. 바피르칸은 누구 못지않게 부지런했다. 바피르칸은 이날 밤도 여느 때와 다름없이 순록에게 풀을 뜯기면서 순록 옆에 앉아 졸고 있었다. 그때 작은 쥐가 그의 소맷자락으로 기어 올라왔다. 청년이 투덜거렸다.

"너무 간지러워. 이놈의 쥐가 소맷자락으로 기어오네. 이놈의 쥐를 죽여 버리면 좋겠어."

"너를 도와주러 왔어. 너무 그러지 마."

"아무리 그래도 너 때문에 간지러워 못살겠단 말이야!"

"조금만 참아 봐. 네 물집을 치료해 줄게. 그런데 절대 움직이면 안 돼."

말을 마치자마자 쥐는 작업을 시작했다. 물집을 터뜨리고 껍질을 벗긴 뒤 상처를 핥았다. 쥐는 물집이 모두 없어질 때까지 일을 멈추지 않았다. 그러자 바피르칸의 얼굴과 몸에 있던 물집이 믿기 힘들 정도로 말끔히 사라졌다. 이틀 뒤에는 얼굴과 몸에 있던 옅은 물집 자국조차 사라졌고 바피르칸은 완전히 다른 사람이 되었다. 들판에서 집으로 돌아온 바피르칸이 할머니에게 말했다.

"할머니는 이제 너무 늙으셔서 조금 지나면 청소도 제대로 할 수 없을 거예요. 그러면 어떻게 하실래요? 할머니에게 물 한 그릇 떠다 줄 사람도 없잖아요. 그러니 이웃에 가서 제 신부를 찾아보세요. 아마도 제게 시집을 오려는 아가씨가 있을 거예요. 말이 났으니 망정인데 이웃에는 아가씨들이 무척 많아요. 그중에서 제 신붓감 한 명 없겠어요?"

할머니는 마을 입구에 있는 첫 집으로 갔다. 그곳에는 아가씨들이 무척 많았다. 모두 약속이나 한 듯이 이구동성으로 말했다.

"쳇, 그 청년은 모든 사람에게 혐오감을 주잖아요! 대체 누가 그런 사람에게 시집을 가겠어요!"

다음 집으로 갔으나 이번에도 아가씨들은 한결같은 말만 되풀이했다. 마지막 집에 갔더니 한 아가씨가 아버지에 말했다.

"아버지! 제가 그 청년에게 시집을 가겠어요. 제가 어디에서 그런 훌륭한 남편을 구할 수 있겠어요."

"딸아! 네 말이 맞다. 그런 사람에게 혐오감을 가져서는 안 된단다. 바피르칸은 정말 성실하단다."

아내를 맞이하는 날, 바피르칸이 할머니에게 말했다.

"할머니! 가장 예쁘고 깨끗한 옷으로 입으세요. 저도 그럴게요. 오늘은 축제 날이잖아요!"

바피르칸은 할머니를 썰매에 태워 신부의 집으로 갔다. 얼굴에 물집도 없는 데다 깨끗하고 멋진 옷으로 차려입으니 바피르칸은 세상에서 제일 빼어난 미남 같았다. 아내를 집으로 데려왔다. 이웃 아가씨들은 바피르칸의 아내를 질투했다.

"바피르칸은 우리에게 먼저 청혼을 했어. 우리가 거절한 거지."

그런들 이제 어쩌겠는가! 바피르칸은 결혼을 했고 부부는 누구보다 행복하게 살면서 아이도 많이 낳았다.

이상한 노인

아버지가 두 아들과 함께 살고 있었다. 아버지는 어린 아들들을 지금껏 엄마 없이 홀로 길렀다. 매일 아버지는 두 아들에게 달리기, 창 다루기, 힘겨루기와 지혜 수련을 시켰다. 마침내 두 아들은 엄청 날쌔고 민첩해졌다. 장성해서 결혼을 하게 되었지만 두 아들은 여전히 달리기, 힘, 지혜 수련을 멈추지 않았다. 그들은 누구보다 빨리 달렸고 창 다루는 솜씨가 아주 능수능란했다. 드디어 두 아들이 툰드라를 내 집처럼 누비게 되자 아버지가 말했다.

"잘 들어라. 저 큰 산 뒤편은 가면 안 된다. 항상 다른 쪽으로 빙 돌아서 다녀라. 명심해야 한다!"

아침에 두 아들은 길을 나섰다. 툰드라를 모두 돌아 큰 산 어귀에 도착했다. 다른 때는 집으로 돌아올 때도 아버지의 말을 잊지 않고 산을 빙 돌아서 왔는데…. 형은 이런 상황에 싫증이 난 데다 산 뒤편에 대한 격한 호기심이 발동하여 동생에게 말했다.

"도대체 아버지가 왜 우리에게 산 뒤편은 가지 말라고 했을까?"

"모르겠는데."

"저 산 뒤편에 가 보자."

"안 돼! 아버지가 괜히 우리에게 그런 말을 하셨겠어? 다 이유가 있을 거야."

"가자! 누가 있으면 도망가면 되잖아. 우리는 엄청 날쌔잖아."

"그건 그렇지만…."

동생은 오랫동안 형의 제안을 반대했지만 결국 형제는 산 뒤편에 가기로 했다. 매우 빨리 걸었다. 한참을 걷다가 동생이 형에게 말했다.

"이젠 됐어! 돌아가자! 무서워, 아버지가 분명 우리를 혼내실 거야!"

"창피하지도 않니! 너는 겁쟁이가 분명해. 그렇지 않으면 너는 잘 달리지 못하는 것이 분명해. 일단 시작한 거니 끝까지 가 봐야지. 아버지가 어떻게 알겠어? 우리가 말 안 하면 되잖아."

"그래도 안 가는 편이 좋겠어! 내가 달리기 실력이 모자라서 그러는 건 아니야. 내가 형보다 처질 리는 없어. 오히려 형은 나를 못 따라올 거야."

형은 동생의 말을 도무지 들으려 하지 않았다. 사방을 둘러보았다. 멀리 큰 산이 보였다. 산은 너무 멀리 떨어져 있어 그냥 흰 도화지에 초록 물감을 뿌려 놓은 것처럼 보였다. 형이 동생에게 말했다.

"지금 당장 저 산 뒤편에 가 보자. 그냥 가서 한번 보고만 오자!"

동생은 반대했다. 결국 형이 말했다.

"내가 형이야. 내 말대로 나를 따라와. 시키는 대로 해."

동생은 하는 수 없이 형과 함께 산을 향해 길을 떠났다. 무척 빠른 속도로 걸었다. 산에 도착했다. 자세히 보니 옆에는 거대한 강이 있는데 기슭에는 원시 상태의 큰 숲이 우거져 있었다. 형이 강 근처에 가 보자고 말했다.

숲을 따라 걷다가 주위를 둘러보니 강기슭에 한 노인이 있었다. 백발이 성성했다. 그물로 물고기를 잡고 있었는데 던지기만 하면 물고기가 그물에 가득 걸려들었다. 노인은 엄청나게 많은 물고기를 잡았다. 어느 순간 노인은 물고기 잡는 일을 멈추었다. 노인은 그물을 옆에 세워 놓고 사람 슬개골 두 개를 단단히 엮어 만든 광주리에 물고기를 채우고 있었다. 세상에! 근처에는 유르타도, 사람도 없는데 슬개골이라니! 노인은 두 젊은이에게 눈길을 주지는 않았지만 이들의 존재를 눈치챈 것 같았다. 형이 동생에게 말했다.

"저 노인을 죽이자. 그러고 슬개골에 물고기를 더 잡아 넣어 집으로 가지고 가자. 가족들이 무척 기뻐할 거야."

"아니야, 안 돼! 우리가 노인을 죽이지 못하는 날에는 어떡하려고. 아버지가 여기에는 가지 말라고 했잖아. 노인은 우리에 대해 잘 알고 있을지도 몰라. 노인이 우리가 있는 것을 눈치채지 못할 때 그냥 여기에서 도망가자."

"죽이자! 화살을 쏘아 어렵지 않게 죽일 수 있을 거야. 우리의 활솜씨는 누구도 따라올 수가 없잖아!"

노인은 청년들 쪽을 쳐다보지는 않았지만 이곳에 청년들이 있다는 사실은 이미 확실히 알고 있었다.

형제는 화살을 쏘았다. 화살이 노인 옆에 가서 맥없이 툭 하고 떨어졌다. 노인은 청년들을 똑바로 노려보았다. 그리고 사라졌다. 형제들도 사라졌다. 형제들은 활을 버리고 황급히 도망갔다. 형제들은 산 입구로 달려갔고 노인은 어디로 갔는지 알 수가 없다. 그런데 갑자기 형제들 앞에 노인이 나타났다.

"으흠! 바로 네놈들이구나! 너희가 나를 놀라게 했단 말이지! 누가 너희를 여기에 보냈느냐?"

형이 말했다.

"누가 보내다니! 내가 그냥 오고 싶어서 왔다! 몹쓸 노인 같으니!"

"집에 가족들이 있지? 좋다, 너희를 모두 죽여 주겠다!"

노인은 형을 잡아 들더니 그 자리에서 죽였다. 형 스스로 죽음을 초래했지만 형의 죽음은 너무나 순식간에 일어난 일이라 허탈함을 느낄 시간조차 없었다.

"자! 너는 집으로 가거라. 또다시 이곳에 오면 너도 죽여 주겠다."

청년은 집으로 갔다. 아버지는 하나밖에 남지 않은 아들임에도 심하게 질책했다.

"내가 너희에게 신신당부하지 않았느냐. 저 큰 산 너머로는 가지 말라고. 만일 갈 생각이었다면 그 노인을 죽이고 그의 아내를 빼앗아 왔어야 하는 거였다. 도대체 지금 뭘 한 거냐?"

아들은 잠자코 있었다. 잠시 후 홀연 청년의 집에 나타난 기괴한 노인은 청년의 아내들을 모두 산 너머로 잡아갔다. 아들은 생각했다.

'어쨌든 저 노인의 집에 가서 아내를 데리고 와야겠어.'

아들은 더 강해지고 더 날렵해지려고 하루도 수련을 거르지 않았다. 아주 높은 곳까지 한달음에 뛰어오르는 연습을 했다. 한 해가 지나갔다. 어느 날 아들이 말했다.

"그 노인에게 가야겠어요. 겉모습은 노인이지만 다른 노인들과 무척 달라요. 말로 표현할 수 없을 정도로 민첩하고 강하죠. 샤먼인 것 같아요. 노인의 주술을 제 민첩함으로 이겨 보겠어요."

길을 떠났다. 한참을 걸어갔다. 전에 와 봤기 때문에 이미 길을 훤히 알고 있던 청년은 강에 도착해서 바로 노인에게 갔다. 노인은 여전히 지난번 그 장소에서 그물로 물고기를 잡고 있었다. 이미 슬개골로 만든 광주리 두 개에 물고기가 가득 차 있었다.

"왔군, 반갑네! 같이 가서 식사나 하지. 광주리 한 개는 자네가 들게, 나는 다른 걸 들겠네."

청년은 어깨에 광주리를 짊어지고 걸어갔다. 매우 빨리 걸었다. 노인이 앞장을 섰고 청년이 뒤를 따랐다. 청년은 결코 노인에게 뒤처지지 않았다. 1년 사이 청년은 부쩍 강하고 민첩해져 있었다. 마침내 큰 유르타에 이르렀다. 유르타 근처에서 무척 많은 여인들이 일을 하고 있었다. 유르타 옆에 짐을 내려놓은 뒤 안으로 들어가서 앉았다. 잠시 후 어떤 여인이 물고기가 가득 담긴 아주 큰 접시 두 개를 내놓았다. 노인은 눈 깜짝할 사이 접시 한 개를 다 비웠다. 청년은 물고기를 칼로 잘라 먹었기 때문에 노인보다 한참을 뒤처졌다.

"뭐야? 자네는 먹는 법도 모르는 거야? 아내를 만나러 온 건가? 자네 아내를 이미 삶아 먹었는데…. 안타깝군! 자, 이제부터 대결을 펼쳐 보도록 하세. 저기 두 산이 있는 곳으로 가세."

산은 도화지에 초록 물감을 뿌려 놓은 것처럼 아득히 멀리 있었다. 산에 돌은 전혀 없다. 오로지 얼음뿐이었다. 오랫동안 걸었다. 이번에도 청년이 뒤에서 걸었다. 얼마나 걸어갔을까! 노인이 느닷없이 휙 돌아서서 날카로운 지팡이로 청년을 공중으로 들어 올렸지만 청년은 아무렇지도 않았다. 날카로운 지팡이가 청년의 단단한 힘줄을 어떻게 뚫겠는가!

산에 도착해서 봉우리로 올라갔다. 둘이 대결을 펼칠 곳이었다. 청년이 순식간에 노인의 다리를 부러뜨렸다. 하지만 노인은 대결을 계속했다. 아주 오랫동안 창 대결을 펼쳤다. 대결이 며칠 동안 이어졌는지 아무도 알 수가 없다. 결국 지칠 대로 지친 노인이 청년에게 말했다.

"산 아래로 내려가서 다시 대결을 하세."

청년을 산 아래로 데리고 갔다. 시체가 산처럼 쌓여 있었다. 일부는 아직 부패하지 않은 것으로 보아 아주 최근에 죽임을 당한 것 같았다. 노인이 잘난 척하려고 청년을 이곳에 데리고 온 것이 분명했다. 너 같은 애송이는 내 상대가 안 된다! 내가 얼마나 많은 사람을 죽였는지 직접 봐라! 바로 이런 분위기였다. 하지만 노인은 끝내 항복 선언을 할 수밖에 없었다.

"뭐라고 해도 네가 나를 이겼다! 내가 왜 너를 죽이지 않고 집으로 돌려보냈는지 모르겠군! 땅을 치고 통곡할 일이다. 하지만 이제 와서 어쩌겠냐? 나를 집으로 데려가서 그곳에서 죽여라!"

집으로 돌아오면서 청년은 자신과 죽은 사람들의 복수를 위해 노인을 날카로운 지팡이 끝에 꽂아 공중으로 던졌다. 노인의 몸은 여기저기 부러지고 엉망진창이 되었다. 노인은 발을 절룩거리고 만신창이가 된 몸을 질질 끌면서 느릿느릿 집으로 돌아왔다. 여인들은 그들에게 온갖 맛있는 음식을 내놓았다. 먹기 시작했다. 이번에 청년은 먹는 것조차 노인에게 뒤처지지 않았다. 식사를 마치자 노인은 죽음을 맞을 준비를 했다.

"나를 죽여라! 그리고 가거라!"

청년은 창으로 찔러 노인을 죽였다. 손과 다리도 잘랐다. 그런데 어찌나 피가 많이 흘러내리는지! 큰 강이 온통 핏빛으로 변하고 말았다. 돌과 물고기들도 모두 핏빛으로 변했다. 노인이 여기저기에서 빼앗아 온 여인들은 모두 자신들의 집으로 되돌아갔다. 청년의 아내와 형의 아내만 남았다. 그들은 기쁨에 겨워 큰 소리로 웃다가 울다가 어쩔 줄 몰라 했다.

"아버님은 어떠세요? 빨리 가서 인사를 드려야겠어요. 혹시 돌아가신 건 아니겠죠?"

집으로 갔더니 정말 아버지는 돌아가신 뒤였다. 노인이 죽으면서 혼자 죽기 싫었는지 아버지를 함께 데리고 간 것이었다. 청년과 두 아내는 아버지의 장례를 치른 뒤 노인이 살던 곳으로 갔다. 피가 흘러넘치던 큰 강은 이미 깨끗해져 있었고 군데군데 돌이나 일부 물고기의 배와 등, 꼬리에만 붉은빛이 얼핏얼핏 남아 있었다. 청년은 두 아내와 행복하게 살기 시작했다. 물고기를 잡았고 순록을 사냥했으며 이웃을 도와주었다.

가련한 카차프

오래전 사냥을 위해 우리의 청년들은 바다 건너 낯선 해안가의 한 마을로 갔다. 그곳 사람들은 청년들을 아주 반갑게 맞아 주었다. 청년들을 비웃지도, 피곤하게 하지도 않았다.

어느 날 한 청년이 마음에 드는 아가씨가 생겨 귀찮게 졸졸 따라다녔다. 아가씨의 아버지는 그 청년을 벌하기로 결정한 뒤 청년의 정수리에 구멍을 뚫었다. 쇠막대기가 골수에 닿는 순간 청년은 느닷없이 큰 소리로 웃다가 엉엉 소리 내어 울더니 그 자리에서 숨을 거두었다. 이 광경을 목격한 청년들은 두려움에 치를 떨다가 이곳에서 도망치기로 결정했다. 가장 나이가 많은 청년이 말했다.

"도망갈 준비를 해! 가면서 먹을 식량도 몰래 준비해. 적당한 때를 골라 밤에 이곳을 떠나자."

도망갈 시기만 호시탐탐 엿보던 어느 날, 모두 잠이 들자 청년들은 바다를 따라 고향으로 달아났다. 고향에 와서 자신들에게 일어난 일을 낱낱이 이야기했다. 이 마을의 무사들과 날렵한 청년들이 모두 모여 복수를 다짐했다. 바다 위를 떠갔다. 먹구름이 마법을 걸었다. 한 치 앞도 보이지 않을 정도로 먹구름이 자욱하게 덮인 상태에서 바다를 헤쳐 나가야 했다. 그런 방해 공작에도 청년들은 그 마을에 무사히 도착하여 어른들을 죄다 죽였다. 청년을 죽인 남자를 찾아 나섰다. 그의 머리에도 구멍을 뚫었다. 쇠막대기가 골수에 이르자 그 남자도 막 웃다가 막 울더니 그 자리에서 죽었다.

아이들은 모조리 데리고 와서 집집마다 나누어 주었다. 카차프라는 소녀는 순록 사육인의 집에 가서 일꾼이자 목동이 되었다. 카차프는 밤마다 순록 떼를 지켰다. 어느 날 불현듯 순록 사육인의 아들이 병이 들어 자리에 눕자 순록 사육인이 아내에게 말했다.

"카차프를 제물로 바칩시다. 그러면 우리 아들의 건강이 회복될 거요. 카차프에게 흰 가죽옷을 만들어 주시오!"

아내는 카차프를 죽이고 싶지 않았지만 남편의 고집은 완강했다. 카차프를 제물로 바치면 아들이 살아날 것이라고 굳게 믿고 있었다. 아내가 카차프에게 줄 흰 가죽옷을 만들기 시작하자 남편이 말했다.

"다음 마을에 머물 때 카차프를 제물로 바칩시다. 유목을 떠나는 것처럼 하면서 카차프에게 새 옷을 입히시오. 그리고 오늘 밤에는 내가 순록 떼를 지키겠소. 카차프에게는 좋은 음식을 배불리 먹입시다. 그래도 죽이기 전에는 우리의 관습대로 그동안 못 먹었던 것까지 더하여 배가 터지게 먹여야 되지 않겠소?"

그날 밤, 남편이 직접 순록 떼를 지키러 갔다. 카차프는 집에서 자고 싶지 않았지만 부부는 집요했다. 남편이 나가자 아내가 카차프에게 말했다.

"너를 제물로 바치려는 거야. 이 흰옷으로 갈아입어. 식사를 마치면 내가 일부러 천막 밖으로 항아리를 떨어뜨린 뒤 너보고 주워 오라고 할게. 그러면 즉시 밖으로 나가 도망을 가도록 해. 슬픈 기색을 보여서는 안 돼. 늘 하던 대로 밝은 모습이어야 해. 안 그러면 남편이 눈치챌 수도 있단 말이야."

다음 날 그들은 다른 마을을 향해 길을 나섰다. 한참을 가다 아내가 갑자기 천막 밖을 보면서 말했다.

"세상에, 항아리를 떨어뜨렸어! 카차프야, 가서 가져오너라! 먼 곳에 떨어지지는 않았을 게다. 이 근처를 잘 살펴보아라."

남편이 말했다.

"내가 가지고 오겠소."

"뭐 하러 그러세요. 걷기의 명수인 카차프에게 가지고 오라고 하세요. 힘들게 왜 굳이 당신이 가려고 해요."

카차프는 항아리를 가지러 간다고 나가서는 그대로 도

망을 쳤다. 남편은 카차프를 기다리고 또 기다렸다. 그러다 이상한 낌새를 눈치챈 남편은 순록을 타고 카차프를 쫓아갔다. 카차프가 잘 걷고 발이 아무리 빠르다고 해도 순록을 타고 달려오는 사람을 이길 수가 있겠는가! 카차프는 전에 머물던 마을에 와서 유르타가 있던 자리에 누웠다.

"유르타야, 나를 숨겨 줘. 내가 여기서 얼마나 열심히 일을 했는지 너도 알잖아. 나를 쫓아오는 소리를 들어 봐."

유르타에 온 남편은 카차프의 흔적을 찾기 시작했지만 아무것도 찾지 못한 채 아내에게 되돌아갔다. 카차프는 잰걸음으로 가던 길을 재촉했다. 마음이 급한 나머지 얼마나 걸음을 재촉했는지 발이 보이지 않았다. 그런데 앞에서 웬 남자가 터덜터덜 걸어오고 있었다. 카차프와 맞닥뜨린 남자가 말했다.

"우리 집에 가자. 아이가 많이 아프단다. 아이 때문에 벌써 며칠째 한숨도 못 잤어."

카차프는 그렇게 하자고 했다. 집에 도착해 보니 아이는 너무 아파 제대로 숨소리도 못 내고 울고 있었다. 남자가 카차프에게 말했다.

"제발 아이를 돌봐 주렴. 잠깐만이라도 눈을 붙이고 싶어. 조금 있다 우리를 깨워 줘."

카차프는 그렇게 하겠다고 했다. 부부는 잠이 들었고

카차프는 아이를 돌보기 시작했다. 갑자기 아이가 자지러지게 소리를 지르면서 격하게 발작을 일으켰다. 카차프가 엉덩이를 만지면 더 심하게 울었다. 카차프는 아이의 엉덩이를 자세히 들여다보았다. 아이의 엉덩이에 마른 진흙이 붙어 있었다. 카차프는 진흙을 조심스럽게 떼어 냈다. 아이의 울음소리가 잦아들더니 잠시 후 언제 그랬냐는 듯 쌔근쌔근 잠이 들었다. 카차프도 아이와 함께 살포시 잠이 들었다.

남자가 잠에서 깨어나 보니 아이가 울지 않는 것이었다. 남자는 아이가 죽은 줄 알고 소스라치게 놀랐다. 아이의 가슴에 귀를 대어 보았는데 아이의 심장이 뛰고 있었다. 조용히 아내를 깨웠다.

"아이가 잠이 들었소. 손님도 잠이 들었소. 자게 둡시다. 우리도 좀 더 잡시다."

부부는 아주 곤하게 잠을 잔 뒤에야 일어났다. 아이와 카차프는 여전히 자고 있었다. 잠시 후 카차프가 잠에서 깨어나자 남자가 물었다.

"카차프야! 네게 답례를 하고 싶구나. 뭘 갖고 싶니? 동물 가죽이 좋겠니? 아니면 다른 선물이 좋겠니?"

"아무것도 필요 없어요. 제가 한 일이 없잖아요. 아이의 엉덩이에 붙은 진흙을 떼어 준 것 이외에는…."

그래도 남자는 카차프에게 선물을 주면서 배웅을 해 주었다. 카차프는 어제 왔던 길로 되돌아갔다. 얼마 가지 않아 되돌아보니 남자 대신 갈색 곰이 보였다. 어제 카차프가 만난 남자는 사람이 아니라 갈색 곰이었다. 카차프는 큰 강에 이르렀다. 지금까지 너무 많이 걸었던 탓에 무척 피곤했다. 강가에 앉아 있다가 그만 잠이 들고 말았다. 사실 강을 건너는 것이 무척 두려운 나머지 그냥 잊고 싶어 잠에 빠졌는지도 모른다. 잠결에 카차프는 두런두런 이야기 소리를 들었다.

"이 아이가 카차프가 맞을 거야. 우리가 강을 건네주자."

눈을 뜨니 옆에 있던 청년들이 물었다.

"어디로 가니?"

"오빠들에게요."

"우리가 강을 건네줄게. 네 오빠들은 저 산 뒤에 산단다."

그들은 카차프가 강을 건너는 것을 도와주었다. 카차프가 길을 가다 되돌아보니 학이 쫑쫑 걸어가고 있었다. 카차프가 강을 건너도록 도와준 것은 학이었다. 곧 카차프는 오빠들의 집에 도착해서 행복하게 살았다.

일곱 형제

부부가 살고 있었다. 슬하에 일곱 형제가 있었다. 형제들은 툰드라와 바다에서 동물 사냥을 했다. 어느 날 갑자기 동물들이 자취를 감추었고 형제들은 빈손으로 집에 돌아왔다. 그러던 어느 날부터는 바다에 간 형도, 툰드라에 간 형도 아예 돌아오지 않았다. 가장 어린 막내아들만 남았다. 부모님이 너무 어린 데다 막내라는 이유로 아무 곳에도 가지 못하게 했기 때문에 살아남은 것인지도 모르겠다. 막내는 형들을 찾고 싶은 마음이 간절했다. 사실 부모님의 생각과 달리 막내는 이제 어린아이보다는 새퉁스레 소년의 분위기를 흠씬 풍겼다.

소년은 밤마다 부모님 몰래 조각배를 만들었다. 그 일이 끝나자 겉옷을 걸쳐 입고 어둑하고 적막한 밤에 형들을 찾으러 떠났다. 필요한 물건을 모두 챙기면서 뼛조각으로 바늘도 만들었다. 해변을 따라가다 어마무시하게 큰 거인 미믈리틴을 보았다. 미믈리틴이 소년을 불렀지만 못 들은 척했다. 그러자 미믈리틴이 입으로 바닷물을 빨아들이기 시작했다. 뱃머리가 입에 닿자 미믈리틴이 다시 물을 뱉어 내면서 배는 아주 먼 바다로 밀려갔다. 미믈리틴이 다시 물을 빨아들이는 순간 소년은 뼈로 만든 바늘을 찾아 들었다. 조각배가 거인의 입술에 닿는 순간 소년은 바늘을 거인의 입안으로 던졌다. 안에 들어갔던 물이 다시 밖으로 나오면서 바늘이 내장을 심하게 찌르는 바람에 미믈리턴은 찍소리도 못 하고 그 자리에서 죽고 말았다.

소년은 항해를 계속했다. 바다 위를 한없이 떠다니다 절벽에 거인 탄넬룐이 앉아 있는 것을 발견했다. 탄넬룐이 소년을 불렀지만 소년은 이번에도 못 들은 척했다.

"이봐! 내 말 안 들려? 안 들린다면 네 배를 뒤집어 버리는 수밖에!"

탄넬룐이 발꿈치로 물을 튀기자 거대한 파도가 해변에서 몰려왔다.

"미안! 내가 어째서 너를 보지 못했을까!"

소년은 이제야 봤다는 듯 머쓱한 표정을 지으면서 말했다. 해변으로 나온 소년은 절벽 아래에 있던 바다표범을 죽인 뒤 간을 꺼내 옷 안에 감춰 두었다. 탄넬룐이 소년에게 말했다.

"이봐, 술래잡기 놀이하자! 내가 먼저 숨을게."

탄넬룐이 숨었는데 소년은 어디에 숨었는지 이내 알아차렸지만 못 찾은 척하면서 탄넬룐을 놀렸다. 탄넬룐이 소년에게 말했다.

"세상에 이렇게 주의력이 없는 아이가 또 있을까! 네 바로 옆에 숨어 있었어. 그런데 어째서 못 찾니? 나 같으면 금방 찾을 텐데."

이번에는 소년이 숨을 차례였다. 소년은 탄넬룐의 외투 안에 숨었다. 탄넬룐이 얼마나 오랫동안 소년을 찾아 헤맸는지! 그래도 결국 찾지 못했다. 소년은 외투에서 뛰어나와 탄넬룐 앞으로 갔다. 다시 탄넬룐이 말했다.

"여기에 있네. 너를 찾지 못했으니 이번에는 내가 졌다. 이제는 서로의 간을 먹는 내기를 하자."

"그런데 내가 무얼 먹은 지가 하도 오래된지라 간이 아주 작아져서 먹을 게 별로 없을 거야."

"괜찮아. 내가 먼저 먹을게."

소년이 등을 대고 누웠다. 탄넬룐은 소년의 옷을 찢고 바다표범의 간을 꺼내 소년의 간인 줄 알고 허겁지겁 먹어 치웠다. 소년은 아무렇지도 않다는 듯이 툭툭 털고 일어나면서 말했다.

"이제는 내가 먹을 차례네. 배가 너무 고파. 너는 이미 내 간을 먹어 치웠기 때문에 내가 하는 대로 잠자코 있어야 돼."

탄넬룐이 등을 대고 누웠다. 소년은 탄넬룐의 옷을 찢고 배를 갈라 간을 꺼냈다. 탄넬룐은 자기 꾐에 자기가 넘어가 끝내 죽음에 이르렀다. 소년은 그 자리에서 서둘러 집으로 돌아갔다. 이렇게 하여 바다에서 형들의 원수를 찾아 복수를 끝냈다. 이제부터 소년은 안심하고 바다 사냥을 할 수 있게 되었다. 소년은 부모님에게 말했다.

"바다에서 형들의 원수를 찾아내 복수를 했어요. 이제는 툰드라에 있는 원수들만 찾아내면 돼요."

아버지가 소년에게 애원했다.

"이제는 그만해라. 그러다간 그자들이 너를 죽이겠어. 툰드라에는 가지 말거라."

"툰드라의 원수들은 나중에 제가 아이를 낳으면 아이들한테도 무척 위험한 존재가 될 거예요. 반드시 찾아 죽여야 돼요."

소년은 길을 떠났고 툰드라로 들어갔다. 한참 동안 툰드라를 걷는데 그에게로 열매가 우수수 떨어졌다. 열매를 무척 좋아하는 소년은 주워 먹기 시작했다. 그런데 갑자기 땅이 한쪽으로 기울어지면서 구멍이 생겼다. 소년은 구멍을 들여다보았다. 구멍에는 거미줄이 팽팽하게 쳐져 있었다. 소년은 앞으로 전개될 일에 호기심과 흥미를 느끼면서 거미줄로 걸어갔다.

가만 보니 거미가 거미줄을 점검하러 오고 있었다. 먼발치에서 사냥감을 발견한 거미는 뛸 듯이 기뻐했다. 소년을 어깨에 짊어지고 자신의 집으로 출발했다. 그런데 소년이 잡고 있던 나뭇가지를 놓는 바람에 소년의 무게가 거미에게 쏠리면서 거미는 다리를 후들후들 떨면서 넘어질 뻔했다.

소년을 끌고 가는 것이 얼마나 힘이 들었는지 거미는 저녁녘에야 가까스로 집에 도착했다. 하는 수 없이 소년은 아침거리로 남겨 두었다. 저녁을 먹고 두 마리 까마귀를 보초로 세워 놓았다. 소년이 움직이기만 하면 까마귀들이 깍깍 소리를 질러 댔다. 소년은 이 상황을 타개할 방법에 대해 곰곰이 생각했다. 옆 양동이에 담긴 물을 까마귀들에게 끼얹었다. 생각지도 않던 물세례를 받은 까마귀들은 까아악 소리도 한번 지르지 못한 채 멍하니 앉아 있었다.

소년은 밖으로 나갔다. 밖에서 문을 단단히 잠근 뒤 거미의 집에 불을 질렀다. 집이 활활 타올랐다. 소년은 아주 큰 바위를 끌고 와서 지붕 위에 올려 놓았다. 집이 무너졌다. 이렇게 해서 소년은 툰드라의 원수마저 죽이는 쾌거를 거두었다. 소년은 자신의 형들을 죽인 자들에게 빠짐없이 복수를 했다. 그때부터 바다도, 툰드라도 모두 안전한 곳이 되었다.

못된 코랴크인을 응징한 쿤렐류

쿤렐류가 태어나기 전, 누나 킷기가 어릴 때, 킷기의 엄마가 돌아가셨다. 킷기는 '적으로부터 도망쳐 세상을 돌아다니는 킷기'라는 의미로 랴이비트 코킷기라고도 불렸다. 또는 '창조자 킷기'라는 의미로 톰가프 킷기라고도 불렸다. 어느 날 킷기가 아버지에게 말했다.

"코랴크인들에게 가서 아내를 구해 오세요."

"못 한다. 나는 이미 늙었다. 이 나이에 내가 어떻게 아내를 구하겠느냐!"

"할 수 있어요. 지금 당장 떠나세요. 그곳에 부모를 잃은 고아 아가씨가 있어요. 그 아가씨를 아내로 맞이하세요."

"못 한다. 나는 완전히 늙은이다."

"다녀오세요! 가서 그 아가씨를 아내로 데리고 오세요. 그 아가씨는 아버지에게 쿤렐류를 낳아 줄 거예요."

결국 아버지는 딸의 말을 따르기로 했고 구혼을 하러 떠났다. 걸어가면서 장작을 베어 한 짐 짊어지고 갔다. 장작의 양이 실로 엄청났기 때문에 쿤렐류의 아버지가 도대체 어떻게 짊어지고 갔는지 아무도 모른다. 고아 아가씨가 살고 있는 집으로 갔다. 주인에게는 딸이 많았다. 아버지가 산더미같이 엄청난 양의 장작을 땅에 내려놓자 주인이 나와 반기는데 주인도 무척 늙었다.

"아이고 세상에! 무슨 일로 오셨소?"

"예, 청혼을 하러 왔소."

"예, 예! 그러면 내 딸들을 보시고 마음에 드는 아이로 고르시오."

쿤렐류의 아버지는 집 안으로 들어가 자리를 잡고 앉은 뒤 말했다.

"저는 저 아가씨와 결혼하기를 원합니다."

고아 아가씨는 완전히 못생긴 데다 옷은 지저분하고 낡았으며 누더기였다. 솔직히 얼마나 못생겼던지! 주인이 말했다.

"그 아이는 생각지도 마십시오. 변변치 못합니다. 제 딸들을 보십시오."

"아닙니다. 그래도 저는 저 아이를 아내로 맞이하렵니다."

"그러지 마세요. 저 아이는 너무 못생긴 데다 고아랍니다. 제 딸들이 훨씬 낫죠."

"그래도 괜찮습니다. 저는 저 아이와 결혼하렵니다."

"알겠소. 정히 그렇다면 당신 뜻대로 하시오!"

마땅찮지만 주인은 고아 아가씨의 결혼을 받아들이면

서 아내에게 말했다.

"저 아이를 떠나보낼 준비를 하시오. 머릿니를 잡은 뒤 머리를 깨끗이 감기고 목욕을 시키시오. 그러고 다시 머리를 빗기고 단정한 옷으로 갈아입히시오."

아내는 남편이 시키는 대로 했다. 그러고 부부는 말했다.

"자, 이제 집으로 가시오. 저 아이를 위한 지참금은 주지 않아도 됩니다."

집으로 데리고 갔는데 곧 아이를 가졌고 배 속의 아이는 무럭무럭 자랐다. 쿤렐류가 태어났는데 벌써 턱에 긴 수염이 자라고 있어 '한쪽 수염'이라는 의미로 쿤렐류라고 부르게 되었다. 딸이 아버지에게 말했다.

"보세요, 쿤렐류가 태어났어요!"

쿤렐류는 대단한 개구쟁이였다. 말도 잘 듣지 않았고 제멋대로 굴었으며 몹시 소란스러웠다. 그렇지만 무럭무럭 자라서 어느덧 청년이 되었다. 아버지는 이미 오래전에 돌아가셨다. 어느 날 쿤렐류는 느닷없이 코랴크인의 습격을 받아 도망을 갔다. 하지만 코랴크인은 끝까지 쫓아와 창을 던졌고 쿤렐류는 그 자리에서 최후를 맞이했다. 쿤렐류는 저승에 있는 아버지에게 갔다.

"어휴! 아버지! 무지막지한 코랴크인을 피해 도망 왔어요."

"쿤렐류야! 너는 도망 온 게 아니야. 너는 죽은 거야. 너는 죽어서 내게 온 거야. 코랴크인이 너를 죽인 거야."

"뭐라고요?"

"그래! 너는 죽었어! 그래서 나와 만나게 된 거야. 너도 알다시피 나는 이미 오래전에 죽었잖니. 너희가 내 장례식도 치러 주었잖니."

"아이고! 세상에 이럴 수가! 너무 원통해요! 어떻게 내게 이런 일이 생겼죠?"

"내 말을 잘 들어라. 앞으로 게으름을 피우지 않고 수련을 열심히 하면서 내가 주는 이 윗도리를 입고 있으면 곧 건강해질 것이다. 그러면 너는 맹렬한 기세로 적을 향해 돌진할 수 있을 것이다."

"알았어요. 명심할게요. 이제부터는 게으름 피우지 않고 열심히 수련할게요. 그리고 아버지가 주신 옷을 꼭 입고 있을게요."

갑자기 쿤렐류가 살아났다. 치료를 하면서 적을 피해 3년 동안 숨어 있었다. 마침내 완전히 건강을 회복했다. 엄청난 수련 끝에 곧 아주 민첩하고 강한 청년이 되었다. 드디어 자신을 죽인 원수를 찾아 복수를 하러 떠났다. 코랴크인에게 보란 듯이 말했다.

"내 말을 들어라! 나는 쿤렐류다. 나를 죽인 자를 찾아

이곳에 왔다. 그자는 어디에 있느냐? 나를 속일 생각은 아예 하지도 마라. 당장 그자를 내놓아라."

이 말을 듣고 쿤렐류를 죽인 코랴크인은 얼굴 가득 환희의 빛을 띠면서 말했다.

"오호라! 아주 재밌는데! 누가 왔다고? 이번에는 완전히 숨통을 끊어 주지! 정말 고맙군! 고마운 일이야! 제 발로 찾아오다니! 그런데 그놈이 아직 살아 있단 말이야?"

그렇게 하여 쿤렐류는 원수와 마주했다. 창으로 싸우기 시작했다. 원수가 쿤렐류에게 말했다.

"좀 더 놀려 먹고 싶군! 자, 기다려라! 이제 네 숨통을 끊어 놓겠다!"

쿤렐류는 어떻게든 결판을 내겠다는 생각에 허공중으로 뛰어올라 원수의 목에 창을 찔렀다. 그 자리에서 적의 목이 땅에 떨어졌다. 쿤렐류는 싸움을 끝냈다. 그런데 주위에 있던 적의 친구들이 쿤렐류를 에워싸면서 점점 거리를 좁혀 왔다. 어쩌면 좋단 말인가! 하지만 쿤렐류는 민첩하고 날쌘 청년이 아닌가! 적들은 쿤렐류를 죽이려고 애를 썼지만 뜻대로 되지 않았다. 적들은 종당에는 완전히 지쳐서 나가떨어졌고 쿤렐류는 적들을 모조리 죽였다. 정말 많이 죽였다. 집으로 돌아갈 때 쿤렐류는 혼자가 아니었다. 많은 사람들이 그의 뒤를 따랐다.

쿤렐류의 누나 킷기는 적을 피해 수없이 많은 곳을 돌아다녔고 발길 닿는 곳마다 아이를 낳았다. 그리고 적들에게 늘 위풍당당하게 외쳤다.

"당신들은 절대 쿤렐류를 죽일 수 없습니다! 영원히! 쿤렐류는 용감하고 지혜롭거든요!"

그러는 사이 적들은 자주 쿤렐류를 공격했고 쿤렐류는 누나의 기대를 저버리지 않고 적들을 남김없이 죽였다. 쿤렐류의 동생인 레이프게프[12]는 다리를 절었기 때문에 늘 집에만 있었다. 레이프게프도 무척 날렵하고 강하다는 사실을 아는 사람은 드물었다. 어느 날 레이프게프가 형 쿤렐류에게 말했다.

"형! 산에 가 보자. 어젯밤 산 건너편에서 적들을 봤어."

쿤렐류는 친구들과 함께 산으로 가서 몸을 숨긴 채 엎드려 있었다. 쿤렐류의 동생 레이프게프는 적들이 오는 길목에 서 있었다. 그가 서 있는 곳에는 보드라운 눈이 엄청나게 쌓여 있었다. 그 전에 레이프게프는 형들에게 단단히 일러두었다.

"적들이 나를 덮치려고 달려드는 순간 눈구덩이 속으로 뛰어 들어갔다가 다시 위로 뛰어나올게. 그때 형들은 한

---

12) '구멍이 난'이란 의미다.

달음에 밑으로 달려와서 적들을 죽여."

레이프게프를 발견한 적들은 죽이기로 작정한 듯 맹렬하게 달려들었다. 레이프게프는 짐짓 그들을 못 본 척했다.

적들이 구름처럼 몰려와서 덮치려는 순간 레이프게프는 아래쪽 커다란 눈구덩이로 날아갔다. 레이프게프는 창을 가지고 있었지만 적에게 아무 저항도 하지 않았다. 괜히 그런 것이 아니었다. 다른 뜻이 있었다. 적들이 한꺼번에 자신을 죽일 준비를 하는 순간 눈구덩이 속에서 뛰어나오면서 동지들을 부를 작정이었다. 아닌 게 아니라 적들은 모두 하나가 되어 레이프게프를 죽이려고 달려들 태세였다. 눈구덩이 주위가 삽시간에 전쟁터로 변했다. 레이프게프가 눈구덩이에서 뛰어오르는 순간 쿤렐류와 친구들은 레이프게프를 도와주러 돌진했다. 하늘에서 뚝 떨어진 듯 갑자기 나타난 쿤렐류와 친구들은 적들을 에워싸면서 말했다.

"자, 한판 붙어 보자!"

적들은 방향을 돌려 쿤렐류와 친구들을 공격했고 피비린내 나는 전투가 시작되었다. 그 순간 레이프게프는 뒤에서 적들에게 최후의 일격을 가했다. 쿤렐류에게 자비란 없었다. 모두를 죽이고 집으로 갔다. 몇 시간 뒤 다시 적들이 나타났는데 이번에는 전투병이 아니라 정찰병이었다. 쿤렐류가 동생에게 말했다.

"적들이 저쪽에서 또 오고 있구나. 그곳으로 가서 그들의 길을 막자."

적들은 아래쪽으로 걸어가고 있었다. 쿤렐류는 레이프게프에게 적들을 유인하라고 했다. 레이프게프는 작은 언덕으로 올라가면서 적들 가운데 대장을 찾아내어 뒤에서 공격하겠다는 작전을 세웠다. 적과의 거리가 손만 뻗으면 닿을 정도로 완전히 가까워지자 누가 대장인지 금방 알아낼 수 있었다. 그 순간 레이프게프는 창을 들고 일어섰고 쿤렐류와 친구들은 이번에도 적들의 눈에 띄지 않게 산에 숨어 있었다. 레이프게프는 적들을 향해 창을 흔들었다. 즉 활이 아니라 창으로 싸우자는 의미였다. 상황을 알아차린 적들은 창을 들고 레이프게프에게 달려들었다. 레이프게프는 언덕에서 아래쪽의 부드럽고 깊은 눈구덩이 속으로 뛰어내렸다. 곧 적들이 한꺼번에 레이프게프에게 달려들었다. 그 순간 쿤렐류와 친구들은 조금 전 레이프게프가 있던 언덕으로 내려가 땅이 울리고 눈 산이 무너질 정도로 우렁우렁 힘차게 고함을 질렀다.

"자, 어디 한판 붙어 보자!"

이번에도 쿤렐류의 갑작스러운 등장에 놀란 적들이 그

쪽으로 몸을 돌리는 바람에 레이프게프는 너무나 손쉽게 적들을 죽일 수 있었다. 역시 쿤렐류에게 자비란 없었다. 적들을 모조리 죽인 뒤 집으로 갔다. 적들은 자신들이 쿤렐류의 적수가 되지 못한다는 사실을 깨닫고 화해를 청했다. 더 이상 쿤렐류를 찾아오지 않았고 더 이상 전쟁도 벌어지지 않았다. 모두 평온하고 사이좋게 지냈다.

이런 상황을 하늘이 시샘했는지…. 코랴크인 올랄레크는 형제들과 같이 유목을 하면서 여름을 보냈는데 이웃에는 쿤렐류의 친척들이 살고 있었다. 올랄레크에게는 모틀린토[13]라는 아들이 있었다. 모틀린토는 어째서인지 머릿속이 늘 나쁜 생각으로 꽉 차 있었다. 모틀린토가 친구들에게 말했다.

"애들아! 잘 생각해 봐. 쿤렐류가 우리 친척들을 죽였어. 쿤렐류 친구가 그러는데 쿤렐류가 우리 근처에서 유목을 하고 있대. 정말이라면 그자가 우리의 땅에서 순록을 키우는 거나 다름없잖아. 그러니 그자를 죽이자."

친구들에게 이렇게 거짓말을 하자 모두 미리 입을 맞춘 듯 이구동성으로 아우성쳤다.

"우리가 어떻게 그를 죽여?"

---

13) '생기가 없는'이란 의미다.

"내 말 잘 들어. 머리만 쓰면 충분히 죽일 수 있어. 덫을 놓으면 돼. 뭐냐면 그자들에게 야쿠티야산(産)의 아주 튼튼한 순록을 선물로 주겠다고 하자. 그리고 순록을 고르고 나면 우리 마을로 와서 함께 잔치를 벌이자고 하자. 그자들은 분명히 우리의 제안을 덥석 받아들일 거야. 순록을 고를 때 그자들이 같이 몰려다니지는 않을 거야. 분명 따로따로 순록을 고를 거야. 그때 모조리 죽이면 돼."

쿤렐류의 친구들은 모틀린토와 친구들의 이 제안을 선뜻 받아들였다. 다음 날 모틀린토와 친구들은 자신들의 계획을 실행에 옮겼다. 순록을 고르는 시간이 되었다.

"마음에 드는 놈으로 고르세요. 마음에 드는 순록을 가리키면 주인을 알려 드릴게요."

아무것도 모르는 축치인들은 신이 났고 순록을 찾아 제각기 흩어졌다. 축치인 한 명에 코랴크인 여러 명이 달라붙었다. 축치인들이 여기저기로 흩어져 순록을 고르기 시작하자 코랴크인들은 축치인들을 닥치는 대로 마구 죽였다. 엄청난 배신이었다! 모틀린토는 이렇게 야수만도 못한 악행을 저질렀다. 축치인을 모두 죽인 모틀린토와 친구들은 순록 떼를 자신들의 마을로 몰아간 뒤 서둘러 코랴크인의 나라로 달아나기 시작했다. 이들이 지나는 길목에서 유목을 하던 사람들이 이들을 뜨악한 표정으로 바라보면서 물었다.

"이 여름에 어째서 유목지를 옮기는 것이오?"

그때 코랴크인 중 한 명이 아주 나직한 소리로 말했다.

"모틀린토가 엄청나게 못된 짓을 했어요. 축치인의 복수를 피해 도망가는 거랍니다."

드디어 코랴크인의 나라에 도착했지만 그곳에서 멈추지 않고 더 먼 곳으로 유목을 하러 떠났다. 마침내 아무도 갈 수 없는 금단의 나라까지 갔다. 왜 금단의 나라인지는 알 수 없다. 이들은 그곳에서 겨울을 보냈다.

쿤렐류와 친구들은 축치인의 원수인 모틀린토를 찾아 나섰다. 겨울이지만 아랑곳 않고 길을 떠났다. 순록을 타고 계속 이곳저곳을 떠돌았다. 사실 그들은 코랴크인의 나라가 어디에 있는지 몰랐다. 게다가 시도 때도 없이 휘몰아치는 눈보라가 가는 길을 방해했다. 쿤렐류는 지겹고 힘들었다. 샤먼 욱켐케이에게 말했다.

"도대체 우리가 왜 샤먼을 데리고 온 것 같소? 우리에게 조금이라도 도움이 돼야 하는 거 아니오! 아주 좁쌀만큼이라도 주술 의식을 해야 하는 거 아니오?"

"그렇지요. 맞는 말입니다. 샤먼 의식을 할 만한 곳을 준비해 주십시오."

샤먼 의식을 거행할 장소를 마련했다. 눈 속에 창을 찔러 넣은 뒤 거기에 순록 썰매의 고삐를 묶었다. 쿤렐류가 썰매에 앉았다. 욱켐케이는 창 주위를 돌면서 주문을 외우고 샤먼의 노래를 불렀다. 그 순간 갑자기 욱켐케이가 창끝에 날아와 앉으면서 말했다.

"아하, 보인다! 보여! 쿠벰산 꼭대기에 흰 곰이 고개를 숙인 채 앉아 있네. 저 흰 곰에게 주술을 걸어야만 해."

샤먼 의식을 마치면서 이렇게 말했다.

"앞으로 곧장 가야 됩니다. 바로 저쪽으로."

쿤렐류가 명령했다.

"자, 모두 출발합시다!"

쿠벰산 쪽으로 이동했다. 어떤 일이 있어도 쿠벰산까지는 가야만 했다. 마침내 쿠벰산 입구에 다다랐다. 무척 힘들고 고단한 여정이었다. 하루도 빠짐없이 몰아치는 눈보라, 눈 더미, 뺑 돌아가게 만드는 눈 쌓인 구릉들, 미끄러운 얼음에 덮인 넓디넓은 강들!

쿤렐류는 조금도 지체하지 않고 서둘러 쿠벰산 정상으로 올라갔는데 그곳에 아닌게 아니라 신기하게 흰 곰이 앉아 있는 것이 아닌가! 곰이 거기에서 뭘 하고 있었는지는 모르겠다. 곰을 죽인 뒤 내장은 꺼내지 않았다. 통째로 썰매에 끌고 가 샤먼 의식을 준비했다. 욱켐케이가 다시 샤먼 의식을 거행했는데 주문을 외우면서 이렇게 말했다.

"오! 오! 오! 산만 넘으면 그자들을 찾을 수 있다. 그자들은 이텔멘인의 나라에 머물고 있다. 그곳에는 무척 용감한 쿤킬리라는 이텔멘 무사가 살고 있는데 그자를 잡아서 죽이겠다고 협박을 하면 그자의 아버지가 적들이 있는 곳을 가리켜 줄 거야. 잠깐, 새벽에 피키팀이 쿤킬리를 불시에 공격하는 게 좋겠는데!"

샤먼 의식이 끝나기 무섭게 가던 길을 계속 재촉했다. 무척 오랫동안 갔다. 몹시 길고 지루한 여정이었다. 그러는 사이 드디어 이텔멘인의 나라에 도착했다. 이텔멘인 무사 쿤킬리가 마침 소변을 누러 밖으로 나왔는데 얼마나 급했던지 벨트도 매지 않은 차림이었다. 그 순간 피키팀이 쿤킬리에게 달려들었다. 쿤킬리는 달아나려 했지만 피키팀이 던진 말고삐에 걸리는 바람에 옴짝달싹 못 하고 붙잡히고 말았다. 피키팀이 고삐를 아주 세게 잡아당기며 이텔멘인 무사에게 다가가서 우악스럽게 멱살을 잡았다. 그 순간 쿤렐류와 친구들이 도착했다. 쿤렐류는 이텔멘인 무사를 땅바닥에 쓰러뜨리고 그 위에 앉은 뒤 칼을 들어 심장을 겨누면서 말했다.

"지금 당장 너를 죽이겠다! 네 아버지가 나온다면 목숨만은 살려 주겠다!"

쿤킬리의 숨넘어가는 소리에 그의 엄마가 한걸음에 달

려 나오자 쿤렐류가 말했다.

"지금 당신의 아들을 죽일 것이오!"

엄마가 집 안으로 달려가서 아버지에게 말했다.

"지금 밖에서 우리 아들을 죽이려고 하고 있어요!"

아버지가 밖으로 나와 말했다.

"제발, 아들만은 놓아주시게. 하나밖에 없는 아들이라네. 죽이지는 마시오!"

쿤렐류가 말했다.

"좋소, 그럼 말해 보시오, 올랄레크는 어디에 있소? 그것만 알려 주면 당신의 아들은 풀어 주겠소!"

"아이고! 아이고! 세상에! 내 외아들이오, 제발 풀어 주시오!"

"오라! 말하지 않겠다는 거로군! 좋소, 지금 당장 당신의 아들을 죽이겠소!"

"잠깐, 알았소, 말해 주겠소. 하지만 내가 알려 줬다는 말은 절대 하지 마시오. 제발, 부탁이오!"

"무슨 일이 생기면 지체 없이 우리에게 말하시오. 그럼 우리가 가서 모두 죽여 주겠소!"

아버지는 공포로 몸을 부들부들 떨면서 말하기 시작했다. 쿤렐류가 강한 어조로 덧붙였다.

"모든 것을 하나도 남김없이 자세히 말하시오. 거짓 없이 말이오. 두고 보겠소."

"말하겠소. 그들은 금단의 나라로 갔소. 그곳으로 가는 길은 하나밖에 없소. 산을 지나야 하는데 이 산은 완전히 얼음으로 덮여 있소."

쿤렐류는 이텔멘인 무사를 풀어 준 뒤 그 집에서 몸을 녹이며 기운을 회복했다. 차를 마시고 음식을 먹는 동안 이텔멘인은 코랴크인 올랄레크에게 가는 길을 더 자세하게 일러 주었다.

잠시 후 쿤렐류와 그의 부대는 길을 떠났다. 금단의 나라에 가기 위해 반드시 통과해야만 하는 얼음산에 도착했다. 산은 정말로 얼음으로 뒤덮여 있었는데 엄청 높기까지 했다. 피키팀은 산 밑에서 자신이 가장 아끼는, 앞 뿔이 무척이나 큰 흰 순록의 코에 줄을 꿰었다. 이 줄에 다시 여러 개의 줄을 묶어 길게 만들었다. 피키팀이 채찍으로 순록을 때리고 고삐를 틀어쥐면서 "워이! 워이!" 소리를 쳤다.

그 순간 흰 순록은 앞 뿔을 얼음에 찍어 가면서 엄청난 속도로 산 절벽을 올라갔다. 순록 발굽 아래의 얼음이 쩍쩍 갈라지면서 아래로 떨어져 내렸다. 이렇게 산 정상까지 올라간 순록은 사람들을 바라보면서 발굽에 힘을 주어 아주 힘차게 서 있었다. 한 사람씩 줄을 잡고 정상으로 올라왔다. 이런 식으로 차례차례 모두 무사히 산 정상까지 올라갔고 그곳에서 피키팀의 흰 순록을 죽였다.

올랄레크 찾는 일은 계속되었다. 어스름이 짙어 갈 때 드디어 코랴크인 마을에 도착했다. 순록 떼가 있는 곳에 가서 모틀린토를 불렀다. 마을 전체가 울리도록 아주 큰 소리로 불렀다.

"와! 모틀린토오오!"

갑자기 어디선가 소리가 들렸다.

"훠이! 훠이! 꺼져! 꺼지라고!"

모틀린토가 대답하는 소리였다. 목소리가 나는 곳으로 다가가면서 물었다.

"네 집은 어디냐? 집으로 찾아갈게!"

모틀린토의 집이 보이긴 했지만 아직도 한참을 걸어가야 했다. 모틀린토는 더 이상 아무 대꾸도 하지 않았다. 자신의 위치를 드러내지 않으려는 심산이었다. 마을에 도착한 쿤렐류는 썰매는 거리에 세워 두고 올랄레크의 집으로 추정되는 곳으로 갔다. 쿤렐류의 부대가 한꺼번에 유르타로 밀고 들어갔다. 문 열리는 소리가 나자 올랄레크는 베개 밑에서 아주 큰 칼을 꺼내 들고 밖으로 나와 쿤렐류의 부하를 죽인 뒤 토막토막 잘랐다. 옆에 있던 사람이 쿤렐류에게 와서 고했다.

"아, 세상에! 너무 불쌍해! 한 명이 벌써 죽었어요!"

욱켐케이가 쿤렐류에게 말했다.

"세상에! 이럴 수가! 가서 올랄레크를 잡아 와야 해요. 절대 죽이면 안 돼요. 산 채로 잡아 오라고 하세요."

쿤렐류의 부하들이 올랄레크를 잡아서 마구 두들겨 팼다. 욱켐케이는 토막 난 사람의 부위를 가지런히 놓은 뒤 다리부터 주술을 걸기 시작했다.

"칙, 칙, 칙!"

세상에! 이럴 수가! 죽은 사람이 일어났다. 올랄레크가 조금 전에 토막토막 내어 죽이지 않았던가! 일어나면서 말했다.

"어휴, 어휴, 너무 무서워! 정말로 무서워! 어휴! 등골이 오싹해!"

욱켐케이가 그 사람에게 말했다.

"좋은 경험 했지? 앞으로는 좀 더 조심스럽게 행동하게!"

그러자 또 이렇게 말했다.

"어휴, 너무 무서워! 정말 지독하게 무서워! 소름 끼쳐!"

욱켐케이가 이 사람의 뺨을 때리자 갑자기 정신을 찾으면서 물었다.

"어, 올랄레크는 어디에 있지?"

올랄레크의 아내가 통곡을 했다.

"아이고, 아이고! 너무 불쌍하고 가여워! 올랄레크를 죽이려 해!"

쿤렐류가 방금 전에 죽었다 살아난 사람에게 말했다.

"자, 이자다! 너를 죽인 자다! 우리가 잡아 놨으니 이자를 죽여라!"

올랄레크의 목을 칼로 쳐서 죽였다. 모두 죽였다. 여인들까지도 남김없이. 하지만 모틀린토는 죽이지 않았고 손만 남겨 둔 채 꽁꽁 묶었다. 그에게 그 손으로 순록 떼를 몰아 가라고 명령했다. 시간이 지날수록 더욱 빨리 쫓으라고 재촉했다. 이렇게 쿤렐류와 그 부대는 축치인을 속이고 죽음으로 몰아넣은 철천지원수 모틀린토에게 멋들어지게 복수의 서막을 열었다.

드디어 쿤렐류와 그 부대가 다시 이텔멘인의 나라에 도착했다. 그곳에서 그들은 엄청나게 많은 순록을 잡았고 순록 고기를 이텔멘인 무사 쿤킬리와 그 부모에게 준 뒤 고향으로 떠났다. 다시 모틀린토는 순록 떼를 몰아야 했다. 이제 고향까지는 얼마 남지 않았다. 축치인들이 모틀린토의 순록 떼에게 너무 심하게 화를 내는 바람에 모틀린토가 직접 자신의 순록 떼를 몰아야 했다. 배신을 하고 거짓말을 한 모틀린토에게 복수의 마지막 칼날을 날릴 것이다. 그로 인해 죄 없는 사람들이 얼마나 많이 죽었는가! 드디어 집에 도착한 뒤 모든 사람이 보는 앞에서 모틀린토를 죽였다. 그 이후 전쟁은 완전히 없어졌고 모두 평화롭게 살았다.

벨리비넬레비트와 형제들

벨리비넬레비트[14]에게는 팀키넬레비트와 예릭빈[15]이라는 형제가 있었다. 벨리비넬레비트는 매우 날렵하고 용감한 청년이었다. 팀키넬레비트도 멋지고 날쌨으며 예릭빈은 다리가 엄청나게 빨랐다. 모두 순록을 사육했고 동물을 사냥했다. 리르카이피이[16]의 나라는 벨리비넬레비트 나라와 이웃했고 이들도 순록 사육을 했다. 두 나라는 종종 전쟁을 했다.

벨리비넬레비트는 매우 부자였다. 그의 유르타는 멀리서 보면 유르타가 아니라 순록 뿔처럼 보였다. 그는 유르타 세 채에서 형제들과 함께 살았다.

벨리비넬레비트의 나라에 전쟁 같은 아비규환이 벌어졌다. 세 형제가 나라 전체를 휘젓고 다녔기 때문이다. 벨리비넬레비트는 부자들을 모조리 죽였다. 하지만 가난하

---

14) '암컷 까마귀의 머리'라는 의미다.

15) '구르는 돌'이라는 의미다.

16) 추콧카 북쪽 곶의 마을명인 '리르카이피얀'의 러시아어 음차로 직역하면 '해마의 벽'이라는 의미다.

고 순록도 없고 변변한 옷가지 하나 없는 사람들은 절대 건드리지 않았다. 반대로 그런 사람에게는 동물 가죽, 음식, 순록 고기 들을 나누어 주었다.

"당신들은 우리의 진정한 동지요! 적이 쳐들어오면 우리를 도와주시오!"

그러면 팀키넬레비트가 벨리비넬레비트에게 말했다.

"동지 좋아한다! 절대 음식을 주지 마! 우리 셋이 힘을 모으면 웬만한 적은 다 물리칠 수 있어! 저런 자들의 도움은 필요 없어!"

"그래, 맞아. 우리는 셋이야. 하지만 적의 숫자가 많으면 셋으로는 어림도 없어."

적들이 쳐들어왔고 그동안 도움을 받은 많은 사람들이 벨리비넬레비트를 도와주었다. 벨리비넬레비트는 참으로 날렵하고 지혜로웠으며 형제들도 그에 못지않게 날렵했다. 전쟁은 벨리비넬레비트 진영의 승리로 끝이 났고 적들은 모두 목숨을 잃었다. 한바탕 지옥 같은 전쟁을 치른 뒤 자려고 누웠는데 팀키넬레비트가 예릭빈에게 말했다.

"벨리비넬레비트 형은 정말 못됐어. 이왕 말이 나왔으니까 하는 말인데 적들이 바로 우리 옆에 있는데 너는 집 근처에서 순록을 기르고 있잖니. 적들이 쳐들어오면 어떻게 되겠어? 위험하지 않겠어? 그러니 너는 더 먼 곳에 가서 유목을 해야 되는 거 아니야?"

이 말을 듣고 화가 난 예릭빈은 한밤중인데도 벨리비넬레비트 형에 대한 항의의 표시로 순록 떼를 집 옆으로 몰아왔다. 벨리비넬레비트가 말했다.

"이제 그만 잠 좀 자자! 적들이 쳐들어오면 제대로 싸우지도 못한 채 멍하니 입만 벌리고 하품만 하겠어. 푹 자야지 전쟁을 할 수 있지. 일단 여인들은 자지 말고 적이 오는지 망을 보라고 해야겠어."

모두 벨리비넬레비트의 유르타로 모였다.

"우리가 푹 자지 못하면 아주 나쁜 결과가 발생할 수 있소. 집 문을 다 열어 두시오. 안 그러면 적이 쳐들어와도 그 소리를 못 들을 수 있소. 밤새 고기를 삶으시오. 모닥불을 아주 거대하게 피우고 밤새 꺼지지 않게 하시오."

정말 밤에 적들이 몰려왔다. 벨리비넬레비트는 순록을 많이 가지고 있었다. 이 순록들이 긴 띠처럼 집을 에워싸고 있었다. 적들이 가까이 오자 적들을 놀라게 하려고 순록들이 소리를 지르기 시작했다. 한 여인이 말했다.

"순록들이 소리를 지르네요? 적들이 쳐들어온 것 같아요!"

여인들이 벨리비넬레비트를 깨웠다.

"일어나세요!"

"무슨 일이오?"

"들어 보세요. 순록들이 소리를 지르고 있어요."

"음, 정말이군! 동지들! 어디에 있나?"

한 여인이 말했다.

"여기에 있어요!"

"팀키넬레비트! 예릭빈! 옷을 입어라, 적들이 쳐들어왔다!"

벨리비넬레비트는 형제들을 채근했다.

"빨리 일어나! 당장 싸우러 나가야 한단 말이다! 자, 자! 어서 가서 집 밖으로 적들을 쫓아내! 여인들은 아이들을 단단히 보살피시오. 모닥불을 더 밝고 크게 지피시오!"

순록 소리가 더 가까워졌다. 벨리비넬레비트가 말했다.

"팀키넬레비트! 너는 집 앞쪽으로 가, 빨리 서둘러! 그리고 예릭빈! 너는 집 뒤쪽으로 가! 너희 입으로 말했잖아. 우리 셋만 있어도 적을 다 물리칠 수 있다고! 그런데 이게 뭐야? 적들이 엄청나게 몰려오는데 어떻게 할 거야? 자, 빨리 나가! 순록들을 사방으로 몰아가면서 '기이이치, 기이이치, 추쿳카 고오프!'라고 소리쳐! 그래야 순록들이 더 맹렬하게 적들을 향해 돌진한단 말이야!"

형이 시키는 대로 밖으로 나가 순록들을 사방으로 몰아

갔다. 적들이 물밀듯이 몰려왔다. 적들이 벨리비넬레비트의 집을 에워싸려는데 순록들이 사방으로 내어 달리면서 적들을 밟아 죽였다. 눈 깜짝할 사이였다. 순록들은 불을 무서워하여 모닥불 근처에는 얼씬도 하지 않았기 때문에 모닥불 옆에 앉아 있던 여인과 아이들은 무사히 살아남았다.

날이 밝자 형제들은 사방에 부지기수로 널려 있는 적의 시체를 보았다. 순록의 수가 엄청나게 불어 있었다. 자신들의 순록도 이미 많았는데 거기에 적들의 순록까지 합해지면서 그 수가 어마어마해졌다.

추위가 매섭게 몰려올 때쯤 다시 적들이 떼 지어 쳐들어왔다. 벨리비넬레비트는 많은 순록을 죽이고 내장을 꺼냈다. 이번에도 아주 거대한 모닥불을 피우고 순록 고기를 먹기 시작했다. 엄청나게 많이 먹은 뒤 말했다.

“이제 나는 싸울 기력이 없어, 너무 늙었어. 하는 수 없구나. 모두 도망가거라!”

동생 팀키넬레비트가 말했다.

“형! 왜 그래? 형은 아직 늙지 않았어. 벌써 죽는다는 생각을 하면 안 돼. 1년 뒤라면 받아들일 수 있어. 하지만 아직은 아니야. 형은 우리가 싸우는 모습을 그냥 지켜보기만 해. 형은 싸울 필요 없어. 형은 이제 그럴 나이는 아니야. 자, 예릭빈! 가자! 적들이 왔다!"

전투가 시작되었다. 세상에! 팀키넬레비트와 예릭빈이 얼마나 날렵한지 적들이 추풍낙엽처럼 쓰러져 갔다. 다시 순록이 엄청나게 불었다. 순록을 죽인 뒤 뿔만 잘라서 쌓았는데 거짓말이 아니라 작은 언덕처럼 보였다.

이웃한 벨리비넬레비트 나라와 리르카이피이 나라는 이후로 더 이상 전쟁을 하지 않았다. 벨리비넬레비트가 말했다.

"또 전쟁을 하게 되면 두 나라의 남자는 한 명도 남지 않을 것이오. 이제는 그만할 때가 됐소. 전쟁은 그만둡시다. 전쟁으로 얻을 수 있는 것은 아무것도 없소. 서로 피폐해질 뿐이오. 이제부터 모든 남자들은 친구가 됩시다. 남자들이 자꾸 전쟁을 하면 아내와 아이들이 배고픔으로 굶어 죽게 될 것이오."

이렇게 전쟁이 끝났다. 지금도 여전히 벨리비넬레비트 나라 옆에는 순록의 뿔이 산처럼 쌓여 있다.

러시아 상인들과 랍틸레발의 전쟁

언젠가 랍틸레발[17]이라는 남자가 네텔린강 유역에서 순록을 기르며 살았다. 랍틸레발은 무척 선량하고 강하며 민첩했다. 그가 마지막 전투를 치른 것은 이미 아득한 옛날의 일이다. 하지만 그 전에는 콜림강 맞은편의 러시아인들과 자주 전투를 벌였다. 어느 날 콜림강 맞은편 러시아 상인들이 많은 순록과 썰매를 이끌고 랍틸레발을 공격하기로 했다. 피비린내 나는 전투가 벌어질 판이었다. 밤이 되었다. 그날은 다른 사람이 랍틸레발을 대신해 계곡에서 순록들을 지키고 있었다. 적들이 다가왔다. 적들이 오는 소리를 들은 이 사람은 랍틸레발의 집으로 달려갔다.

"랍틸레발! 어디에 있소?"

"무슨 일이오?"

"적들이 또 쳐들어온 것 같소."

랍틸레발은 서둘러 옷을 입고 신발을 신고 밖으로 나가면서 물었다.

"순록들은 어찌 되었소? 그 자리에 그대로 있소?"

---

17) '머리를 흔드는'이라는 의미다.

"그렇소, 모두 제자리에 있었소."

"그렇군, 빨리 순록에게 갑시다!"

바람 한 점 없었다. 보름달이 휘영청 떠올랐다. 보름달 덕분에 사방이 훤히 보였다. 길을 나섰다. 산을 넘어 순록들이 있는 계곡으로 갔다. 아뿔싸! 적들은 이미 랍틸레발의 순록을 모두 훔쳐 줄행랑을 쳤다. 랍틸레발이 계곡에 도착해 보니 순록이 한 마리도 없었다. 랍틸레발은 전속력으로 달려가서 적을 찾아내어 몸을 아끼지 않고 적과 맞붙어 싸웠다. 화살을 쏘았고 창으로도 싸웠다. 상당수의 적들을 죽였다. 적들은 놀라서 허둥지둥 도망을 치기 시작했다.

그런데 적들 가운데 매우 민첩한 두 남자가 있었다. 랍틸레발과 이들의 전투는 끝날 줄 몰랐다. 결국 랍틸레발은 지치기 시작했다. 밤새 싸웠다. 랍틸레발은 결국 퇴각하기로 결정했다. 그는 네텔린강이 보이는 곳까지 왔으나 점점 지쳐 갔다. 네텔린강 유역에는 랍틸레발의 친구 아이반[18]이 살고 있었다. 그때 마침 아이반의 아내가 잠에서 깨어 밖으로 나왔다. 사방은 무척 고요했다. 그런데 갑

18) '바람이 통하지 않는'이라는 의미인데 순록 사육에 종사하는 축치인은 프리모리예의 에스키모인이나 축치인들을 이렇게 불렀다.

자기 아내는 랍틸레발의 "기이이이치![19]"라는 고함 소리를 들었다. 소스라치게 놀란 아이반의 아내가 집으로 뛰어 들어오자 아이반이 물었다.

"왜 그러는 거요?"

"너무 무서워요. 저기에서 우리 마을 남자가 소리를 지르고 있어요. 아마 싸움이 벌어진 것 같아요."

"가서 들어 보겠소."

밖으로 나가서 들어 보니 랍틸레발의 목소리가 분명했다. 아이반은 창을 들고 소리가 나는 곳으로 갔다. 적이 두 방향으로 나누어 랍틸레발을 강 쪽으로 몰아가면서 공격하고 있었다. 아이반이 말했다.

"기이이치, 내가 왔다!"

랍틸레발은 높은 강기슭으로 뛰어 올라가서 적들과 맞붙어 싸우기 시작했다. 랍틸레발은 되도록 상대를 죽이지 않으려 했다. 그런데 아이반은 맞붙어 싸우던 상대를 그 자리에서 죽였다. 랍틸레발은 아이반이 싸우지 않고 쉬는 모습을 보고 물었다.

"네 상대는 어디 있어?"

"죽였어!"

---

19) 축치인 고유의 감탄사다.

"왜 죽였어? 죽이는 건 안 돼!"

더 이상 싸움은 의미가 없었고 랍틸레발, 아이반, 적, 셋이 함께 휴식을 취했다. 랍틸레발이 지금까지 맞붙어 싸운 적에게 말했다.

"이제 됐어, 가라, 너를 죽이고 싶지 않다. 너희 마을로 떠나라. 단 순록들은 되돌려 다오."

"좋아, 네 순록들을 가지러 가자."

순록이 있는 곳 가까이에 갔더니 느닷없이 적들이 물밀듯이 달려왔다. 랍틸레발은 다시 싸워야만 했지만 잠시 휴식을 취한 덕분에 거뜬히 적을 물리칠 수 있었다. 랍틸레발은 적으로부터 순록을 되찾았을 뿐만 아니라 적의 순록까지도 빼앗아 왔다. 적들은 혼비백산하여 도망갔다. 랍틸레발은 두 남자를 창으로 찔러 죽인 뒤 목을 잘라 창끝에 꽂아 적들에게 흔들면서 말했다.

"도망가지 마! 아직 싸움이 안 끝났어! 더 붙어 보자고!"

다음 해 러시아 상인들이 이곳을 찾아왔을 때 랍틸레발의 유르타는 예전과 다름없이 네텔린강 옆에 있었다. 그들이 말했다.

"으악! 랍틸레발의 유르타가 그대로 있네…. 그런데 유르타가 네 채로 늘었잖아! 우리는 도저히 그를 이길 수 없어. 전쟁을 하면 셀 수 없이 많은 사람들이 죽을 수밖에 없어. 이제 전쟁은 그만하자. 이곳을 피해서 멀찌감치 돌아서 가자! 이제는 랍틸레발을 놓아주자."

이때부터 랍틸레발은 그 누구와도 전투를 하지 않았다. 랍틸레발이 말했다.

"이제 그만 싸웁시다. 모든 남자들은 친구처럼 지냅시다. 이렇게 전쟁만 하다가는 친구도, 땅도, 남자도 하나도 남아나지 않을 것이오. 내 말을 잘 들으시오. 전쟁을 그만두고 지금부터 모두 평화롭게 지냅시다."

그 이후 전쟁은 더 이상 일어나지 않았다.

순록을 무기로 사용하는 반카치코르

반카치코르[20]라는 아주 부자가 있었는데 순록을 기르면서 혼자 살았다. 적이 쳐들어오면 순록 떼 가운데 숨었다. 적이 자신의 순록 떼에 접근하면 순록을 전속력으로 적들에게 몰아간다. 순록들이 적들을 에워싸서 그들의 무기를 밟아 망가뜨리면 적들은 완전히 혼비백산한다. 이때를 놓치지 않고 반카치코르는 생후 1년 된 암순록을 잡아와 투석기처럼 적들을 향해 던져 적을 전멸시킨다. 반카치코르는 이렇게 적들을 물리쳤다.

어느 날 반카치코르는 순록을 풀어 놓고 두 강이 만나는 곳에 솟아 있는 절벽에 앉아 있었다. 거기에는 반카치코르의 짐도 있었다. 반카치코르는 주위가 완전히 어둠에 휩싸이자 큰 모닥불을 지폈다. 적들은 순록 떼가 있는 곳에서 모닥불이 피어나는 것을 보고 몰래 다가왔다. 이를 알아차린 반카치코르는 자루에 아무렇게나 닥치는 대로, 심지어는 옷 넣는 자루까지 마구 쑤셔 넣고 순록의 폐로 얼굴을 만들어 자루 위에 붙여 허수아비를 만들었다. 모

---

20) '생후 6개월 된 송아지'라는 의미다.

닥불 옆에 허수아비를 앉혀 두고 반카치코르는 그 옆에 앉아 졸고 있었다. 그 순간 반카치코르는 적들의 고함 소리를 들었다. 모닥불 위에는 고기가 담긴 솥이 끓고 있었다. 적들이 달려오자 얼른 순록 떼 사이로 몸을 감추었다. 적들이 허수아비에게 다가와 큰 칼로 얼굴을 베면서 말했다.

"크하하! 그래 네 아비가 뭐라고 가르쳤지? 모닥불 옆에서는 자지 말라고 했을 텐데! 고기를 삶을 때는 졸지 말라고 했을 텐데!"

얼굴을 칼로 다 긋고 나서 만져 보았는데 사람의 얼굴이 아니라 순록의 폐가 아닌가! 적들은 이루 말할 수 없을 정도로 당황했다.

"세상에! 이럴 수가! 사람이 아니잖아!"

황망하게 잠시 서 있는데 그들 중 대장이 말했다.

"할 수 없지. 주인은 줄행랑을 쳤나 보다. 살육당하지 않고 살아남은 것을 감사해하겠지."

고기가 익기를 기다렸다. 그 순간 반카치코르가 목청껏 고함을 지르면서 적들을 향해 달려들었다.

"이야! 꼼짝 마라! 지금 다 죽여 주겠다!"

갑작스러운 반카치코르의 공격에 당황한 적들은 무기를 모두 내팽개친 채 두 강이 만나는 곳으로 줄행랑을 쳤다. 적의 순록들은 낭떠러지로 떨어졌고 순록을 피하려던 적들은 물에 빠졌다. 상황이 종료되고 주변이 잠잠해지자 반카치코르는 순록 떼를 안정시킨 뒤 모닥불 근처에 앉아 편안하게 고기를 먹기 시작했다. 그 순간만큼은 고기가 얼마나 맛나던지! 동이 트자 반카치코르는 절벽으로 가서 주변을 살펴보았다. 강기슭 여기저기에 적의 시체가 널려 있었다. 일부는 이미 숨을 거두었고 일부는 아직 숨이 붙어 있었다. 그는 숨이 붙은 자들의 숨통을 완전히 끊어 놓았다.

어느 날 반카치코르가 친구와 함께 순록을 보살피고 있었는데 또 적들이 처들어왔고 적과의 간격이 점점 좁혀졌다. 반카치코르는 순록 두 마리를 죽여 위장을 꺼내 통째로 삶으면서 친구에게 말했다.

"씹지 말고 통째로 삼켜야 돼! 통째로 삼키지 못하는 사람은 적에게 죽임을 당하게 될 것이야. 명심해!"

친구가 엄청 힘들게 위장을 통째로 삼키자 반카치코르가 말했다.

"잘했어! 저자들은 절대 너를 죽이지 못할 거야! 심한 상처를 주거나 절름발이로 만들 수는 있겠지!"

적들이 다가와서 배를 물가에 대고 활과 화살을 준비하는 동안 반카치코르가 친구에게 말했다.

"네가 먼저 그들과 싸우도록 해!"

친구는 화살을 쏘아 단번에 세 명을 죽였지만 자신도 온몸에 적의 화살을 맞아 상처를 입었다. 반카치코르가 친구에게 말했다.

"자, 멀찍이 떨어져 있어! 이제부터는 내가 싸울게!"

한 번에 화살을 세 대씩 쏘아서 세 명의 적을 한꺼번에 죽였다. 그런 식으로 어렵지 않게 모든 적을 몰살했다. 적들은 쿤넬류와 맞섰을 때처럼 반카치코르에게도 손 한번 못 써 보고 패하고 말았다. 반카치코르에게 무기는 문제가 되지 않았다. 반카치코르는 활, 창, 어린 순록 등 모든 것을 무기로 사용할 수 있었다. 겨울에는 얼린 순록 몸통도 무기가 되었다. 올가미의 한쪽 끝에는 순록의 몸통을, 다른 쪽 끝에는 목을 묶은 뒤 올가미의 중간에 매듭을 지어 손잡이를 만들었다. 적들이 창을 들고 돌진해 오면 손잡이를 들어 언 순록을 휘휘 돌리다 적에게 던져 힘들이지 않고 단번에 적을 섬멸했다. 창을 사용하지 않은 경우가 부지기수였다. 사실 반카치코르가 창을 들게 되는 순간 적은 이미 무덤에 들어간 것이나 진배없는 것이다!

엄마를 되찾아 온 키예긴

부부에게 예투비[21]라는 아들이 있었다. 어느 날 아버지는 아내와 아들 예투비를 남겨 두고 홀로 다른 나라로 가야 했다. 며칠 뒤 적이 쳐들어왔고 그중 가장 민첩한 자가 예투비의 엄마를 자신의 아내로 취했다. 다음 날 적들은 북쪽의 고향으로 떠나면서 예투비도 데리고 갔다. 어휴! 얼마나 머나먼 고행길인지! 그들의 고향은 열흘을 걸어가야 한다고 했다. 며칠 뒤 집에 돌아온 남편은 아내와 아들이 없어진 걸 알았다.

남편은 창을 들고 적의 뒤를 쫓아갔다. 아내와 아들을 붙잡아 간 자는 대단한 악한이었다. 가는 내내 엄마가 음식을 만들었고 적들은 배불리 먹었지만 예투비는 주린 배를 움켜쥐고 추위에 떨어야 했다. 굶겨 죽일 심산인지 예투비에게는 음식을 전혀 주지 않았다. 엄마는 고기를 삶으면 아들을 위해 모닥불 구덩이에 몇 조각 남겨 두었다. 참다못해 예투비가 격하게 화를 내자 남자가 말했다.

"네 옷을 다 벗어 놓고 되돌아가!"

---

21) '개의'라는 의미다.

이렇게 말한 뒤 작은 철판으로 예투비의 이마를 때렸다. 예투비는 홀로 이곳에 남겨졌고 적들은 자신들의 길을 떠났다. 예투비는 눈 위에 남아 있는 발자국을 따라 집으로 되돌아갔다. 어젯밤에 머물렀던 곳에 오니 엄마가 모닥불 구덩이에 숨겨 놓은 고기 조각이 있어 그것을 먹은 뒤 길을 재촉했다. 드디어 아버지를 만났다. 아버지는 아들을 보자 슬픔 반 기쁨 반으로 눈물을 흘리면서 물었다.

"엄마는 어디에 있느냐?"

"그자들이 북쪽으로 끌고 갔어요. 빨리 집으로 가요. 다리가 너무 아파요. 온몸이 꽁꽁 얼었어요. 죽을 것 같아요. 그자들은 그대로 가게 내버려 두세요."

"그래, 정 그렇다면 집으로 가자!"

집에 가서 유목을 하면서 둘이 살기 시작했다. 순록을 보살피러 나갈 때면 아버지는 수련을 하라고 예투비에게 돌을 주었다. 열심히 수련을 한 결과 예투비는 아주 강한 남자가 되었다. 아버지가 말했다.

"새롭게 인생을 출발한다는 의미에서 이름을 키예긴[22]으로 바꾸자!"

"좋아요! 이제부터 제 이름은 키예긴이에요!"

---

22) '발뒤꿈치의'라는 의미다.

아버지가 순록을 지키는 밤 시간, 키예긴은 밤새 한숨도 안 자면서 수련을 했다. 이러한 피나는 노력 끝에 키예긴은 무척 강하고 민첩해졌다. 어느 날 키예긴이 아버지에게 말했다.

"이제 엄마를 구하러 가요."

"그래, 가자."

다음 날 길을 나섰다. 키예긴은 한 손에는 유르타 지지대 세 개와 지붕을 들고, 다른 손으로는 유르타를 설치하는 데 필요한 물품들과 아버지가 탄 썰매를 끌었다. 방향을 북쪽으로 잡았다. 어느 날 밤 누군가의 비명 소리를 들은 키예긴이 아버지에게 물었다.

"이게 무슨 소리죠?"

"글쎄다. 이곳에서 잠시 멈추도록 하자."

멈추었다. 언덕 뒤에 유목을 하는 사람들이 보였는데 알고 보니 엄마를 데리고 간 적들이었다. 키예긴과 아버지를 또 공격했다. 키예긴이 아버지에게 말했다.

"아버지! 봐요! 저자들이 우리에게 오고 있어요."

"어떻게 하지?"

"우리가 먼저 공격하는 게 좋겠어요. 그런데 엄마는 어디에 있는 거죠?"

적은 멀찍이 떨어진 곳에서 멈추었다. 그들 중 가장 강하고 민첩한 자가 정탐을 하러 와서 말했다.

"어허, 반가운데! 이 유르타는 누구 거지?"

"키예긴의 것이다! 왜?"

"키예긴? 대체 어디에서 굴러온 나부랭이야?"

"나는 어린 시절 네놈들에게 엄마를 빼앗기고 옷도 없이 집으로 돌아와야 했던 그 아이다."

적은 단번에 키예긴이 누군지 짐작을 했고 속으로 생각했다.

'누군지 알겠어! 내가 언젠가 철판으로 이마를 때렸던 그놈이군!'

키예긴이 적에게 말했다.

"오래전에 너는 나를 죽이려 했지. 그래! 지금이라도 늦지 않았으니 죽여 봐라!"

"좋아! 정 원한다면 죽여 주지!"

창으로 싸우기 시작했다. 싸움은 그리 오래 이어지지 않았다. 키예긴이 창으로 적을 단번에 죽인 뒤 적들이 있는 곳으로 던졌다. 혼비백산한 적들은 곧 섬멸당했다. 엄마만 살아남았다. 아침에 동이 트자 셋이 집으로 갔다.

이제 아버지 어머니는 무척 늙어 백발이 성성했다. 키예긴은 결혼을 했는데 아내가 아들 형제를 낳았다. 키예긴은 늙어 갔고 아들들은 쑥쑥 자라면서 아버지보다 훨씬 강하고 민첩해졌다. 형이 특히 힘이 세고 날렵했다. 형을 이길 수 있는 사람은 이 세상에 아무도 없었다. 어느 날 형제는 북쪽 툰드라에 사냥을 가게 되었다. 형이 말했다.

"여기에서 거위 사냥을 하자. 그런데 적이 어디에 있는지 항상 유심히 살펴보라는 아버지 말씀을 잊어버리면 안 돼."

"알았어. 꼭 기억할게. 형은 사냥해. 그동안 나는 적들이 어디에 숨어 있는지 망을 볼게."

그렇게 말은 했지만 동생은 사냥에 정신이 팔려 적에 대해서는 까맣게 잊고 있었다. 어느 순간 뒤돌아보니 적들이 형제를 에워싸고 있었다. 형에게 말했다.

"형! 적들에게 둘러싸였어!"

"이렇게 말을 안 듣는 철부지를 봤나! 아버지 말씀을 명심하라고 했잖아! 우리는 저자들의 손에 죽게 될 거야!"

적들이 형의 엉덩이를 찌르는 바람에 형은 걸을 수가 없었다. 동생이 소리쳤다.

"걱정 마, 내가 구해 줄게! 조금만 기다려!"

"아니야! 됐어! 나한테 오지 말고 빨리 순록들을 풀어! 그 편이 더 나아!"

동생이 갑옷을 입고 순록에게 돌진하여 막대기로 갑옷을 두들기니 순록들은 난데없는 소리에 놀라 사방으로 달아났다. 적에게 돌진한 순록들은 무수한 적을 무참히 짓밟았다. 잠시 후 동생은 자신들의 짐이 놓인 곳으로 순록 떼를 몰아갔다. 돌아와서 보니 형이 적들에게 포위를 당해 있었다. 이미 부상이 심한 형은 몸을 움직여 보려 했지만 헛일이었다. 결국 형은 적들의 손에 죽음을 당했다. 적들은 형을 뉘어 보려 했지만 견갑골의 근육이 움직이지 않아 여의치 않았다. 적들은 형의 머리를 아래쪽으로 숙여 보려고도 했지만 가슴 근육이 움직이지 않아 그마저도 불가능했다. 적들은 하는 수 없이 형을 옆으로 뉘었다. 그 순간 동생이 달려들어 적을 모두 죽였다.

벌레로 적을 물리친 오마야크

오래전 전쟁 통의 일이다. 아무리 적이 많아도 항상 살아남는 청년이 있었다. 물론 청년이 적의 공격을 받지 않은 것은 아니었다. 어느 날 오마야크는 적들과 마주쳤다.

"이름이 무엇이냐?"

"오마야크입니다."

"무슨 일을 하느냐?"

"벌레를 잡아요."

그렇게 물어본 뒤 적들은 오마야크가 좀 모자란다는 생각에 그냥 조용히 내버려 두었다. 어느 날 오마야크는 무척 많은 벌레를 모았다. 오마야크가 벌레를 주먹으로 짓누르고 있는데 스무 명의 적이 쳐들어왔다. 적이 물었다.

"이름이 무엇이냐?"

"오마야크입니다"

"무슨 일을 하느냐?"

"벌레를 잡습니다. 이리 와 보세요. 벌레가 얼마나 많은지 보여 줄게요."

적에게 벌레들을 보여 주면서 주먹으로 눌러 죽였다. 혼비백산한 적들은 뒤도 돌아보지 않고 허둥지둥 줄행랑을 치면서 말했다.

"웩! 웩! 웩! 무슨 벌레가 저렇게 커!"

오먀야크는 허둥지둥 달아나는 적의 뒷모습을 보면서 한참을 비웃었다.

"우하하하! 한 방에 적을 쫓아 버렸어! 아무리 생각해도 나는 참 영리해!"

오먀야크는 여전히 벌레 잡는 일을 멈추지 않았다. 어느 날인가는 쥐를 잡아 손에 쥐고 있다가 적을 만났다. 적은 한 명이었다. 적을 발견한 오먀야크는 땅바닥에 주저앉아 벌레를 찾는 척했다. 적이 다가와서 물었다.

"이름이 무엇이냐?"

"오먀야크입니다."

"무슨 일을 하느냐?"

"벌레 잡는 일을 합니다. 벌레들이 이미 어마어마하게 번식을 했어요. 이리 와서 제가 잡은 벌레들을 보세요!"

적이 다가오자 오먀야크가 말했다.

"눈을 가늘게 떠 보세요!"

적이 눈을 가늘게 뜨자 오먀야크는 적의 소맷자락 안으로 큰 쥐를 집어넣었다. 적은 펄쩍펄쩍 뛰면서 비명을 질렀다.

"으악! 징그러워! 으악! 악! 악! 털도 있어! 도대체 벌레의 정체가 뭐야?"

쥐는 이미 적의 품 안으로 스멀스멀 기어들어갔다. 적은 더 심하게 소리를 질렀다.

"에구머니! 아이고! 뭔가 아주 징그럽고 큰 놈이 내 품 안에서 뛰어다녀! 내게 도대체 무슨 짓을 한 거야!"

"하하하! 거봐, 내가 너보다 더 세지!"

결국 적은 뒤도 돌아보지 않고 줄행랑을 치면서 품 안을 휘젓고 돌아다니는 쥐를 잡으려고 안간힘을 썼다. 적의 손에 잡힌 쥐는 뛰어 달아나는 적의 손을 깨물고 놓아주지 않았다. 오마야크가 도망가는 적을 불렀다.

"어이! 이리 와 봐! 네 손에 든 쥐를 잡아 줄게!"

적이 되돌아왔다. 쥐가 손을 여기저기 물어뜯는 바람에 적의 손에서 피가 흘러내렸다. 오마야크가 적의 손에 있는 쥐를 잡자 적은 뒤도 돌아보지 않고 한걸음에 달아나면서 말했다.

"세상에! 어휴! 무슨 쥐 이빨이 그렇게 날카로워! 정말 별일이군!"

오마야크는 적을 놀려 댔다.

"하하하! 저렇게 멍청한 인간은 처음 보네! 게다가 저렇게 나약해 빠져서야! 원 세상에!"

에스키모인에게 아버지를 잃은 초마락티기르긴

초마락티기르긴[23]이 있었다. 아주 어렸을 때 에스키모인이 아버지를 발로 밟아서 죽였다. 초마락티기르긴은 자라는 내내 아버지를 그리워했다. 아버지에 대한 그리움을 달래려고 날마다 힘과 민첩성을 기르는 수련을 했다. 어른이 된 뒤에는 무척 강인하고 날렵해졌지만 이에 만족하지 않고 달리기 수련을 했다. 그 결과 마침내 달리는 순록을 쫓아가서 맨손으로 잡을 수 있는 만큼 빨라졌다. 초마락티기르긴은 에스키모인에게 가서 아버지의 복수를 하기로 마음먹었다. 초여름 6월쯤 친구에게 말했다.

"에스키모인들이 배를 대는 항구로 가자."

그곳에 가서 자리를 잡고 기다렸더니 몇 시간 뒤 짐승 가죽으로 만든 배들이 설핏설핏 보였다. 초마락티기르긴은 친구에게 단단히 일러 두었다.

"저자들이 이곳 해안가에 배를 댈 거니까 잘 보고 있어. 저자들은 우리에게 짐을 내려 달라고 부탁할 거야. 배에 싣고 온 짐을 육지로 내릴 때 급한 척하면서 나를 불러. '초

23) '모자를 쓰고 집으로 가는 사람'이라는 의미다.

마락티기르긴! 이리 와서 짐 내리는 것 좀 도와줘!'라고 말이야. 그런데 내 이름을 아주 크게 불러 줘. 알았지?"

정말 잠시 뒤 그들이 있는 곳으로 배가 들어왔다. 굉장히 거대했는데 차 꾸러미, 담배 꾸러미 등 갖가지 진귀한 물건이 한가득 실려 있었다. 죽은 아버지가 도왔는지 이 배의 주인은 마침 초마락티기르긴의 아버지를 밟아 죽인 그 에스키모인이었다. 물건을 내리기 시작하자 친구가 소리쳤다.

"초마락티기르긴! 짐 내리는 것 좀 도와줘!"

초마락티기르긴이 친구를 도와주기 시작했다. 잠시 후 친구가 말했다.

"초마락티기르긴! 빨리 서둘러야 해! 빨리! 사람들도 서두르고 있어. 밀물이 몰려오고 있거든."

초마락티기르긴은 선주에게 물었다.

"차 꾸러미를 바닷가에 던져도 될까요?"

차 꾸러미는 철로 포장이 되어 있어 무척 크고 무거웠다. 선주가 말했다.

"너는 못 할 게다! 정말로 엄청나게 무겁단다!"

그 순간 초마락티기르긴은 차 꾸러미를 한 손으로 가볍게 번쩍 들어 올린 뒤 배에서 내려와 한 손으로 해변에서 아주 먼 곳으로 던졌다. 차 꾸러미는 바다에서 멀리 떨어진 모래사장에 박혀 버렸다. 친구는 일부러 욕을 해 댔다.

"이봐, 초마락티기르긴! 도대체 그렇게 짐을 함부로 던지면 어떡하겠다는 거야? 아버지도 못 지키는 나약한 인간이라고 자신에게 화가 난 거야?"

초마락티기르긴은 이번에는 한 손으로 모래에 박힌 차 꾸러미를 끌어내어 다른 곳으로 냅다 던졌다. 친구가 심술궂게 쳐다보자 눈치를 챈 초마락티기르긴이 말했다.

"자, 빨리 움직이자!"

초마락티기르긴의 일하는 속도는 엄청 빨랐다. 따라올 사람이 없었다. 차 꾸러미를 한 손에 하나씩 들고 해변으로 날랐다. 그러나 이제 겨우 한 척의 배에 실린 짐만 풀었을 뿐이었다. 선주가 에스키모인들에게 말했다.

"배를 해변으로 끌고 오시오!"

초마락티기르긴이 말했다.

"저 혼자 끌고 오면 안 될까요?"

"배는 엄청 무거워. 우리 모두 힘을 합쳐도 힘들어."

선주의 말을 들은 초마락티기르긴은 배를 머리 위로 번쩍 들어 올린 뒤 모래사장으로 나가서 물었다.

"어디에다 놓을까요?"

선주는 너무 당황하고 놀란 나머지 초마락티기르긴에게 아첨을 했다.

"여기, 여기에 놓게!"

초마락티기르긴이 배를 놓자 에스키모인이 물었다.

"너, 혹시 추멘의 아들 아니니?"

"맞소!"

"그러지 말고, 함께 차라도 마시자!"

선주는 에스키모 청년들에게도 말했다.

"모닥불을 피울 장작을 모아 오게!"

초마락티기르긴은 곁눈으로 친구를 보았다. 그의 시선을 눈치챈 친구가 말했다.

"초마락티기르긴! 아무 일도 하지 않고 빈둥거리고 있구나! 장작 모으는 일을 도와줘! 그러고 있는 것보다는 다른 사람을 도와주는 편이 훨씬 낫지!"

장작으로 모으러 간 초마락티기르긴은 장작도 정말 많이 모아 왔다. 차를 끓여 간단한 음식과 함께 마셨다. 선주는 초마락티기르긴에게 많은 물건을 선물로 주었다. 뜯지도 않은 차 꾸러미, 담배 꾸러미, 해마 모피, 각양각색의 벨트 등. 이 물건들을 초마락티기르긴 앞에 놓으면서 말했다.

"다 네 거야!"

초마락티기르긴은 선물로 받은 이 많은 물건을 한쪽으로 옮겨 놓은 뒤 친구에게 비밀스럽게 말했다.

"자, 다른 물건들도 몽땅 가져가자! 모두 모피 자루에 집어넣고 묶자!"

물건을 챙기기 시작했다. 친구는 급하게 서둘렀는데 초마락티기르긴도 그에 못지않게 서둘렀다. 한참의 시간이 흐른 뒤 초마락티기르긴이 친구에게 말했다.

"야! 너 뭐 하는 거야? 하루 종일 물건만 쌀 거야? 이제 그만 가자!"

초마락티기르긴과 친구는 물건이 잔뜩 든 자루를 어깨에 짊어지고 손에는 창을 들고 집을 향해 쏜살같이 뛰어갔다. 이들은 에스키모인들에게 복수는 하지 않기로 했다. 속죄의 뜻으로 선주가 엄청나게 많은 선물을 주었고 이에 더하여 다른 물건들까지 가져왔기 때문이다.

흉포한 무사 켈리예프와 청년

모든 축치인이 두려워하는 마을이 있었다. 이름을 떠올리는 것조차 몸서리를 쳤다. 그런데 어느 날 그 마을로 한 청년이 가고 있었다. 청년이 누구인지, 어디에서 무엇 때문에 이 마을에 가는지 아무도 몰랐다. 이 마을에 사람이 오는 일은 극히 드물었다. 흉포한 무사 켈리예프 때문이었다. 마을 주변뿐만 아니라 아주 멀리 떨어진 마을에도 그에 대한 소문이 자자했다.

켈리예프는 축치인 나라를 통틀어 가장 무서운 존재였다. 그는 이 마을에 누군가 찾아오면 어김없이 싸움을 하여 죽이거나 자신의 일꾼으로 만들었다. 켈리예프는 일꾼들에게 아주 못되게 굴었다. 그럼에도 일꾼들이 잘 보살핀 덕분에 순록이 몇 배로 불어서 순록이 어마어마하게 많았다. 하지만 일꾼들은 늘 배고픔에 허덕였고 추위에 떨어야 했다. 자신이 맡은 일을 마치고 집으로 돌아온 일꾼들은 잠시 쉴 틈도 없이 곧장 유르타 뒤편에 있는 순록에게로 가야 했다. 가끔은 일꾼들을 감시하라고 자신의 세 아들을 보내기도 했다.

그렇기 때문에 이 청년은 굉장한 호기심의 대상이 되었

다. 아가씨들이 청년을 빙 둘러싸기 시작했다. 청년은 멀리서 보아도 엄청난 미남이었다. 청년은 아내감을 찾기 위해 이 마을에 왔다고 했다. 사실 청년도 대단한 무사였기 때문에 청년은 켈리예프가 두렵지 않았다. 그래서 위풍당당하게 이 마을을 찾아올 수 있었다. 청년은 매우 침착하고 겸손했다. 청년은 살아오면서 지금껏 자신의 힘을 한 번도 드러낸 적이 없었다. 청년은 켈리예프의 딸들을 만나고 싶었지만 켈리예프는 딸들과 청년의 만남을 허락하지 않았다.

마을에 도착한 청년은 켈리예프의 집이 아닌 아크마예프라는 이름의 할아버지 집으로 갔다.

"안녕하세요! 엄마가 이 마을에 가서 신붓감을 구해 오라고 하셨어요. 그런데 아직 마음에 드는 신붓감을 찾지 못했어요."

"켈리예프가 자네를 가만히 놔두지 않을 것이야. 그와 한판 붙게 될 것이야. 그가 이기면 자네는 그의 일꾼이 되거나 죽게 될 거야. 우리 노인들은 진저리를 칠 정도로 이 마을을 싫어해. 끔찍하고 지긋지긋하지."

할아버지는 싸움을 할 줄 몰랐다. 다음 날 켈리예프가 청년을 불러 결투 준비를 하라고 했다.

"그런데 저는 태어나서 한 번도 누구와 겨뤄 본 적이 없습니다. 저는 싸움을 하러 온 것이 아니라 신부를 구하러 왔습니다."

켈리예프와 이야기를 나누던 청년은 예기치 않게 켈리예프의 막내딸을 보게 되었다. 켈리예프에게 나직이 말했다. 막내딸을 아내로 맞이하고 싶다고. 그러자 켈리예프가 말했다.

"내 딸은 나보다 강한 사람이나 나와 힘이 비슷한 사람에게 줄 것이야. 물론 조금 아주 조금 나보다 못한 사람에게 줄 수도 있지."

결투에 앞서 순록들을 몰고 왔다. 결투에 져서 어차피 죽을 것이니 그 전에 실컷 먹어 두라는 분위기였다. 켈리예프는 상대가 자신보다 힘이 아주 조금 약하면 순록 몇 마리를 선물로 주고 일꾼으로 삼는다. 상대가 자신과 힘이 비슷하면 순록의 절반을 준다. 상대가 자신과 힘에서 비교가 안 되면 죽여 버린다. 켈리예프는 청년이 자신의 상대가 안 되기 때문에 그 자리에서 죽게 될 것이라고 확신했다. 그만큼 청년은 평범해 보였다. 그렇게 된다면 켈리예프의 딸을 아내로 맞이하겠다는 청년의 꿈은 물거품이 되는 것이지!

일꾼들이 비계가 붙어 있는 해마 가죽을 깔았다. 가죽 위로 올라간 청년은 너무 미끄러워 제대로 걸을 수가 없었다. 하지만 켈리예프는 이미 익숙한 듯 아무렇지도 않아 보였다. 세기의 결투를 보기 위해 사람들이 구름처럼 몰려들었다. 몇몇은 청년을 비웃었고 몇몇은 잠자코 바라보았다. 켈리예프는 젊은 사람처럼 패기 넘치게 싸웠다. 모든 사람들의 예상을 뒤엎고 청년은 켈리예프에게 전혀 밀리지 않았다. 켈리예프는 처음부터 격렬하게 날뛰었지만 청년은 시간이 흐를수록 몸놀림이 가벼워지면서 멀리 혹은 높이 뛰었다. 처음에 청년을 비웃던 사람들은 완전한 침묵 속으로 빠져들었다. 드디어 켈리예프가 멈추었다.

"꽤 오랫동안 겨뤘군. 이미 어둠이 깔리고 있네. 집에 가서 계속하세. 나와 이렇게 오랫동안 겨룬 사람은 지금껏 한 명도 없었는데!"

집으로 들어갔다. 청년은 켈리예프에게 달려드는 대신 그의 막내딸에게 가서 아내가 되어 달라고 청혼을 했다. 아가씨는 선뜻 승낙을 했지만 켈리예프가 끼어들었다.

"안 돼! 아직 결투가 끝난 게 아니야!"

다시 결투가 시작되었다. 켈리예프는 딸을 주는 것도, 패자로 남는 것도 유감스러웠다. 드디어 동이 텄지만 결투는 멈추지 않았고 구경하던 사람들 중 일부는 꾸벅꾸벅 졸기 시작했다. 정오가 되자 켈리예프는 완전히 지쳐 나가자빠졌다.

"내 집에서 나를 죽이게!"

청년이 사람들에게 말했다.

"여러분도 보시다시피 저는 살인자가 아닙니다. 켈리예프 자신이 죽여 달라고 청하고 있습니다."

결투의 시간이 길어질수록 청년은 오히려 더 날렵해졌다. 청년은 켈리예프를 저주했다. 청년이 아주 어릴 때 켈리예프가 두 형을 죽였기 때문이다. 켈리예프에게 돌진한 청년은 한 손으로 멱살을 움켜잡아 그를 동물 가죽 위로 내동댕이쳤다. 그러고 나서 가죽으로 둘둘 만 뒤 다른 가죽으로 그 위를 덮었다. 해마 가죽이 워낙 미끄러워 다른 사람의 도움 없이 켈리예프 혼자 그곳을 빠져나오는 것은 불가능했다. 가죽을 끌고 가자 그 안에 있던 켈리예프가 울부짖었다.

"살려 줘! 내 딸을 아내로 삼도록 해! 내 순록들을 가져가고 나를 네 일꾼으로 삼아!"

청년은 켈리예프를 믿지 않았다. 청년은 툰드라로 달려가 숨겨 두었던 큰 창을 가지고 온 뒤 가죽에서 켈리예프를 끌어냈다.

"그래, 좋다! 이제는 창으로 겨뤄 보자. 지금까지는 흥을 돋우기 위한 전주곡이었다!"

켈리예프는 창을 가지고 왔다. 창이 어마하게 컸는데

평범한 사람은 아예 들 엄두도 못 낼 정도였다. 하지만 청년의 창보다는 작았다. 창 겨루기가 시작되자마자 청년은 켈리에프의 창을 부러뜨렸다. 결투가 끝나자 청년이 말했다.

"너는 나의 형들을 창으로 찔러 죽였다! 나도 너를 창으로 죽이겠다!"

청년은 켈리에프를 창으로 찔러 죽이고 그의 막내딸을 아내로 맞이한 뒤 순록의 절반은 가난한 사람들에게 골고루 나누어 주고 절반은 집으로 가지고 갔다. 착취자가 없어진 마을은 기쁨만 넘쳐났고 가난한 사람들은 배고픔의 고통에서 벗어나게 되었다.

새의 말을 알아듣고 싶은 엄마

새의 말을 알아듣고 싶어 하는 엄마가 있었다. 엄마의 바람은 단순한 호기심을 넘어 고집에 가까웠다. 어느 날 엄마는 바닷가 어딘가에 글을 가르쳐 주는 곳이 있다는 말을 바람결에 들었다. 엄마는 생각했다.

'글을 가르쳐 주는 곳에서는 새와 말하는 법도 가르쳐 줄 거야!'

엄마는 밖에서 놀고 있는 아들을 불렀다.

"이제 그만 놀고 새의 말을 배울 준비를 해라. 배가 들어오면 그걸 타고 바닷가로 가서 공부를 하자. 공부를 완전히 마친 뒤 집으로 돌아오자."

그날 이후 엄마는 아들에게 글을 배워야 한다고 심하게 채근했다. 얼마 지나지 않아 배가 들어왔고 그 배를 타고 모자는 떠났다. 아들은 몇 년 동안 글공부를 했지만 새의 말은 한 번도 배운 적이 없었다는 사실을 불현듯 깨달았다. 얼마의 시간이 흘렀는지 확실하게 알 수는 없지만 아들은 어느덧 청년이 되어 있었다. 아들의 학업이 끝나자 모자는 집으로 돌아갈 채비를 했다. 엄마는 고향으로 가는 배가 곧 들어온다는 말을 듣고 한껏 들떠 있었다.

드디어 고향으로 향했다. 엄마는 새의 말을 알아듣고 싶어 미칠 것만 같았다. 엄마는 아들이 충분히 오랫동안 글공부를 했기 때문에 새와 말을 할 수 있을 것이라고 확신했다. 배가 바다 한가운데 왔을 때 학 떼가 모자의 옆을 날아갔다.

"아들아! 들어 보렴. 새가 뭐라고 하니?"

"저는 학의 말은 알아듣지 못해요. 저는 새와 말하는 법은 배우지 않았어요."

엄마가 화가 나서 아들을 다그쳤다.

"너는 그렇게 오랫동안 공부를 했는데 새와 말하는 법도 배우지 않았단 말이냐?"

다음 날도 새들이 모자의 곁을 스치고 지나갔다. 엄마가 아들에게 물었다.

"그래, 새가 뭐라고 말하던? 우리가 가는 길이 어떻다고 하니?"

"저는 알 수가 없어요. 저는 새의 말이 아니라 사람의 말만 배웠어요. 차라리 이 배의 곳곳에 뭐라고 적혀 있는지 물어보세요. 그러면 대답해 드릴게요."

잠시 후 모자는 거위들을 발견했다. 거위들은 큰 소리로 '거우거우' 하면서 바다 위를 돌아다녔다.

"이 거위들은 우리 고향 바다에서 왔구나. 너는 저 거위들의 말은 알아들어야만 한다. 고향에서 우리에 대해 무어라고 하는지 물어보거라."

"저는 거위의 말은 알아듣지 못해요. 새의 말은 배우지 않았어요. 이 세상에 새의 말을 알아들을 수 있는 사람은 한 명도 없어요."

엄마가 아들에게 심하게 화를 내면서 욕을 퍼부어 댔다.

"좋다, 네가 새의 말을 배우지 않았다고 치자. 그럼 선미에서 어째서 거품이 생기는지 말해 봐라."

"그건 알아요. 배를 움직이게 하는 노 때문이에요."

"진짜인지 네가 직접 확인해 보거라."

아들은 불평불만을 늘어놓지 않고 엄마의 말을 고분고분 따랐다. 아들은 선미에서 거품이 부글부글 올라오는 것을 보았다. 엄마는 아들이 어리석다고 생각하여 아들을 물속으로 밀어 넣었다. 아뿔싸! 아들을 바다 한가운데 빠뜨린 배는 유유히 제 갈 길로 갔다. 청년은 수영을 할 줄 알았기 때문에 조금도 당황하지 않았다. 청년은 좌측 해변으로 방향을 잡았고 곧 해변에 도착하여 옷을 말리기 시작했다. 청년은 못된 엄마에게 다시는 돌아가지 않겠다고 결심했다. 그 이후 사람들은 바닷가 외딴 마을에 아이들에게 글을 가르치는 청년이 살고 있다는 말들을 했다. 사람들은 이 청년이 새의 말을 배우지 못했다고 엄마가 물에 빠뜨린 그 청년일 것이라고 추측했다.

곰을 모르는 청년

덩치는 무척 크나 아둔하기 이를 데 없는 청년이 있었다. 어느 날 아버지가 청년에게 곰 사냥을 다녀오라고 했다. 청년은 곰 사냥을 가면서 생각했다.

'별로 느낌이 좋지 않아, 곰인지 뭔지는 엄청 힘이 셀 텐데! 내가 어떻게 잡겠어.'

언덕으로 올라가서 다람쥐 굴을 발견했다.

'참으로 신기한데! 이게 곰 굴일 거야! 사람들이 곰 굴은 무척 크다고 하던데…. 그런데 이 굴은 참 작군. 글쎄…. 사람들이 곰 굴은 무척 큰 산에 있다고 했는데…. 이 언덕은 크지 않아 보이는데….'

청년은 곰곰이 생각한 끝에 혼자 중얼거렸다.

"자, 그럼 기다렸다가 굴에서 곰이 나오면 물어봐야겠어."

다람쥐 한 마리가 기어 나오자 물었다.

"네가 곰이니?"

청년이 말을 걸었더니 다람쥐는 "피이이익!" 비명을 지르면서 굴속으로 얼른 달아나 버렸다.

"정말로 이상하군! 대답이라도 해 주고 들어가면 좀 좋아! 나를 비웃기만 하다니.”

다른 다람쥐가 나오자 또 물었다.

“야, 네가 곰이냐?”

역시 이 다람쥐도 “피이이익!” 비명을 지르면서 굴속으로 얼른 들어갔다.

청년은 서둘러 집으로 돌아갈 채비를 하면서 혼자 중얼거렸다.

“정말 이상하군. 곰들이 나를 비웃다니! 그래, 그냥 집으로 돌아가자.”

집에 오니 아버지가 물었다.

“어떻게 되었니? 곰을 잡았니?”

“아니요, 기분 나빠요. 곰이 나와 이야기를 하려고 하지 않아요. 물어보면 저를 비웃기만 해요.”

“어이쿠, 세상에, 내가 못 살아! 곰에게 물어보고 나서 곰이라고 하면 죽이려고 했니?”

“그래야 되는 거 아니에요? 저는 곰이 뭔지 몰라요. 그래서 물어본 것뿐이에요. 그런데 제가 물어보면 굴속으로 쏙 숨으면서 저를 비웃었어요.”

“그래, 알았다. 앞으로 더 이상 곰 사냥은 가지 말거라. 저 불쌍한 놈 좀 보소! 곰이 자신을 비웃었다고 하네! 그래, 곰 사냥에 실패했다고 쥐가 너를 비웃겠다!”

"쥐가 뭐죠?"

"아이쿠, 어휴! 너는 생각이 있니 없니? 쥐도 모르다니!"

"알았어요. 다시 곰 사냥을 가면 되잖아요."

"네가 어떻게 곰 사냥을 하겠느냐? 쥐도 모르는 놈이!"

"그만하세요. 그러면 쥐 사냥을 가면 되잖아요."

"에이, 좋다! 네 마음대로 해라. 사냥을 갔다 오너라."

말을 타고 사냥을 나간 청년은 드디어 쥐를 발견했다. 살금살금 쥐 바로 옆까지 다가가서 화살을 쏘아 죽였다. 신이 난 청년은 죽은 쥐의 주위를 사뿐사뿐 걸으면서 소리를 질렀다.

"우와! 세상에 이렇게 큰 쥐가 있다니!"

사실은 쥐가 아니라 곰이었다. 청년은 곰의 내장을 꺼내지도 않은 채 어깨에 짊어지고 집으로 끌고 오고 싶었지만 쉽지가 않았다. 결국 곰을 남겨 두고 홀로 집으로 돌아와서 말했다.

"세상에, 우와! 무슨 쥐가 그렇게 무거워요!"

"어떻게 되었느냐? 쥐를 죽였느냐?"

"예! 죽였는데 유감스럽게도 가져올 수가 없었어요. 어찌나 무겁고 큰지 언덕만 해요."

"아이쿠! 또 거짓말을 하느냐? 쥐는 손가락만으로도 충분히 잡을 수 있단다."

"어림도 없어요! 절대로! 세상에, 쥐가 얼마나 큰데 이렇게 작은 손가락으로 잡아요! 말도 안 돼! 털도 엄청 많아서 순록 가죽을 입고 있는 것 같았어요. 발은 또 얼마나 두꺼운지 통나무 같았어요."

"또 거짓말을 하다니! 나는 발이 통나무만 한 동물을 여적 본 적이 없구나!"

"그럼 그곳으로 같이 가서 봐요! 그때 다시 이야기해요!"

그곳으로 가서 죽은 곰을 본 아버지가 말했다.

"참으로 신기한 일이구나! 이건 쥐가 아니라 곰이란다."

"농담을 하시다니! 사람들 말로 곰은 언덕보다 크다고 하던데요!"

"아니다! 이건 곰이다. 이제부터는 곰이 무언지 잘 알아두도록 해라."

"그렇군요! 이제 곰에 대해서 확실히 알게 되었어요. 그런데 쥐가 뭔지 모르겠어요."

곰의 내장을 꺼낸 뒤 집으로 가져온 청년이 아버지에게 물었다.

"저는 언제쯤 쥐라는 놈을 알게 될까요?"

"지금 당장은 안 된다. 밤이 되면 쥐와 사귀어 보거라."

"아니에요! 잘 모르는 녀석들과는 대화를 할 필요가 없어요. 저를 비웃기만 할 게 틀림없어요. 어제 곰이 제게 했던 것처럼 말이에요. 어제 정말 창피했거든요."

신출귀몰한 키틴카프

깊은 숲속에 노부부가 외로이 살게 되었다. 어느 날 노부부만 남겨 두고 친척들이 다른 곳으로 이사를 했기 때문이다. 노부부의 유르타는 너무 낡아 무너지기 직전이었다. 이웃 사람들은 노부부가 마을에서 가장 성대하게 펼쳐지는 순록 축제에 참가하지 않는다고 비웃었다. 하지만 노부부는 순록 축제는 고사하고 자식이 없기 때문에 마지막 남은 순록 세 마리조차 키울 여력이 없었다. 어느 날 노인이 무료함을 달래기 위해 어둠 속에서 장작을 패고 있을 때 갑자기 악령이 나타났다.

"오늘 밤 악령들이 이곳을 지나 도망을 칠 것이오. 나무로 바다표범을 만들어 길에 놓아두시오."

노인은 밑져야 본전이라는 생각에 나무로 바다표범을 만들었고 악령이 시키는 대로 길에 놓아두었다. 다음 날 길옆에서 굉장히 소란스러운 소리가 들렸다. 노인은 궁금증이 발동하여 서둘러 길로 나갔다. 길에는 어제 할아버지가 갖다 둔, 나무로 만든 바다표범이 놓여 있었다. 그런데 악령들이 지나가려 하는 순간 바다표범이 갑자기 산으로 변했다. 아무리 악령이라고 해도 도저히 지나갈 수가 없었다. 결국 노인에게 다가와서 산을 치워 달라고 애원했다. 노인은 자신의 소원을 들어주면 그렇게 해 주겠다고 했다.

"빨리 산을 치워 주시오. 그러면 무슨 소원이든지 다 들어주겠소."

"아들을 갖고 싶소."

"알았소. 아들을 만들어 주겠소. 저 산을 빨리 치워 주시오."

노인은 산을 치우고 아들을 선물로 받았다. 이제는 식구가 세 명이 되었다. 아들은 무척 빨리 자랐다. 어느덧 아들은 순록도 키웠고 노부부에게 선물도 가져다주었다. 어느 날 아들에게 한 남자가 찾아왔다.

"네 이름은 키틴카프다. 네 아버지는 저 노인이 아니다. 네가 어렸을 때 노부부가 너를 데리고 왔다. 그런데 문제가 생겼다. 원래 네게는 신부가 있었는데 웬 부자 남자가 나타나 네 신부를 데려가려 한단다."

소년은 집으로 가서 아버지에게 말했다.

"아버지! 사람들이 어떻게 사는지 한번 둘러보고 올게요. 금방 돌아올 테니 걱정하지 마세요."

길을 나선 소년은 한참을 가다 해안에서 한 남자를 만났다. 남자가 말했다.

"마을 근처에 가면 사람들이 네게 돌로 만든 공을 던질 거야. 그래도 절대 놀라지 말고 곧장 마을 안으로 들어가거라."

소년은 남자의 말을 새겨듣고 계속 길을 걸어갔다. 아닌 게 아니라 한참을 가다 보니 멀리서 마을이 보였다. 마을 어귀에 모여 있던 사람들이 돌로 만든 공을 가지고 놀다가 소리를 질렀다.

"저 아이에게 공을 던지자!"

돌로 만든 공을 소년에게 던졌지만 소년이 당황한 기색 없이 손바닥을 들이대자 공이 사방으로 흩어졌다. 소년은 돌로 만든 공을 들어 사람들을 죽였다. 그러고 나서 마을 어귀에 있는 유르타로 들어갔다. 안에는 말쑥하게 차려입은 남자가 앉아 있었다.

"꼬맹이, 안녕! 무슨 일로 왔는가? 나는 티아기르긴이야."

겉으로 이렇게 말은 했지만 속으로는 못마땅해하면서 '이 녀석이 왜 나를 찾아왔을까?'라고 생각하는 기색이 역력했다.

키틴카프는 당분간 티아기르긴의 집에서 생활하기로 했다. 키틴카프는 수시로 티아기르긴를 찾았고 둘은 겉으로는 비교적 원만하게 보였다. 하지만 티아기르긴은 키틴카프에게 분노의 칼을 갈면서 늘 죽일 궁리만 했다. 어느 날 티아기르긴이 키틴카프에게 말했다.

"철로 만든 집이 있는데 거기로 놀러 가자!"

그곳에 가자 티아기르긴이 문을 열면서 말했다.

"네가 손님이니 먼저 들어가!"

"아니 그래도 주인이 먼저 들어가야죠."

한참 실랑이를 벌인 끝에 키틴카프가 집에 먼저 들어가게 되었다. 키틴카프가 집에 발을 들이미는 순간 갑자기 티아기르긴이 뒤에서 밀더니 밖에서 문을 잠그고 집에 불을 지른 뒤 유유히 그곳을 떠났다. 티아기르긴이 키틴카프를 이렇게 두려워하고 미워하는 것은 티아기르긴이 키틴카프의 아내를 데리고 온 장본인이기 때문이다. 티아기르긴은 키틴카프를 죽였다는 생각에 10년 묵은 체증이 쑥 내려가는 듯 무척 기뻤다. 다음 날 어스름이 채 걷히기도 전에 밖으로 나간 티아기르긴이 말했다.

"손님은 한 줌 재로 변해 있을 것이다. 손님의 뼈를 보고 와야겠다."

티아기르긴이 철로 만든 집의 문을 여니 키틴카프가 아무 일도 없다는 듯 싱글싱글 웃으면서 나왔다. 티아기르긴은 키틴카프가 살아 있다는 사실을 도저히 믿을 수가 없었다. 하지만 어쩌겠는가! 티아기르긴과 키틴카프의 불편

한 동거가 다시 시작되었다. 키틴카프에 대한 티아기르긴의 증오는 더욱 깊어졌다. 저 무뢰한을 어떻게 하면 없애 버릴 수 있을까, 늘 이 생각에 빠져 있었다. 어느 날 저녁, 잠자리에 들기 전에 티아기르긴은 샤먼 의식을 거행했다. 키틴카프가 잠이 들자 티아기르긴은 사람들에게 벌레를 모아 오라고 했다. 사람들이 벌레를 모아 오자 티아기르긴은 벌레들을 키틴카프가 자는 방에 풀어놓았다. 티아기르긴은 벌레들이 키틴카프를 먹어 치울 거라고 확신했다. 다음 날 아침 티아기르긴은 키틴카프를 찾아갔다. 그런데 이게 웬일인가! 키틴카프는 멀쩡하게 누워서 그것도 얼굴 가득 미소를 지으면서 자고 있는 것이 아닌가! 잠에서 깬 키틴카프는 샤먼 의식을 거행하면서 티아기르긴의 다리를 잘랐다.

"내 아내를 내놓으면 다리를 다시 붙여 주고 그러지 않으면 다리를 붙여 주지 않겠다."

티아기르긴은 키틴카프의 아내는 무슨 일이 있어도 돌려줄 수 없다고 했다. 그러자 키틴카프는 티아기르긴의 나머지 다리도 잘라 버린 뒤 다시 물었다.

"내 아내를 당장 내놓아라."

"알았네. 다리만 붙여 주게. 내일 당장 아내를 데리고 떠나게."

키틴카프는 샤먼 의식을 멈추었다. 다음 날 아침, 차를 마시는데 티아기르긴이 말했다.

"순록들도 함께 데리고 가게."

키틴카프는 순록들을 데리러 갔다. 끝이 보이지 않을 정도로 순록이 많았다. 어떤 순록들은 낯선 키틴카프를 죽이려고 달려들었다. 물론 티아기르긴이 순록을 주겠다는 것은 키틴카프를 순록들에게 보내려는 미끼일 뿐이었다! 티아기르긴은 키틴카프가 순록들에게 가면 낯선 이의 출현에 당황한 순록들이 키틴카프를 밟아 죽일 것이라고 확신하고 있었다. 그런데 어떻게 순록들을 구슬렸는지 키틴카프는 순록들과 함께 사이좋게 티아기르긴에게 왔다. 어떻게 이런 일이 있을 수 있단 말인가! 키틴카프가 휘파람을 불자 순록들이 걸음을 멈추는 것이 아닌가! 이 광경을 본 티아기르긴은 분노가 머리끝에서 발끝으로 불길처럼 번지면서 주체할 수가 없었다. 티아기르긴은 키틴카프의 아내를 상자 속에 넣은 뒤 상자를 침대 밑에 있는 지하 구덩이 속으로 밀어 넣었다. 키틴카프가 가까이 오자 티아기르긴이 말했다.

"집으로 가게. 네 아내는 이미 집으로 출발했네."

키틴카프는 티아기르긴의 말에 아무런 대꾸도 하지 않았다. 하지만 잠시 후 우울한 기색을 드러내면서 물을 마시고 싶다며 티아기르긴의 유르타 안으로 들어갔다. 이 순간 티아기르긴은 낯선 이의 말에 순종한 순록들에게 화가 나서 순록들을 죽이기 시작했다. 티아기르긴이 순록을 세 마리쯤 죽였을 때 키틴카프는 침대를 들어 상자를 꺼내 열었다. 그런데 그 안에는 백옥보다 아름다운 아가씨가 있는 것이 아닌가! 키틴카프와 아가씨는 함께 티아기르긴이 순록을 죽이고 있는 곳으로 갔다. 티아기르긴은 너무 놀란 나머지 입을 다물지 못했고 결국 모든 걸 포기할 수밖에 없었다.

"네 아내니까 데리고 가게."

키틴카프는 아내와 짐마차를 끌고 집으로 향했는데 짐마차 뒤에는 순록의 행군이 이어졌다. 노부부는 아들이 그리워 참을 수가 없었다. 노부부는 날이면 날마다 아들이 오게 될 길을 하염없이 바라보았다. 그러던 어느 날 갑자기 노인이 소리쳤다.

"보시오, 바다 쪽에 구름이 보입니다. 이건 우리 아들이 오고 있다는 징조요."

잠시 후 아들 부부와 순록들이 도착했다. 아들은 유르타를 웅장하게 지은 뒤 아버지에게 말했다.

"이웃 사람들을 모두 초대하여 순록 고기를 푸짐하게 대접하세요."

다음 날 노인은 이웃을 찾아갔다.

“우리 집에 놀러 오세요. 아들이 결혼을 해요.”

이웃 사람들은 비웃기만 할 뿐 아무런 대꾸도 하지 않았다. 그런데 한 남자가 쓸데없는 말 하지 말라며 노인에게 타박을 주었다.

“당신에게 무슨 아들이 있단 말이오? 아들은 고사하고 순록도 세 마리가 전 재산이잖소?”

그렇게 비웃었지만 모두 노인의 초대에 응했다. 오는 내내 그들은 노인을 얕잡아보면서 괜히 허풍을 떨지 말라며 비웃으면서 시물댔다. 멀리서 아스라이 노인의 유르타가 보이기 시작했다. 함께 가던 사람들은 자신의 눈을 의심했다. 노인의 유르타는 눈처럼 아름다웠고 집 옆에는 순록이 떼 지어 몰려다니고 있었다. 노인이 멈추어 서면서 말했다.

“저게 내 유르타와 순록들이오.”

모두 수군대면서 비웃기 시작했다.

“저것은 눈과 작은 언덕이오. 순록의 뿔처럼 보일 뿐이오.”

노인은 사람들의 비웃음에도 아랑곳 않고 앞으로 걸어갔다. 마침내 모두 노인의 유르타에 도착했다. 아들 부부는 순록을 잡아 가죽을 벗긴 뒤 사람들에게 음식을 곡진하게 대접했다. 한 술 더 떠서 사람들이 집으로 돌아갈 때 순록을 선물로 주었다. 그날 이후 노인의 집에는 이웃 사람들의 발길이 끊이지 않았다.

어느 날 마을 청년들이 와서 키틴카프에게 야생 염소 사냥을 가자고 했다. 야생 염소 사냥을 마친 청년들과 키틴카프는 집으로 돌아오던 중 쉬려고 잠시 멈추었다. 그런데 청년들이 키틴카프를 에워쌌고 한 청년이 칼을 들고 키틴카프에게 전속력으로 달려들면서 심장에 칼을 꽂았다. 청년들은 키틴카프가 허망스레 죽었다고 확신하면서 나름의 규칙을 정했다. 즉 키틴카프의 집에 제일 먼저 도착하는 사람이 순록을, 두 번째로 도착하는 사람이 키틴카프의 아내를 차지하기로 했다. 청년들은 사냥한 염소는 내팽개친 채 뒤도 돌아보지 않고 키틴카프의 집으로 내달렸다. 그런데 갑자기 누군가 집에서 산이 무너질 듯 우렁우렁한 목소리로 소리를 질렀다.

"이봐, 침착해! 그러다 문 부서지겠어!"

모두 놀라서 넋을 빼고 안을 쳐다보았는데…. 키틴카프가 아내 옆에 앉아 있는 것이 아닌가! 청년들은 꿈인지 생시인지 분간도 못 한 채 모두 혼비백산하여 줄행랑을 쳤다. 그러나 청년들은 늘 키틴카프의 순록을 훔쳐 갈 생각에 가득 차 있었다. 키틴카프에게 또 사냥을 가자고 했다.

키틴카프는 순순히 청년들의 제안을 따랐고 함께 사냥을 갔다. 절벽에 이르자 청년들은 키틴카프를 아래로 밀었다. 청년들은 이번에는 반드시 키틴카프가 죽었을 것이라고 생각했다. 청년들이 키틴카프의 집에 갔더니 청년들을 비웃으면서 키틴카프가 아내, 부모님과 함께 집 안에 앉아 있었다.

욕심 때문에 죽음을 자초한 큰아버지

두 형제가 있었는데 형은 부자였지만 동생은 찢어지게 가난했다. 동생은 극심한 가난에 시달리다 아들만 남겨둔 채 결국 세상을 떠났다. 홀로 남겨진 동생의 아들은 큰아버지 집에 얹혀살았다. 큰아버지는 아내, 어린 딸과 함께 살았다. 큰아버지의 창고는 무척 컸으며 항상 갖가지 물건들로 넘쳐났다. 그런데도 큰아버지는 조카가 식량만 축내는 것이 너무 미워서 굶겨 죽이기로 마음먹었다. 일꾼들에게 조카에게 음식을 주지 말라고 단단히 일러두었다. 하지만 소년은 아무리 굶겨도 죽을 기미가 보이지 않았다. 큰아버지의 딸이 짬짬이 소년에게 음식을 갖다주었기 때문이다. 큰아버지의 딸뿐만이 아니었다. 큰엄마도 소년에게 몰래몰래 음식을 가져다주었다. 다행히 큰아버지는 이 사실을 전혀 눈치채지 못했다.

어느 날 소년과 마주친 큰아버지는 소년이 아직 살아있을 뿐만 아니라 예전보다 더 튼튼해져 있어 이만저만 놀란 것이 아니었다. 큰아버지는 그날 밤 소년을 죽이기로 마음먹었다. 하루 종일 도끼를 갈았다. 이를 눈치챈 딸이 소년에게 미리 알려 주었다. 밤에 잠자리에 누운 소년은 할머니에게 자리를 바꾸자고 했다. 할머니가 잠이 들자 소년은 자신의 이부자리 밑에 구덩이를 파고 그곳에 숨었다. 칠흑처럼 깊은 밤, 큰아버지는 소년이 누워 있음직한 곳으로 가서 도끼를 힘껏 내리쳤다. 할머니는 목이 베이면서 비명 소리 한번 질러 보지 못하고 저세상으로 떠났다. 소년을 죽였다고 생각한 큰아버지는 한껏 기쁨에 차서 자기 방으로 돌아갔다.

다음 날 소년은 할머니의 시신을 붙잡고 애고지고 통곡하면서 시체를 썰매에 실은 뒤 정처 없이 길을 떠났다. 가는 도중 소년은 한 마을을 지나게 되었다. 마을 사람들은 소년을 매우 반갑게 맞아 주었고 차를 대접했다. 사람들은 소년이 죽은 할머니의 시체를 썰매에 실은 채 정처 없이 돌아다니고 있는 줄은 전혀 눈치채지 못했다. 사람들은 같이 와서 차를 마시자며 썰매에 있는 사람을 불렀지만 대답이 없었다. 한 사람이 썰매에 가서 사람의 머리를 흔들었더니 머리가 썰매에서 데구루루 굴러 떨어졌다. 사람들은 소스라치게 놀라서 정신을 수습하기에 여념이 없었다. 할머니의 머리를 본 소년은 아주 큰 소리로 애고지고 통곡을 했다.

사람들은 소년이 너무 가여웠다. 소년에게 울음을 멈추라고 했지만 소년의 울음은 멈출 줄을 몰랐다. 사람들이 소년에게 돈이 들어 있는 통을 주겠다고 해도 소년은 울음을 그치지 않았다. 사람들이 통 하나를 더 주겠다고 하니 그제야 소년은 울음을 그쳤다. 이 돈으로 소년은 각양각색의 물건을 사서 큰아버지의 유르타 옆에 큰 창고를 지었다. 아침에 큰아버지가 소년에게 와서 물었다.

"어떻게 해서 돈을 벌었니?"

"어제 큰아버지가 할머니의 목을 베었잖아요. 할머니 머리를 옆 마을에 가져갔더니 그 마을 사람들이 사던데요."

집으로 돌아간 큰아버지는 더 큰 부자가 되고 싶은 욕심에 눈이 멀어 밤에 아내가 잠든 사이 아내의 목을 베었다. 이른 아침 머리를 자루에 넣고 소년이 했던 것처럼 옆 마을로 갔다. 사람들이 큰아버지에게 무슨 일로 왔냐고 물었다.

"당신들이 죽은 사람의 머리를 산다는 사람들이죠? 그 말을 듣고 죽은 사람의 머리를 팔려고 왔소. 제 조카처럼 큰 부자가 되고 싶어서 아내의 목을 베었지요. 조카가 부자가 되는 법을 제게 귀띔해 주었거든요."

사람들은 할머니의 시체를 썰매에 싣고 가다 우연찮게 자신의 마을로 오게 된 소년을 기억해 냈다. 그런데 이번에는 인색하고 탐욕스러운 큰아버지가 제 발로 자신들을 찾아와서 더 큰 부자가 되려고 아내를 제물로 삼았다는 막

말을 하는 것이 아닌가! 사람들은 큰아버지를 심하게 힐난했고 마을에서 내쫓았다. 집으로 오면서 큰아버지는 속았다는 생각에 조카에게 저주를 퍼부었다. 큰아버지는 자신에게 망신을 준 조카에게 복수를 하기로 마음먹었다. 집에 도착한 큰아버지는 곧장 달려가서 조카를 자루에 넣은 뒤 호수로 끌고 갔다. 그런데 호수 근처 마을에 이르자 허기를 느낀 큰아버지는 요기를 하여 원기를 북돋우어야겠다고 생각했다.

큰아버지가 한참 식사에 열을 올리고 있을 때 한 남자가 자루에 다가왔다. 자루에 무엇이 담겨 있는지 모르겠지만 한눈에도 묵직해 보였다. 그 순간 자루에서 어린 소년의 목소리가 들려왔다. 소스라치게 놀란 남자는 살그머니 자루 옆으로 갔다. 소년은 큰아버지가 자신을 호수에 빠뜨려 죽이려 한다는 이야기를 남자에게 들려주었다. 남자는 자루를 풀어 소년을 놓아준 뒤 자신이 자루 속으로 들어가서 자루를 묶었다. 소년은 집으로 달려갔다. 요기를 하고 기운을 회복한 큰아버지는 자루를 호수로 끌고 가서 냅다 던졌다.

이 시각, 집으로 돌아가던 소년은 우연히 바다에 들렀다가 금물고기 세 마리를 잡았다. 길에서 사람들은 소년에게 금화가 든 통 세 개를 줄 테니 금물고기를 팔라고 했다. 소년은 금물고기를 팔았고 더 큰 부자가 되었다. 드디어 조카를 죽였다는 생각에 한껏 들떠 집으로 돌아온 큰아버지는 소년이 더 큰 부자가 된 사실을 알고 분노가 머리끝에서 발끝까지 널을 뛰었다. 하지만 분노를 억누르고 알랑거리면서 언제 어떻게 이렇게 큰 부자가 되었냐고 물었다.

"큰아버지가 저를 호수에 던졌잖아요. 글쎄 호수 밑에 갔더니 누군가 제게 엄청난 양의 금화를 주더군요."

소년은 큰아버지에게 음식을 대접하겠다고 했다. 큰아버지가 식탁에 앉자마자 온갖 산해진미가 다 차려졌다. 큰아버지는 눈이 휘둥그레졌고 식사를 마치기 무섭게 자신을 자루에 넣어 호수에 던져 달라고 애원했다. 소년은 이 순간만을 손꼽아 기다렸다. 그는 큰아버지를 자루에 넣어 호수에 던졌다. 이렇게 하여 탐욕스럽고 인색한 큰아버지는 죽음으로 자신의 최후를 장식했다. 소년은 더 큰 부자가 되었고 오래도록 행복하게 살았다.

날렵한 악바프라르키

나이 든 부부가 아들 악바프라르키, 어린 딸과 함께 외딴곳에서 살고 있었다. 악바프라르키는 순록 타는 솜씨가 남달랐을 뿐만 아니라 누구도 따라오지 못할 만큼 무척 빨리 달렸다. 어느 날 불쑥 한 남자가 순록을 타고 악바프라르키를 찾아왔다.

"조만간 우리 마을에서 순록 경기가 열립니다! 참가하십시오!"

이 말을 남긴 뒤 남자는 떠났다. 며칠 뒤 악바프라르키는 순록 경기에 참가하기 위해 집을 떠났다. 며칠 밤낮을 쉬지 않고 달린 끝에 어느 마을에 도착했다. 이미 오래전에 사람들이 순록 경기를 위해 이웃 마을로 떠난 터라 마을은 텅 비어 있었다. 마을에 있던 웬 노인이 순록 경기에는 오소리 가죽이 상품으로 걸려 있다고 알려 주었다. 그리고 그 경기가 끝나면 다시 이 마을에서 여우 가죽을 걸고 순록 경기를 할 것이라는 사실도 알려 주었다.

"알았어요, 그렇다면 저도 그곳으로 가 보겠어요."

악바프라르키는 잠시 후 순록 경기에 참가하려고 순록을 타고 가는 사람들을 한 명 한 명 모두 앞지르면서 말했다.

“뭐 하시는 거예요? 제가 제일 먼저 도착하게 생겼네요.”

아직 한낮이었는데 악바프라르키는 벌써 순록 경기가 열리는 마을에 도착했다. 마을에 도착한 악바프라르키가 한 일은 당연히 오소리 가죽을 손에 넣는 일이었다. 악바프라르키는 오소리 가죽을 썰매에 싣고 오던 길로 되돌아왔다. 이미 순록 경기가 끝났다는 말을 듣고 사람들은 오던 길로 되돌아갔다. 그런데 악바프라르키가 얼마나 빨리 달렸는지 집으로 발길을 되돌린 사람들의 선두에 선 사람도 앞질렀다.

악바프라르키는 여우 가죽을 상금으로 걸어 둔 마을에 도착하여 여우 가죽도 썰매에 싣고 집을 향해 내달렸다. 그러다 잠시 후 악바프라르키는 낯모르는 세 남자가 자신을 쫓아온다는 사실을 눈치챘다. 그들은 악바프라르키를 따라잡으려고 무진장 애를 썼지만 악바프라르키는 여유롭게 그들을 아주 멀찍이 따돌렸다. 그들은 악바프라르키를 도저히 따라잡을 수가 없었다. 집에 도착하니 아버지가 물었다.

“어떻게 되었느냐?”

“상금을 가지고 왔어요.”

어느 여름날 악바프라르키 혼자 순록을 지키고 있는데

한 남자가 순록을 타고 그를 찾아왔다.

"악바프라르키! 너는 지금 위험에 빠져 있어. 내일 적들이 너를 습격할 거야."

다음 날 악바프라르키는 적들의 소란스러운 소리를 들었다. 적들은 악바프라르키를 찾아오면서 마을 외곽의 외딴집에 소총을 숨겨 놓았다. 그럴 것이라고 짐작한 악바프라르키는 적들을 소총이 숨겨진 마을 외곽의 집으로 유인했다. 적들은 악바프라르키를 따라잡겠다는 생각에 골몰한 나머지 그의 유인책에 넘어갔고 악바프라르키는 적이 숨겨 놓은 소총으로 적들을 쏘아 죽였다. 잠시 후 악바프라르키가 순록 떼를 몰고 집으로 가려는데 아버지가 나타났다.

"애야! 먼저 집으로 가거라. 순록들에게 이끼를 뜯긴 뒤 여기서 식사를 하고 순록을 몰고 가마!"

악바프라르키는 집으로 떠났고 아버지는 순록 고기로 푸지게 식사를 했다. 식사를 마친 뒤 잠시 쉬고 있는데 갑자기 죽은 줄만 알았던 적들이 소리를 지르면서 아버지에게 달려들었다. 아버지는 지팡이를 들고 적들과 맞서 싸우려 했지만…. 휘두르는 순간 지팡이가 공중으로 날아가 버렸다. 아버지는 옆에 있던 다른 지팡이를 들고 적들을 피해 도망갔다. 적들 중 한 명이 창을 들고 아버지를 쫓아왔다.

“거기 서! 지금 당장 너를 죽이겠어!”

아버지는 지팡이로 창을 막았지만 갑작스러운 상황에 너무 놀라서 괴성을 지르기 시작했다. 이 순간 어떻게 알았는지 악바프라르키가 불쑥 나타났다. 적들은 건장하고 잘생기고 힘도 세고 용감한 악바프라르키에게 완전히 제압당했다. 악바프라르키는 그 자리에서 적을 모조리 죽였다.

천상 세계에 잡혀갔다 온 청년

부부가 살고 있었는데 아내는 임신 중이었다. 아내는 다른 사람과 어울리는 것을 극도로 싫어했다. 아내는 사람이 없는 툰드라에서 아이를 낳겠다고 막무가내로 졸라댔다. 결국 남편은 아내를 툰드라로 데려다 놓았고 아내는 그곳에서 아이를 낳았다. 아이를 위해 이끼로 집을 지었다. 아내는 풀만 먹었다. 이끼에 구멍이 생기면 남편에게 투덜거렸다.

"이곳 사람들이 음식을 할 때 생기는 열기 때문에 구멍이 생긴 게 분명해요."

남편은 집을 부수고 이끼로 다시 집을 지었다. 얼마 지나지 않아 집 근처에는 이끼도, 풀도 자라지 않았다.

결국 여인은 끼니를 해결하러 멀리까지 가야만 했다. 어느 날 집에 돌아왔는데 아이가 없어진 것이 아닌가! 엄마는 천상 세계의 신이 아이를 잡아갔다고 생각했고 더 이상 아이를 찾지 않았다. 천상 세계의 엄마는 자신의 방식대로 아이를 길렀다. 아이는 무럭무럭 무척 빨리 자랐다. 천상 세계의 엄마는 입버릇처럼 되뇌었다.

"내가 아들을 낳은 것은 정말 잘한 일이야."

매일 아침 아들은 사냥을 나갔다. 가끔 양을 서너 마리씩 잡아 가지고 오기도 했다. 천상 세계의 엄마는 무척 기뻐하면서 말했다.

"구름이 있는 곳에서 사냥을 해서는 안 된다."

어느 날 아들은 엄마의 말에도 불구하고 구름이 있는 곳으로 사냥을 하러 갔다. 구름 가까이 갔더니 구름이 물었다.

"어디에서 왔니?"

"아주 먼 곳에서."

"너는 전혀 눈치채지 못했지만 네 친엄마는 땅에 살고 있어. 천상 세계의 신이 네가 태어나자마자 이곳으로 데리고 왔어."

"이제 나는 뭘 어떻게 해야 하는 거지?"

구름이 아들에게 도끼를 주면서 말했다.

"이 도끼를 이용해서 천상 세계의 엄마를 죽인 뒤 탈출하도록 해."

저녁에 아들이 돌아오자 천상 세계의 엄마가 말했다.

"왜 이렇게 늦게 돌아오니? 내가 가지 말라고 한 곳에 갔던 것 아니니?"

"아니에요."

"엄마, 내일 장작을 패러 가야겠어요. 사냥은 다음에 갈게요."

다음 날 아들은 장작을 가지고 와서 천상 세계의 엄마에게 말했다.

"엄마, 고기를 삶아 주세요. 엄마랑 함께 푸지게 먹고 싶어요."

엄마는 고기를 삶으면서 생각했다.

'왜 이렇게 심장이 뛰는 거지. 저 아이가 내가 가지 말라고 했던 곳에 갔던 게 아닐까?'

천상 세계의 엄마가 고기를 삶는 동안 청년은 도끼를 갈았다. 고기를 먹으면서 천상 세계의 엄마가 말했다.

"세상에! 나 원 참! 또 심장이 벌렁벌렁 떨리고 콕콕 쑤시네. 너, 구름에게 갔던 거 아니야?"

"아니에요."

식사를 마친 뒤 청년이 황급히 집 밖으로 나가자 천상 세계의 엄마는 청년이 출생의 비밀을 알게 된 것이 분명하다고 확신했다. 천상 세계의 엄마가 먼저 청년을 공격하자 청년은 그녀의 머리를 도끼로 내리쳤다. 청년이 도끼를 주려고 구름에게 갔더니 구름이 말했다.

"네 엄마는 네가 태어났던 곳에 그대로 살고 있어. 땅으로 내려가면 나무가 무성한 길이 나타날 거야. 그러면 눈을 지그시 감고 나무들을 발로 찬 뒤 눈을 떠 봐. 신기한 일이 벌어질 거야!"

청년은 구름이 시키는 대로 했다. 눈을 뜨자 뒤에 긴 짐마차 두 대와 순록 떼가 따라오고 있었다. 엄마는 큰 짐마차와 순록 떼가 집 쪽으로 오는 느닷없는 광경을 보고는 속으로 혼자 중얼거렸다.

"웬 짐마차와 순록이지?"

엄마는 아들이 돌아온다고는 꿈에도 생각하지 못했다. 청년이 말했다.

"아들이 왔어요!"

엄마가 이 말을 믿지 않자 아들이 모든 이야기를 들려주었다.

"여기 이 집에서 엄마가 나를 낳았죠. 그때 천상 세계의 신이 저를 훔쳐 갔답니다. 덕분에 저는 무척 빨리 자라서 벌써 어엿한 청년이 되었네요."

차를 마신 뒤 청년이 말했다.

"당분간은 세상을 좀 돌아다녀야겠어요."

툰드라를 돌아다니는데 유르타가 있어 들어갔더니 부부와 딸이 살고 있었다. 청년은 그 딸과 결혼하여 행복하게 살았다.

아내를 떠났다 되돌아온 쿠이키네쿠

남편 쿠이키네쿠와 아내 미티는 무척 행복하고 다정한 부부였다. 그런데 갑자기 어느 날 쿠이키네쿠가 한마디 말도 없이 어디론가 사라졌다. 미티는 아들들로부터 남편이 여인으로 변하여 바닷가에서 살고 있다는 이야기를 들었다. 남편이 변신한 여인에게는 나뭇잎에서 태어난 딸, 물고기 남편이 있고 남편의 형제들이 고래라는 이야기도 들었다.

미티는 여인이 된 쿠이키네쿠에게 멋들어지게 복수를 하고 싶었다. 남자로 변신해 쿠이키네쿠를 찾아가기로 했다. 미티가 순록을 타고 남편의 집에 갔더니 남편이 아이를 안고 있었다. 남편이 말했다.

"어머나! 손님이 오셨네요. 어디에서 오셨어요?"

"저는 미티에게 갑니다. 듣자 하니 그녀의 남편이 도망을 갔다고 하더군요."

"그런 여자에게는 갈 필요 없어요. 그 여자는 정말 별로예요. 아무것도 할 줄 몰라요."

"그래도 상관없소. 정말로 미티와 쿠이키네쿠가 완전히 남이 됐다면 저는 그녀와 결혼할 생각이오. 모르는 것은 가르쳐 주면 됩니다."

미티는 쿠이키네쿠를 떠나오면서 억누르고 있던 화가 폭발하여 배에 차고 있던 복대가 터져 버렸다. 이 순간 쿠이키네쿠는 생각했다.

'그래, 나는 미티 없이 살 수 없어. 내게는 미티가 필요해.'

쿠이키네쿠는 다시 원래의 모습으로 돌아와 미티에게 간다고 했던 그 남자의 뒤를 쫓아갔다. 가는 길에 어떤 여자아이가 털퍼덕 주저앉아 울고 있길래 측은한 생각이 들었다. 쿠이키네쿠가 다가가 안아 주었더니 외려 아이가 손으로 뺨을 냅다 갈겼다.

"왜 미티를 두고 도망간 거야? 왜 여자로 변신한 거냐고?"

쿠이키네쿠는 그 말에 화들짝 놀라 아이를 얼른 내려놓았다. 그런데 조금 가다 그렇게 멋지고 훌륭한 아이를 내버려 두고 온 것이 후회가 되었다. 그래서 되돌아가서 아이를 데려오려고 했으나 아이가 다시 뺨을 내리쳤다. 쿠이키네쿠는 아이를 다시 내버려 두고 집으로 향했다. 쿠이키네쿠는 아이가 미티라고는 꿈에도 생각하지 못했다. 집에 오니 미티는 이미 집에 와 있었다.

"미티! 네게는 오빠도 언니도 없잖아. 너무 쓸쓸하고 외로워서 너를 떠났어! 용서해 줘!"

갑자기 이때 쿠이키네쿠의 집으로 미티의 오빠 언니들이 우르르 쏟아져 들어왔다. 쿠이키네쿠는 눈물을 펑펑 쏟으면서 미티 곁에 있게 해 달라고 애원했다. 미티가 쿠이키네쿠에게 고기를 주면서 말했다.

"좋아, 너와 함께 살아 줄게!"

"용서해 줘! 제발! 미티! 용서해 줘!"

장난감으로 만들어진 사람들

메메레넨 마을[24)]의 아가씨에게 순록을 사육하는 부자 노인이 구혼을 했다. 아가씨는 시집을 가지 않겠다고 완강하게 버텼다. 이에 화가 난 아버지가 말했다.

"이제 나는 너무 늙었다. 더 이상 너를 보살필 수가 없단다. 그러니 제발 시집을 가거라."

"싫어요, 절대 시집은 안 갈 거예요!"

"어째서?"

"시집가면 내 인생은 완전히 비참해질 거예요. 절대 그럴 수 없어요!"

"그래? 그렇다면 더 이상 너는 내 집에서 살아서는 안 된다. 네가 원하는 곳으로 떠나라."

"그래 좋아요! 하지만 절대 시집은 안 갈 거예요!"

"아이쿠! 얘야! 다시 한번 잘 생각해 보렴. 나는 이미 너

---

24) 메메레넨은 에스키모식 지명인 맘로흐파흐의 추콧카 식 음성 변형이다. 에스키모인이 거주하는 맘로흐파그미트 부락은 우엘렌과 나우카 마을 사이에 위치해 있다. 지명에 따라 판단하건대 이 설화는 아시아 에스키모인에게서 출현하여 추콧카 에스키모인 사이에 널리 전파된 것으로 추정된다.

무 늙었단다. 더 이상 너를 돌봐 줄 기력이 없어."

"어떻게든 제가 알아서 살아갈게요."

아버지는 머리끝까지 화가 치밀어 올랐다.

"그래 좋다! 그럼 나는 이제 더 이상 네게 신경을 쓰지 않겠다. 이제 너는 내게 필요 없다. 천지간에 하나뿐인 외동딸이라서 어떻게든지 잘 키워 보려고 했는데…. 이제는 다 소용이 없게 되었구나…. 오늘까지는 내 집에서 자도 좋다. 하지만 내일 날이 밝으면 네가 원하는 곳으로 떠나거라. 더 이상 너와 같이 살고 싶지 않구나. 정말로 꼴도 보기 싫구나. 자, 내가 하고 싶은 말은 이것으로 끝이다."

"그래요! 제가 아버지한테 필요 없는 존재라고 해도 좋아요! 저는 절대 시집은 가지 않을 거예요!"

"알았다, 빨리 자거라. 내일 날이 밝으면 너는 이곳에 있어서는 안 된다."

아가씨는 슬픔에 겨워 눈물을 흘렸다. 엄마도 아무 말 없이 입술을 꼭 깨물면서 눈물만 뚝뚝 흘렸다. 아가씨가 갑자기 눈물을 거두면서 말했다.

"제발, 저를 가만히 내버려 두세요! 저도 이제는 어른이에요!"

세 식구는 누워서 잠을 청했다. 아버지 어머니는 곧 잠이 들었지만 아가씨는 잠을 이룰 수가 없었다. 아가씨는 살그머니 일어나 커튼을 열고 밖으로 나가면서 혼자 중얼거렸다.

"이제 어떻게 살아가지? 아버지는 나 혼자서는 살 수가 없을 거라고 하셨어. 어떻게 해야 하지? 그래도 시집은 안 갈 거야!"

그러던 중 커튼 옆에 놓인 자루가 눈에 들어왔다. 아가씨는 첫 번째 자루를 자세히 들여다본 뒤 잘 묶어서 원래 있던 곳에 다시 내려놓았다. 이번에는 그 옆에 있는 자루를 열었는데 그 안에는 그동안 채집한 나무와 풀뿌리들이 들어 있었다. 세 번째 자루를 열었는데 그 안에는 세 개의 작은 자루가 또 들어 있었다. 아가씨는 작은 자루 하나를 꺼내 안에 들어 있는 것을 바닥에 쏟았다.

"이게 다 뭐지?"

장난감이었다. 각양각색의 바다표범과 해마의 이빨과 뼈들…. 자세히 들여다보면서 중얼거렸다.

"어머나! 정말 굉장한데! 그런데 이건 또 뭐야?"

두 번째 자루에는 순록 이빨이, 세 번째 자루에는 쥐 가죽이 들어 있었다. 이 모두를 다시 넣은 뒤 자루를 묶으면서 말했다.

"굉장한데! 정말 대단해!"

이번에는 옆에 있는 또 다른 큰 자루를 열었더니 고래

수염과 작은 고래 뼈가 있었다. 아가씨는 작은 자루 세 개가 든 자루를 이 자루에 넣고 묶어 놓았다.

커튼을 열고 안으로 들어가서 순록 가죽으로 만든 윗도리와 신발, 하얀 벙어리장갑, 바다표범 가죽을 들고 밖으로 나왔다. 그리고 순록 가죽으로 만든 윗도리를 입으면서 가만히 하늘을 올려다보았다.

"날씨가 정말 좋군!"

아닌 게 아니라 사방이 무척 맑고 화창했다. 달이 서서히 기울면서 해가 떠오르기 시작했다.

아가씨는 길을 떠났다. 바닷가에 오자 아버지의 보트가 눈에 띄어 보트에 있는 벨트, 작살, 노, 창을 모두 챙겼다.

'이것들을 다 가지고 가야겠어. 필요할지도 몰라.'

아가씨는 주위를 둘러보면서 말했다.

"어쩌면 좋아! 이제부터 이곳에는 아버지 어머니만 살게 되겠군. 어머니가 너무 불쌍해! 그래도 어쩌겠어! 하는 수 없지!"

주저앉아 하염없이 눈물을 흘리다가 일어났다.

"그래! 이제 나는 부모님에게 더 이상 필요 없는 존재야. 아버지가 나를 쫓아낸 거야. 뭐 어쩌겠어, 발길 닿는 대로 가야지. 나의 길은 멋질 것이야. 밤도 아름답고 황홀할 거야."

하염없이 걸어갔다. 물건들은 등에 짊어졌다. 케니페크 마을에 도착했다.

"이 마을은 그리 좋아 보이지 않는데, 더 가 보자."

우옐렌 마을에 도착했다. 그곳에는 유르타 한 채가 덩그러니 있었는데 그마저도 쓰러지기 일보 직전이었다. 그런들 어쩌겠는가! 이미 날이 어두워졌는데! 아가씨는 문을 두드렸다. 할머니가 밖을 살며시 내다보면서 물었다.

"거기 누구요?"

"저예요!"

"저가 누군데?"

"메메레넨 마을에 사는 아가씨예요."

"바로 너로구나. 아버지 말도 안 듣는 고집불통 같으니라고! 못된 계집아이!"

할머니는 문을 닫으면서 자고 있는 할아버지를 흔들어 깨웠다. 잠에서 깬 할아버지가 놀라서 물었다.

"무슨 일이오?"

"메메레넨 마을의 아가씨가 왔어요."

"그 아가씨가 누군데?"

"영감은 정말 몰라요? 그 아이는 아버지 말도 안 듣는 고집불통이에요."

"그럼 당장 쫓아 버려!"

"영감, 그렇긴 해도 먹을 거라도 좀 주는 게 좋지 않을까요?"

"그럼 그렇게 하시오."

아가씨가 허기를 다 채우기도 전에 할머니가 말했다.

"됐다, 그 정도면 충분히 먹었다. 시집을 가기 싫다고 했다지. 그럼 이제는 네가 원하는 곳으로 가도록 해라."

"알았어요, 지금 당장 이곳을 떠나겠어요."

아가씨는 할머니 집을 나와 정처 없이 걸었다.

"어떻게 해야 하지? 도대체 어디에 마을이 있는 거야? 마음씨 좋은 사람들이 사는 곳은 어디일까? 도저히 찾을 수가 없군. 나도 참 못된 아이야. 아버지 말을 안 들었잖아. 이런 생각 말고 앞으로는 뭔가 멋진 생각을 해야겠어. 어휴, 이러다 정말로 길거리에서 죽겠는걸. 앞으로도 한참을 걸어가야 할 것 같은데…."

우텐 마을에 도착했다. 주위를 둘러보면서 말했다.

"이곳은 정말 마음에 들어. 마을이 너무 작네. 그러면 어때! 그래도 난 여기가 좋아."

작은 언덕으로 올라가서 짐을 내려놓았다. 자루를 풀었더니 바다표범과 해마의 이빨과 뼈들이 있어 곰곰이 생각했다.

'이걸로 뭘 하면 좋을까?'

바닷가로 향했다. 바다표범의 이빨과 뼈들을 모두 들어 눈을 가늘게 뜨고 바다에 던지면서 말했다.

"내일 눈을 뜨면 무수히 많은 바다표범이 바닷가에 나타날 거야."

이번에는 해마의 이빨과 뼈들을 반쯤 들어 모래 위에 던지면서 말했다.

"내일 이곳은 해마 나라가 될 거야."

남아 있는 해마의 이빨과 뼈들을 모조리 바닷물에 던지면서 말했다.

"자! 나는 해마를 모두 던졌어."

마지막으로 고래 수염과 뼈를 바다로 최대한 멀리 던지면서 말했다.

"이제 다 됐어! 바다표범도 만들었고 해마도 만들었고 고래도 만들었어!"

해변에 돌과 통나무로 큰 집을 지은 뒤 돌 두 개를 주워 들었다.

"이 돌은 멋진 남자가 되고 이 돌은 예쁜 여자가 될 거야. 여기에는 마을이 생길 거야. 이 남자와 여자는 아들과 딸을 한 명씩 낳게 될 거야."

남자들을 더 만들기로 했다. 큰 돌 두 개를 주워 들었다.

"이 돌들은 아주 힘이 센 남자들이 될 거야."

쥐 가죽으로 옷을 만들어 입혔다. 바지도 입히고, 웃옷도 걸쳐 주고 모자도 씌워 주고, 양말도 신겨 주고 신발도 신겨 주면서 말했다.

"그래, 이 정도면 남자는 충분해. 머지않아 이곳은 사람들로 옥시글옥시글할 거야. 이제 나의 일은 모두 끝났어."

아가씨는 툰드라에 있는 예예트강으로 가서 하얀색, 검은색, 알록달록한 색 등 각양각색의 돌을 많이 주워 모았다. 그 돌들로 순록을 만든 뒤 순록들에게 말했다.

"너희는 여기에 그대로 있어. 머지않아 너희를 지켜 줄 파수꾼이 올 거야."

나무로 집을 만들고 겉은 풀로 덮었다. 이 일이 끝나자 돌 두 개를 주워 들었다.

"이제는 순록을 기를 사람들을 만들 거야. 돌 하나는 여자가 되고 다른 하나는 남자가 될 거야."

이번에는 아주 작은 조약돌을 주워 들었다.

"너는 어린 소년이 되고 너는 어린 소녀가 되어라. 자, 이제 내가 할 일은 모두 끝났어. 씩씩하고 건강하게 잘 자라야 된다. 그리고 자손을 많이 낳아 대대손손 번창하도록 해라! 나라는 나쁜 소녀가 너희를 만들었단다."

옷을 만들어 입힌 뒤 집 안에 가져다 놓았다.

"내일 잠에서 깨어나면 밖에서 들리는 낯선 소리 때문

에 무척 놀라게 될 것이야. 하지만 놀라지 마. 그 소리는 다름 아니라 순록이 쿵쿵대는 소리야. 순록이 엄청나게 많이 몰려올 거야. 자, 그럼 이제 편히 자도록 해!"

바닷가로 향했다. 풀 위에 임시로 아주 허름하게 움막을 지은 뒤 잠을 청했다. 새벽이 되자 벌써 부부가 된 남자와 여자가 바닷가로 나와서 말했다.

"할머니는 어디에 계시지? 할머니는 대체 어디에 계신 거야? 찾아보자!"

잠에서 깨어난 아가씨가 밖으로 나갔다. 할머니를 발견한 여인이 무척 기뻐하면서 소리를 질렀다.

"어머나! 할머니는 여기 계셔요!"

"정말이네!"

그랬다. 아가씨는 하룻밤 사이에 완전히 할머니가 되어 있었다. 지난밤 아가씨는 혼신의 힘을 다해 사람과 동물을 만들었던 것이다! 아니 마지막 혼까지 불살랐는지도 모른다!

남자가 할머니에게 말했다.

"할머니, 집으로 가요."

"그래, 집으로 가자꾸나."

"그럼, 일어나세요."

할머니는 일어나서 남자의 손을 잡았고 남자는 아주 조

심스럽게 할머니를 집으로 모시고 가면서 말했다.

"날씨가 너무 좋아요. 바다를 보세요. 해변에 뭐가 있는지 자세히 보세요."

할머니는 뚫어지게 보았지만 바다표범 이외에는 아무것도 보이지 않았다.

"바다표범 말고는 특별히 눈에 띄는 게 없는데…. 이 바다표범들은 너희의 먹을거리가 될 거다. 사는 동안 먹을 걱정은 접어 둬도 될 거야!"

"들어 보세요, 누가 이렇게 요란한 소리를 내는 거죠? 들리시죠? 기 기 기, 기 기… 들리시죠?"

"해마 소리란다. 앞으로 너희의 먹을거리가 될 거다. 너희는 굶주림 때문에 고통스러워 할 일은 절대 없을 거다. 바다표범, 해마 그리고 고래 고기를 먹으면 된다. 자, 같이 먹어 보자."

"어떻게 먹어요?"

"내 아버지의 작살이 여기에 있다. 작살을 들고 바닷가로 내려가거라. 이 작살로 바다표범을 죽이면 된다."

해안에서 조금 떨어진 곳에서 엄청나게 많은 바다표범들이 한낮의 여유를 즐기고 있었다. 남자가 바다표범 한 마리를 향해 작살을 던졌다. 작살은 바다표범의 머리에 정통으로 꽂혔고 바다표범은 그 자리에서 죽었다. 바다표범을 어깨에 둘러메고 집으로 갔다. 할머니가 말했다.

“이제는 이 바다표범을 칼로 자르도록 해라.”

“알았어요! 그렇게 할게요.”

“다 잘랐느냐? 그럼 이제는 삶아야 한다. 아니다, 잠깐 기다려라, 먼저 내가 솥을 만들어야겠구나.”

돌로 솥을 만들었다. 할머니는 고기를 솥에 넣고 삶는 법을 가르쳐 주었다. 고기가 다 익자 꺼내어 모두 함께 먹었다. 식사가 끝나자 할머니가 노를 보여 주면서 말했다.

“이건 내 아버지의 노란다. 나와 함께 가자.”

나무로 한 사람이 앉을 수 있는 보트를 만들었다.

“이것과 똑같은 보트를 만들어 보렴.”

남자가 나무로 보트를 다 만들자 할머니가 말했다.

“이제는 창을 만들어야 한다.”

“예, 알겠어요.”

“자, 보트와 창을 다 만들었으니 바닷가로 가거라.”

남자는 바닷가로 갔다. 바닷가 조약돌 위에는 엄청나게 많은 해마들이 망중한을 즐기고 있었다. 남자는 속으로 생각했다.

‘저 녀석들의 울음소리는 참 멋지군! 하지만 너무 무서워. 못 죽일 거 같아.’

남자는 두려움을 억누르고 창으로 해마를 찔렀다. 해마

를 자르고 가죽을 벗긴 뒤 집으로 가지고 와서 할머니에게 말했다.

"여기 해마 고기와 가죽을 가지고 왔어요."

"그래, 정말 잘했다! 앞으로는 그렇게 바다 동물 사냥을 하면 된단다. 해마 가죽을 보트에 펴 놓아라. 아이들이 탈 보트도 만들어야겠다. 내가 보트를 다 만들 즈음이면 아이들도 부쩍 자라 있겠구나. 그러면 아이들을 데리고 같이 사냥을 가도록 해라. 해마와 고래는 보트에서 창으로 사냥을 하고 바다표범은 작살로 사냥을 하면 된단다. 이 모든 것이 너희의 먹을거리란다. 잘 보거라! 아이들이 많이 태어날 것이다. 자, 이제 내가 너희에게 해 줄 수 있는 것은 모두 해 주었구나. 내가 말한 대로 살아가면 너희의 삶은 꽃처럼 활짝 피어날 것이다."

할머니는 이렇게 바닷가 사람들에게 살아가는 법을 가르쳐 주었다. 얼마 뒤 유목민 부부가 바닷가에 왔다.

"할머니는 어디에 계세요?"

바닷가 남자가 대답했다.

"여기에 있습니다. 그런데 우리 할머니는 말이 필요 없을 정도로 무척 현명하십니다! 당신들을 만드신 것도 아주 잘하신 일이죠."

유목민 남편이 말했다.

"할머니, 제발, 일어나세요. 이제는 우리 집으로 가요."

할머니를 일으켜 세워서 자신들의 집으로 모시고 가면서 말했다.

"이것 보세요. 집 주위에 순록이 얼마나 많은지 몰라요."

"그래, 앞으로도 이렇게 풍요롭게 살게 될 것이다."

집에 도착한 뒤 유목민 남편이 아내에게 말했다.

"큰 가죽을 바닥에 깔아 드리세요. 할머니에게 순록 고기, 골수, 비계를 드립시다."

"정말 고맙구나! 내가 너희를 만들었어. 조금만 더 기다려. 그러면 더 잘 살게 될 거야. 아이들이 많이 태어날 거다. 나는 메메레넨에서 태어나고 자랐는데 아버지 말을 듣지 않았단다. 그런데도 너희는 나에게 무척 예의 바르구나. 앞으로도 그렇게 대하도록 해라."

할머니는 무척 인자하신 분이었다. 유목민들에게 살아가는 방법을 가르쳐 주셨다. 순록 사육법, 순록 고기 요리하는 법, 순록 가죽으로 옷 짓는 법, 나무와 풀뿌리 채집하는 법 등. 할머니는 자신이 알고 있는 모든 것을 남김없이 가르쳐 주었다. 아니 그 이상을 가르쳐 주고 싶었는지도 모른다. 유목민들은 엄청나게 많은 순록을 기르게 되었다.

바닷가 사람들이 사는 곳에는 바다표범, 해마, 고래가

넘쳐 났다. 하지만 이들에게도 순록이 필요했다. 할머니는 이들에게 순록을 타고 다니는 법, 순록 고기를 먹는 법, 순록 가죽으로 옷이나 광주리를 만드는 법 등을 가르쳐 주었다. 그렇게 하여 유목민과 바닷가 사람들은 서로 도우면서 평온하고 풍요롭게 살기 시작했다.

이즈음 메메레넨 마을에 남아 있던 아버지는 날마다 딸 생각뿐이었다. 딸은 어디에 있을까…? 무척 그리웠다…. 어느 날 아내에게 말했다.

"이거 보시오, 우리 아이가 죽었는지 살았는지 한번 찾아봅시다. 내일 날이 밝으면 보트를 타고 아이를 찾으러 갑시다."

무척 청명한 여름이었다. 아버지와 어머니는 보트를 타고 길을 나섰다. 우옐렌 마을에 도착하자 보트 소리를 들은 우옐렌 마을의 노인이 아내에게 말했다.

"누가 왔나 보오. 바닷가로 내려가 봅시다."

우옐렌 마을의 노부부가 바닷가로 내려오자 아버지가 물었다.

"혹여 내 딸을 본 적 없소?"

"봤지요! 봤고말고요! 우리 집에서 요기를 했었지요. 그때 내가 말했어요. 아버지 말도 안 듣는 나쁜 아이라고요. 그러자 그길로 쌩하니 나가 버리던걸."

아버지는 우텐 마을에 도착하여 한 여인에게 물었다.

"내 딸을 본 적이 있나요?"

우텐 마을의 남자가 아내에게 말했다.

"이분이 우리 할머니의 아버지 같은데요."

우텐 마을의 남자가 아버지에게 말했다.

"그분은 우리의 할머니예요. 이곳에서 살고 있답니다."

"내 딸이 대체 어디에 있단 말이냐? 그러지 말고 내 딸을 보여 다오."

"물론 보여 드려야죠. 함께 저희 집으로 가세요!"

바닷가로 올라온 아버지는 딸을 발견했다.

"얘야, 여기에서 살고 있었니?"

"예, 아버지 말씀대로 고집 세고 못된 제가 이 마을을 만들었답니다. 저는 정말로 부자 노인에게 시집가기 싫었어요. 물론 아버지는 제가 너무 멋대로 행동한다고 생각하셨겠죠? 그렇지만 꼭 그런 건 아니었어요. 됐어요! 그 얘기는 그만하고 제가 살고 있는 집으로 가요!"

"네 집이 어디에 있단 말이냐?"

"툰드라에 있어요. 저기로 가면 돼요."

집에 도착하여 딸이 말했다.

"여기에 나의 못된 아버지가 오셨다. 나의 아버지는 나를 버렸어. 음식을 드리도록 해라. 기름진 순록을 잡아라.

드실 수 있는 것을 모두 드려라. 골수, 고기, 생선 모두 드려라."

다 먹고 난 뒤 딸이 아버지에게 물었다.

"어때요? 맛있게 양껏 충분히 드셨나요?"

"그래! 정말 잘 먹었다. 고맙다. 네 엄마와 이곳에 와서 살고 싶구나."

"물론이죠, 당장 이곳으로 옮겨 오세요. 세상에! 아버지! 너무 많이 늙으셨어요. 그런데 어쩌죠? 하는 수 없지만 더 폭삭 늙으셔야겠어요!"

이 말이 끝나기 무섭게 유목민에게 말했다.

"내 아버지를 아주 폭삭 늙게 만들어라!"

아버지는 강렬하게 저항했다.

"싫다, 싫어! 나는 늙고 싶지 않구나! 더 살고 싶어!"

하지만 딸은 미동도 않고 아버지에게 말했다.

"폭삭 늙으셔야 합니다! 아버지는 저를 고통 속으로 밀어 넣으셨어요! 저도 아버지 말을 듣지 않았지만 아버지도 제 말을 듣지 않았어요. 지금 아버지에게 단호하게 말합니다. 폭삭 늙으시라고요! 그리고 죽으시라고요!"

"그래 좋다! 네가 원한다면 기꺼이 죽겠다!"

"제가 죽었다면 아버지는 고통으로 괴로워하다가 돌아가셨을 거예요. 하지만 제가 살아 있는 것을 봤으니까 이제는 편안한 마음으로 돌아가실 수 있을 거예요. 순록 고기, 해마 고기, 바다표범 고기 가질 수 있는 것은 모두 가지고 가세요. 아버지가 돌아가시면 제 아이들이 높은 산으로, 툰드라로 모셔다 드릴 거예요. 아무 걱정 마시고 편안히 눈을 감으세요. 아버지는 저를 죽음으로 내몰았어요. 이제는 제가 아버지에게 말합니다. 돌아가셔야 해요!"

유목민과 바닷가 사람에게 말했다.

"벨트를 준비해라![25]"

아버지의 머리 위에 벨트를 준비하고 벨트에 올가미를 씌우자 딸이 말했다.

"목에 걸어라!"

목에 벨트를 걸자 딸이 말했다.

"자, 잡아당겨라!"

벨트를 잡아당기자 아버지는 숨이 막히면서 곧 죽음에 이르렀다. 아버지의 죽음을 확인한 딸이 말했다.

"자, 가거라! 바닷가 남자도 유목민도 남자는 모두 출발해라. 내 아버지는 아주 나쁜 사람이다, 아주 나쁜 사람이야! 순록 썰매에 아버지를 묶어서 툰드라로 가거라!"

---

25) 추콧카 에스키모 설화에는 노환이나 중병에 걸린 사람들을 질식시켜 안락사시키는 것이 거의 공식처럼 등장한다.

툰드라로 출발했다. 툰드라에 도착한 뒤 아버지를 태우고 온 순록들을 그 자리에서 죽인 뒤 가죽을 벗겼다. 메메레넨 아가씨가 말했다.

"자, 집으로 가자! 내 아버지와 순록은 저대로 놓아두면 된다."

그렇게 놓아둔 채 집으로 가는 도중에 아가씨가 말했다.

"이렇게 허망하게 내 아버지가 돌아가셨구나."

아버지가 돌아가신 다음 날 메메레넨 아가씨가 말했다.

"세상에! 어쩌면 이럴 수가! 하루 사이에 내가 아주 폭삭 늙어 버렸구나. 바닷가 사람들아! 유목민들아! 내가 아주 폭삭 늙었다는 건 너희에게는 좋은 일이란다. 내가 만든 순록 고기, 해마 고기, 바다표범 고기를 먹게 해 다오. 모두 나와 함께 먹자. 그리고 벨트를 준비해라."

바닷가 사람과 유목민들이 기겁을 했다.

"할머니, 왜 그러세요? 돌아가시려고요? 이렇게 멋진 삶을 만드신 지 얼마 되지도 않았는데… 벌써 돌아가시려고요?"

"이 정도면 충분히 살았다. 벨트를 이리 가져오너라."

직접 벨트를 목에 걸고는 말했다.

"내가 죽으면 아버지 곁으로 데려다 다오. 내 아버지는 순록을 기르지 않았지만 순록에 태워 툰드라로 모시고 갔다. 부탁이니 나를 순록에 태우지 말고 직접 손에 들고 툰드라로 가 다오."

남자들이 앞장섰다. 아가씨의 유언대로 직접 손에 들고 갔다. 툰드라에 갖다 놓고 집으로 돌아온 뒤 사람들이 말했다.

"그러고 보니 예전에는 우텐 마을이 없었어. 정말 메메레넨 할머니에게 감사드려야만 해. 우리를 만드신 분이야. 이제 우리의 삶은 더 윤택해질 거야. 이미 지금도 충분히 윤택하지만 말이야. 이제부터 우텐 마을은 점점 번창할 거야. 남자들도 시간이 갈수록 늘어 가겠지. 우리 할머니가 이 모든 것을 만드셨어. 순록, 바다표범, 해마, 고래… 모두 할머니가 만드셨어. 이 마을에서 할머니의 손을 거치지 않은 것은 하나도 없어."

* * *

마지막으로 이야기를 들려준 사람이 말했다.

"실제로 지금도 밋쿨린 마을 북쪽에 우텐 마을이 있지. 장난감으로 만들어진 우텐 마을 사람들은 규모가 큰 부족을 이루었지만 서로 떨어져 살았지. 누군가는 순록을 사육하면서, 누군가는 바닷가에서… 그렇지만 우텐 마을에는 지금도 장난감으로 만들어진 사람들의 후손이 살고 있지. 밋쿨린 마을에 사는 예투기의 엄마도 우텐 마을 출신인데 조상이 장난감에서 만들어졌다고 하더군. 이렇듯 장난감으로 만든 우텐 마을 사람들의 후손은 아직도 무척 많단다."

해협이 만들어지다

먼 옛날 이네틀린과 이메겔린은 같은 섬이었다. 하지만 유럽인들은 이 사실을 모른다. 두 섬에는 에스키모인들이 살았고 무척 많은 양의 해마와 바다표범을 잡았다. 몇몇은 툰드라에서 순록을 사육했다.

이들 중 텝켈린이 가장 부유했다. 힘도 셌고 행운도 따랐다. 많은 양의 식량을 비축해 두었기 때문에 그의 창고에는 고기가 넘쳐 났다. 그는 아내와 단둘이 살았다.

어느 여름날, 텝켈린은 동물 가죽으로 만든 배를 타고 바다에서 사냥을 하고 있었다. 무척 화창한 날이었다. 바다표범이 쉬지 않고 물 위로 떠올랐지만 텝켈린은 작살을 던지지 않았다. 덩치가 더 큰 놈이 나타나기만을 기다렸다. 기다리다 지친 텝켈린은 먼 바다로 나갔다. 얼마 간 것 같지 않았는데 마을이 아득하게 보일 정도로 아주 먼 곳으로 나가고 말았다.

텝켈린은 그곳에 멈추어서 바다표범이 나타나기만을 기다렸다. 몇 시간 뒤 텝켈린의 눈앞에 엄청나게 큰 바다표범이 나타났다. 텝켈린은 침착하게 작살을 던졌고 작살은 바다표범의 뺨에 가서 꽂혔다. 바다표범은 그 상태로 바다를 질주했다. 텝켈린도 놈을 따라 바다를 달렸다. 바다표범은 점점 힘을 잃어 갔고 텝켈린은 힘이 빠진 놈을 배 위로 끌어 올리려고 했다. 태양은 이미 저물었고 사방은 어둠에 싸여 있었다. 텝켈린은 빨리 집으로 돌아가기 위해 서둘렀다. 태양은 순식간에 완전히 모습을 감추었다.

그 순간 갑자기 물속에서 한 번도 본 적이 없는 이상한 짐승이 뛰쳐나오더니 발톱으로 텝켈린의 등을 움켜잡았다. 텝켈린이 떼어 내려고 애를 쓰면 쓸수록 짐승은 발톱으로 등을 더 심하게 더 깊게 할퀴었다. 텝켈린은 너무 고통스러워 더 이상 노를 저을 수 없는 지경에 이르렀다. 하지만 마지막 남은 힘까지 다해 바닷가를 향해 노를 저었다.

다시 한번 짐승을 등에서 떼어 내려고 힘을 써 봤지만 짐승이 너무 세게 달라붙어 있어서 도저히 불가능했다. 상처가 난 곳에서 피가 흘렀다. 이제 조금만 더 가면 바닷가에 닿을 것이다! 그곳에 가면 분명 살아날 수 있을 것이다! 텝켈린은 고통을 참으면서 마지막 남은 힘을 다 짜내어 노를 저었다. 정말로 바닷가는 지척에 있었고 사람들은 그곳에서 텝켈린을 기다리고 있었다. 텝켈린은 완전히 녹초가 되어 있었다. 배가 바닷가 가까이 가자 텝켈린이 사람들에게 소리를 질렀다.

"내 등 뒤에 이제껏 보지 못한 이상한 짐승이 달라붙어 있답니다! 이 짐승을 떼어 주세요. 그것만이 제가 살 수 있는 길이랍니다."

뱃머리를 모래사장에 대자 사람들이 텝켈린을 땅으로 끌어냈다. 정말이었다. 텝켈린의 등에는 이상한 짐승이 달라붙어 있었다. 짐승을 떼어 바닷가에 던진 뒤 그를 부축하여 집으로 데리고 갔다. 이 짐승이 할퀴는 바람에 등은 상처투성이가 되었다. 사람들이 텝켈린에게 말했다.

"당신을 괴롭힌 그 짐승을 잡고야 말겠소! 이제부터 우리가 어떻게 하면 될까요?"

텝켈린은 그 짐승을 잡으면 가죽을 벗겨 바다에 처넣으라고 했다. 밤이 되자 모두가 잠이 들었다. 텝켈린도 잠이 들었다. 한밤중이 되자 바람이 강하게 불었고 마을 바로 밑의 바닷가에는 파도가 점점 심하게 들이치고 있었다.

텝켈린은 옷을 챙겨 입고 재빨리 밖으로 나갔다. 파도는 이미 바닷가 첫 번째 집을 덮치고 있었다. 사람들은 산 위로 도망치기 시작했다. 주위는 개들의 울음소리, 사람들의 고함 소리, 파도 소리로 아비규환이었다. 곧 파도가 텝켈린의 집까지 왔다. 텝켈린은 아내에게 산 위로 가라고 소리쳤다. 그때 아주 거대한 해일이 밀려와서 집을 부순 뒤 텝켈린과 아내를 바다로 끌고 갔다. 이렇게 텝켈린과 아내는 바닷속 깊은 곳에서 죽음을 맞이했다.

밤새 쉬지 않고 바다가 포효했다. 많은 사람들이 죽었고 많은 개들이 물에 빠졌으며 집들은 파도에 의해 바닷속으로 쓸려 갔다. 새벽이 되자 바람은 더 심해졌고 안개가 자욱이 깔렸으며 산은 먹구름에 싸여 있었다. 날이 밝자 드디어 바람이 잠잠해졌다. 살아난 사람들은 산에서 자신이 살던 마을을 망연히 바라보았다. 해가 떠올랐다! 폭풍우 같은 파도가 휩쓸고 간 마을에는 포화만이 남아 있었다. 전쟁보다 심한 파도의 공격이 끝난 뒤 마을에는 아주 작은 길만 남겨졌다. 이렇게 해서 해협과 이네틀린섬, 이메겔린섬이 만들어졌다.

샤먼 이야기

이키추린스키, 콜류친스키, 나우칸카

아주 오래전에 샤먼 이키추린스키[26], 콜류친스키[27], 나우칸카[28]가 있었다. 나우칸카는 시집을 갈 생각이 전혀 없었다. 어느 날 샤먼 의식 때 이키추린스키와 콜류친스키가 만났다. 그 자리에서 콜류친스키가 이키추린스키를 집으로 초대했다. 다음 날 잠에서 깨어난 이키추린스키는 엄마에게 콜류친스키 집에 놀러 간다는 말을 남긴 뒤 길을 나섰다. 이키추린스키는 한참을 걸어 콜류친스키 집에 도착했다. 안에 앉아 있던 콜류친스키가 인기척을 듣고는 물었다.

"거기 누구요?"

"이키추린스키야."

"들어와. 정말로 왔구나. 아주 배가 터지게 먹어 보자."

콜류친스키의 엄마는 맛있는 음식을 가지가지 내놓았다. 어린 새 요리도 있었다. 배불리 먹은 샤먼들은 잠시 쉬

---

26) 이키추린 마을의 사람이라는 의미다.

27) 콜류친 마을의 사람이라는 의미다.

28) 나우칸이라는 에스키모인 마을의 사람이라는 의미다.

기로 했다. 어차피 저녁에는 별로 할 것이 없었다. 콜류친스키가 북을 꺼내면서 말했다.

"자, 한번 신나게 놀아 보자."

이키추린스키가 샤먼 주술을 외우자 콜류친스키가 물었다.

"네가 누구를 보조령으로 택할지 정말 궁금한데?"

"가마우지. 그러면 너는?"

"여우. 너, 혹시 죽어도 시집을 안 가겠다고 고집을 피우는 나우칸카를 아니?"

"왜 물어보는데? 혹시 너! 그녀에게 관심 있는 거 아니야?"

"맞아! 그녀에게 가 보자! 사람들 말로 무척 예쁘대."

"좋아, 가자! 그런데 이것만은 알아 둬. 난 네 여우를 믿지 않아."

"그렇다고 의심은 하지 마. 지금 바로 가자. 나우칸카는 매일 자신을 지켜 주는 공을 만드는데 오늘부터 3일 동안은 만들지 않을 거래."

길을 나선 샤먼들은 한참을 걸었다. 콜류친스키는 여우로, 이키추린스키는 가마우지로 변했다. 여우는 냄새를 맡느라 킁킁거리면서 이리저리 뛰어다녔다. 이키추린스키가 말했다.

"이봐, 여우, 빨리 가자."

계속 길을 재촉했다. 얼마나 갔을까? 한참을 걸어가다 갑자기 이키추린스키가 물 아래로 들어갔다. 콜류친스키가 왜 그러냐고 물었다.

"정말로 안 보여? 나우칸카의 보초들이 우리를 찾고 있어. 물 밑으로 가야 돼."

물 밑으로 나우칸카의 집에 도착한 이키추린스키가 친구에게 말을 했다.

"자 봐, 나우칸카가 나왔어. 보초가 주위를 둘러보러 가고 있어. 빨리 바위 아래에 숨자."

나우칸카가 손에 공을 들고 걸어가는데 공이 불로 변하더니 사방을 밝혀 주었다. 하마터면 불빛에 샤먼들도 드러날 뻔했다. 나우칸카는 집 안으로 들어갔다. 그 뒤를 샤먼들이 몰래 따라 들어갔다가 나우칸카의 아버지가 하는 말을 듣게 되었다.

"만일을 대비해서 내일 바닷가에 모아 둔 공을 새의 깃털로 터뜨려 보거라."

이키추린스키가 친구에게 말했다.

"바닷가로 가서 새의 깃털로 변신하자."

샤먼들은 바닷가로 가서 새의 깃털로 변신했다. 아침녘 나우칸카는 새의 깃털을 모은 뒤 하나하나 찬찬히 살펴보면서 공을 찔렀다. 이키추린스키가 변신한 깃털은 금방 내려놓았지만 콜류친스키가 변신한 깃털은 오랫동안 여기저기 만져 보았다. 왠지 좀 이상해 보였다. 하지만 콜류친스키도 내려놓았다. 나우칸카는 이번에는 터뜨린 공을 원래대로 만든 뒤 공을 시험하기 시작했다. 공은 늘 그랬듯이 불로 변하여 사방을 밝혀 주었다. 공이 얼마나 가벼운지 알아보려고 나우칸카가 공을 던졌는데 공이 갑자기 물속으로 굴러갔다. 나우칸카는 공의 뒤를 쫓아갔다. 그 순간 이키추린스키가 갑자기 해마로 변해 물속에서 뛰어나와 나우칸카를 낚아채 집으로 갔다. 콜류친스키가 이키추린스키에게 말했다.

"우리 둘이 나우칸카를 함께 잡은 것이나 마찬가지니 나우칸카를 공동의 아내로 삼는 게 어때? 얼마간은 너의 집에서, 그다음 얼마간은 우리 집에서 살게 하자."

얼마 후 나우칸카를 자신의 집으로 데려간 콜류친스키는 도무지 돌려보낼 생각을 하지 않았다. 그러던 어느 날 이키추린스키가 엄마에게 말했다.

"엄마! 자식도 손자도 없으니 너무 적적하시죠? 엄마가 나우칸카를 죽이세요. 그러면 제가 다시 살릴게요! 그렇게 해서라도 나우칸카를 다시 데리고 와야겠어요."

나우칸카는 원인 모를 병이 들었다. 콜류친스키가 살려

보려고 엄청 애를 썼으나 결국 죽고 말았다. 콜류친스키는 오랫동안 나우칸카의 장례를 치르지 않다가 엄마의 성화에 못 이겨 장례를 치렀다. 이키추린스키가 엄마에게 말했다.

"엄마! 콜류친스키가 나우칸카의 장례식을 치렀대요. 그녀에게 가 볼게요."

잠시 후 갑자기 지붕이 갈라지면서 아들이 들어왔다.

"엄마! 놀라지 마세요, 지금 제가 나우칸카를 데리고 왔어요. 몸이 꽁꽁 얼었어요. 빨리 녹여야 돼요."

"그런데 그게 가능하겠니?"

이키추린스키가 열과 성을 다하자 하늘도 감복했는지 나우칸카의 몸이 녹기 시작했다. 차츰 혈색이 돌아왔고 금세 예전과 다름없는 모습을 되찾았다. 언 몸이 완전히 녹고 나서 이키추린스키가 나우칸카의 몸을 한 차례 세게 때리자 활기를 되찾았다. 그렇게 해서 이키추린스키는 이후 영원히 행복하게 살게 되었고 욕심이 과했던 콜류친스키는 쓸쓸히 혼자 살게 되었다.

랍클라볼과 고아 샤먼

오래전에 랍클라볼이 아내, 아들과 살고 있었다. 아들은 장성해서 혼자 조각배를 타고 사냥을 다녔다. 이날도 평소와 다름없이 혼자 조각배를 타고 사냥을 나섰다. 그런데 날씨가 돌변하여 맑던 하늘에 먹구름이 자욱하게 끼더니 한 치 앞도 보이지 않았다. 도무지 방향을 잡을 수가 없었다. 랍클라볼은 아들을 초조하게 기다렸다. 아들은 끝내 돌아오지 않았고 그렇게 몇 달이 흘렀다. 랍클라볼은 아들이 어딘가에서 죽은 것이 분명하다고 생각했다. 랍클라볼은 답답한 나머지 샤먼 의식을 거행하기로 결심했다. 마을의 모든 샤먼들을 초대했는데 거기에는 고아 샤먼도 끼어 있었다. 샤먼들에게 말했다.

"한 달 동안 샤먼 의식을 하겠소. 끝내 아들을 찾지 못하면 나를 죽여 주시오."

그렇게 하여 모든 샤먼이 모여 의식을 거행했는데 고아 샤먼은 둘째 날 참석할 예정이었다. 둘째 날 고아 샤먼이 샤먼 의식에 가기 위해 절벽을 따라 걸어가고 있었다. 절벽 중간쯤 왔을 때 누군가 자신을 부르는 소리를 들었다. 돌아다보니 낯선 남자가 서 있었고 옆에는 이제껏 한 번도 본 적이 없는 유르타가 있었다. 세상에! 절벽에 유르타라니!

"이봐! 이리 와 봐!"

"무슨 일인데? 안 돼. 샤먼 의식에 참석해야 해. 가서 실컷 먹고 싶어."

"우리 유르타 안으로 들어가자. 내가 랍클라볼의 아들 찾는 것을 도와줄게."

고아 샤먼이 남자를 따라 유르타 안으로 들어가자 남자가 아내에게 말했다.

"북을 주시오."

아내가 북을 주었다. 알고 보니 이 남자는 제비였다. 남자는 주문을 외우기 시작하더니 잠시 후 완전히 몰아지경에 빠져들었다. 그 순간 느닷없이 두 마리 악령 새가 커튼 안으로 날아왔고 커튼에 구멍이 두 개 뚫렸다. 남자가 주문을 외우는 동안 구멍으로 바닷물이 밀려왔지만 남자는 전혀 개의치 않았고 샤먼 의식을 멈추지도 않았다. 마침내 랍클라볼의 아들이 타고 나간 것으로 보이는 조각배의 선미가 보였다. 악령 새는 배 옆으로 가더니 물속으로 모습을 감추었다. 남자가 고아 샤먼에게 말했다.

"자, 이제는 네가 주문을 외워 봐! 내가 했던 것과 똑같이 해야만 돼!"

고아 샤먼이 주문을 외우기 시작했다. 남자가 했던 것과 똑같이 하자 남자가 고아 샤먼에게 말했다.

"잘했어. 이제는 가도 되겠어. 샤먼 의식 때 내게 배운 대로 해. 알았지?"

"알겠어, 그렇게 할게."

고아 샤먼이 샤먼 의식이 거행되는 곳으로 가고 있을 때 랍클라볼이 다른 샤먼들에게 말했다.

"두고 보시오! 고아 샤먼이 곧 이리로 올 거요."

샤먼들은 의식을 거행하면서 서로 질세라 앞다투어 랍클라볼에게 엉뚱한 말만 늘어놓았다.

"당신의 아들은 이미 이 세상에 없소."

"당신의 아들은 이미 죽었소."

"잘 모르겠소."

그런데 누군가 걸어오는 것이 보였다. 샤먼들이 말했다.

"저기 누가 오고 있네. 개 가죽으로 만든 옷을 입고 있는데."

랍클라볼이 말했다.

"고아 샤먼일 거요. 이리로 오라고 하시오!"

샤먼들이 고아 샤먼을 불렀다. 랍클라볼이 고아 샤먼에게 말했다.

"그래, 이제는 네가 샤먼 의식을 해 봐라."

"아닙니다, 저는 못 합니다. 저는 의식을 할 줄 모릅니다."

"그렇다면 아주 조금만이라도 해 봐라."

고아 샤먼이 모닥불 근처에서 샤먼 의식을 시작했다. 제비가 하던 대로 주문을 외우니 아닌 게 아니라 청년도 잠시 후 몰아지경에 빠져들었다. 그 순간 악령 새가 날아들어왔다. 앉아 있던 샤먼들은 서로를 물끄러미 바라보다 고아 샤먼의 영험함에 놀라 떡 벌어진 입을 다물지 못했다. 샤먼들은 모두 약속이나 한 듯이 말없이 일어나서 줄행랑을 쳤는데 얼마나 당황했는지 옷을 가져가는 것조차 잊고 있었다. 커튼 구멍으로 바닷물이 밀려오더니 그 뒤로 조각배의 선미가 보였다. 고아 샤먼이 랍클라볼에게 말했다.

"자, 잘 지켜보셔야 합니다. 제가 의식을 계속하는 동안 당신은 조각배를 잡아 끌어내십시오."

샤먼 의식이 다시 거행되었다. 랍클라볼은 자신이 만든 조각배를 단번에 알아보았고 조각배를 커튼 밖으로 끌어냈다. 고아 샤먼과 랍클라볼은 힘을 합쳐 사냥 나갔던 아들을 배에서 끌어 내렸다. 의식이 끝난 뒤 랍클라볼은 고아 샤먼을 썰매에 태워 집으로 데리고 와서 맛있는 음식을 푸짐하게 대접했다.

죽은 아들을 살려 낸 샤먼

오래전에 샤먼이 살았다. 어느 날 아주 먼 곳에 사는 샤먼이 찾아와 도움을 요청했다. 아내가 샤먼에게 말했다.

"너무 불안해요. 지금 우리 아들이 많이 아파요. 가지 마세요. 죽으면 어떡해요?"

"걱정하지 마오. 혹시라도 죽으면 내가 다시 살려 내겠소."

샤먼은 아주 먼 길을 떠났다. 샤먼이 떠난 직후 아들이 죽었다. 엄마는 아들의 장례를 치르지 않고 있었다. 엄마는 아들을 문 옆에 뉘어 놓았다. 3년이 지난 어느 늦은 밤, 드디어 샤먼이 돌아왔다. 아내가 샤먼에게 말했다.

"오셨군요. 안으로 들어가세요."

샤먼은 안으로 들어가서 죽은 아들을 어루만지면서 말했다.

"도대체 이게 무슨 일이냐?"

샤먼에게는 다섯 개의 북이 있었다. 두 개는 문 옆에, 두 개는 앞쪽 벽에, 하나는 집 중앙에 걸려 있었는데 모두 장식이 달려 있었다. 샤먼이 북을 치기 시작했다. 처음에는 북 하나를 치면서 샤먼 의식을 시작했다. 지하 세계로 갔다. 곧 다시 돌아와서 앞쪽 벽에 걸려 있던 북 하나를 그 자리에서 찢어 버렸다. 아들을 찾을 수 없었던 것이다. 다른 북을 들고 의식을 시작했다. 바닷속 깊은 곳에 들어갔지만 아무 성과 없이 돌아왔다. 앞쪽 벽에 걸려 있던 다른 북도 찢어 버렸다. 이렇게 하여 샤먼은 차례차례 북 네 개를 찢어 버렸다. 결국 집 중앙에 걸어 놓은 북 하나만 남았다. 샤먼은 이 북을 들고 북극성으로 날아갔다. 북극성에는 뚱뚱한 땅딸보 정령 얄라우트가 살고 있었다. 샤먼은 얄라우트를 찾아갔다. 얄라우트가 말했다.

"다섯 번째 우주에 있는 악령들이 네 아들을 잡아갔어. 이틀 뒤면 악령이 네 아들을 죽여 음식을 만들 거야."

"내 순록 썰매를 가지고 가. 한 썰매에는 북이, 다른 썰매에는 방울이 매달려 있어. 도움이 될 거야."

집으로 돌아온 샤먼이 아내에게 말했다.

"내일 당장 떠나야겠소. 이틀 뒤 우리 순록 중 가장 튼실한 놈을 죽인 뒤 유르타 옆으로 끌고 가서 배가 동쪽을 보게 놓아두시오."

다음 날 샤먼은 어스름이 아직 걷히지 않은 이른 시간에 얄라우트를 찾아갔다. 얄라우트가 샤먼에게 말했다.

"내 말 잘 들어! 누가 너를 불러도 절대 대답하면 안 돼!"

샤먼은 얄라우트의 순록을 타고 길을 떠났다. 세 번째

우주를 지났다. 한 치 앞도 보이지 않을 만큼 칠흑처럼 어두웠다. 드디어 다섯 번째 우주에 도착했다. 구멍으로 안을 들여다보니 여섯 명의 악령이 있었다. 샤먼은 무슨 일부터 시작해야 할지 생각에 생각을 거듭했다.

'악령들을 재워야겠다.'

주술을 걸자 악령들이 갑자기 하품을 하더니 하나둘 잠에 빠져들기 시작했다. 노인 악령이 다른 악령들에게 말했다.

"왜 이렇게 졸음이 쏟아지는 거지? 샤먼의 아들이 무언가 계략을 꾸민 건 아닐까. 그 아이에게 가 봐야겠어."

노인 악령도 이 말을 마치기 무섭게 잠에 곯아떨어졌다. 악령들이 모두 잠든 뒤 집 안을 뒤지던 샤먼은 손발이 꽁꽁 묶인 아들을 발견했다. 밖으로 끌어냈다. 아들을 꿀꺽 삼킨 뒤 서둘러 집으로 향했다. 다음 날 잠에서 깬 악령들은 어젯밤 일을 도무지 이해할 수가 없었다. 놀라서 기절초풍할 지경이었다. 노인 악령이 물었다.

"그런데 저기 묶여 있던 인간은 어디에 갔느냐?"

상황을 눈치챈 발 빠른 두 악령이 샤먼의 뒤를 쏜살같이 쫓아왔다. 샤먼은 이내 악령들이 쫓아오는 걸 알아차렸다. 악령들이 샤먼을 잡기 직전 갑자기 악령들 앞에 샤먼의 개가 나타났다. 개가 악령들에게 달려들었지만 악령들을 물리치기에는 역부족이었다. 악령들이 다시 샤먼을 쫓아왔다. 샤먼은 네 번째 우주를 지났고 다시 악령들과의 거리가 아주 좁혀졌다. 샤먼이 타고 있는 썰매의 뒤에는 북과 방울이 매달려 있었다. 북에는 장식품까지 달려 있었다. 샤먼은 북을 떼어 내 악령들에게 던졌다. 날아오는 북을 발견한 첫 번째 악령은 위쪽으로 뛰어올랐다. 덕분에 귀 언저리에 북이 걸렸지만 북을 미처 보지 못한 두 번째 악령은 쏜살같이 달려오다 북에 걸리고 말았다. 결국 두 악령은 서로 엉키었고 이로 인해 싸움이 시작되었다. 악령들은 북을 찢은 뒤 다시 샤먼의 뒤를 쫓아왔는데 얼마 지나지 않아 거리가 다시 좁혀졌다. 샤먼은 이번에는 방울을 떼어 내 악령들에게 던졌다. 방울을 발견한 한 악령이 방울을 잡아 귀에 걸었다. 그런데 그 순간 방울을 보지 못한 다른 악령이 쏜살같이 달려오다 방울에 몸이 걸리면서 다시 싸움이 시작되었다. 방울이 망가졌다.

샤먼은 세 번째 우주를 통과했다. 그 순간 악령들이 샤먼 앞에 불쑥 나타나서 샤먼을 잡으려 했다. 샤먼이 차분한 목소리로 말했다.

"나를 구해 줄 순록아! 너는 대체 어디에 있느냐?"

샤먼의 말이 끝나기 무섭게 옆쪽에서 순록이 불쑥 튀어나와 악령들을 들이받았다. 악령들에게는 순록이 보이지 않았다. 화가 난 한 악령이 멈추어서 다른 악령에게 들이댔다.

"이봐, 무슨 일이야? 나한테 왜 이러는 거야? 이렇게 심하게 들이받아도 되는 거야?"

이런 이상한 상황에 악령들은 혼이 빠질 정도로 당황했고 있는 힘을 다해 오던 길로 되돌아가면서 이 말만 계속 되풀이했다.

"이봐, 대체 왜 이렇게 이상한 일만 생기는 거야? 도대체 어디서부터 잘못된 걸까?"

악령들은 도망갔고 순록은 악령들을 쫓아갔다. 집에 도착한 악령들이 소리쳤다.

"빨리 문을 열어 줘요!"

문을 열어 주자 악령들은 쏜살같이 안으로 들어갔고 집에 있던 악령들의 멱살을 붙잡고 아귀다툼했다. 그사이 샤먼은 아들과 함께 집으로 돌아왔고 샤먼 의식을 하자 죽었던 아들이 거짓말같이 살아났다.

악령을 혼내 준 샤먼 킥바트

네텐 마을에 샤먼 킥바트[29)]가 살았다. 당시 북쪽에서부터 무시무시한 유행병이 불길처럼 번지고 있었다. 곳곳에서 사람들이 죽어 나갔다. 불행 중 다행으로 네텐 마을에는 아직 병이 창궐하지 않았다. 샤먼 킥바트가 네텐 마을 사람들에게 말했다.

"오늘 밤 절대 잠들면 안 됩니다. 오늘 밤 우리 마을에 병이 찾아올 거예요. 제가 유심히 지켜보다 소리를 지르면 모두 제 곁으로 달려 나오세요."

킥바트는 샤먼의 옷으로 갈아입고 늦은 밤 집을 나섰다. 집에서 멀지 않은 곳의 눈 속에 구덩이를 판 뒤 웅크리고 앉아 있었다. 한밤중이 되자마자 거대한 악령이 모습을 드러냈다. 조각배에는 천막 대신 큰 개가 묶여 있었다. 웅크리고 앉아 있는 킥바트를 발견한 악령이 물었다.

"대체 여기서 뭐 하고 있니?"

"마을 사람들이 저를 들어오지 못하게 해요. 잘 곳이 없답니다!"

---

29) '말린 고기'라는 의미다.

"잘 곳이 정 없다면 나와 함께 다니자! 원한다면 내 조수가 되어도 좋아. 먹을 것은 원하는 만큼 줄게. 내게는 별의별 종류의 고기가 다 있어."

"좋아요. 그렇게 할게요. 그러지 않아도 너무 배가 고프네요."

악령은 잠시 뚝딱거리더니 동물 가죽으로 집을 만들었고 그들은 그곳으로 들어갔다. 악령이 킥바트에게 말했다.

"조각배에 고기가 있어. 가서 원하는 대로 골라 먹어."

킥바트는 조각배로 갔다. 죽은 사람의 코도 있고 아직 줄에 묶인 채로 살아 있는 사람도 있었으며 순록도 있었다. 킥바트가 순록 고기를 먹고 집으로 들어가니 악령이 물었다.

"이미 오래전부터 이 마을에 킥바트라는 대단한 샤먼이 있다는 소문을 들었어. 그가 어디에 사는지 알지? 이 마을에 산다고들 하던데…."

"모르겠는데요. 이미 죽은 거 아닐까요? 그에 대한 소문은 들은 적이 없어요."

킥바트는 집에 앉아서 악령을 아주 멋지게 혼내 줄 방법에 대해 이리저리 궁리를 한 끝에 악령에게 말했다.

"잠깐이라도 바깥바람을 쐬지 않으면 미칠 것 같아요.

너무 답답해요."

"왜? 내가 두렵니? 너무 그러지 마. 나가고 싶으면 나한테 말하지 않고 나갔다 와도 돼."

"당신이 두려운 건 아니에요. 그냥 허락을 받아야 할 것 같아서요."

킥바트는 밖으로 나왔다. 나오자마자 개에게 돌진하여 죽여 버렸다. 그리고 악령에게 붙잡힌 사람들의 끈을 풀어 한 사람씩 일으켜 세운 뒤 엉덩이를 때리면서 말했다.

"빨리 집으로 가, 악령에게 붙잡혔던 곳으로 달려가란 말이야!"

킥바트가 살려 내야 할 사람은 너무 많았다. 배에 한가득이었다. 이러다간 몇 명 살리지도 못한 채 악령에게 들통날 것 같았다. 마음이 바빴다! 누군가는 이미 영혼까지 악령에게 먹힌 상태여서 일어서지 못한 채 그 자리에서 꼬꾸라졌다. 마침내 한 명도 남김없이 모두 집으로 돌려보냈다. 유르타 안에 있던 악령은 킥바트가 제법 오랫동안 들어오지 않자 불안해지기 시작했다.

'대체 내 조수는 어디에 있는 거야? 킥바트를 데리러 간 게 아닐까? 아이쿠, 킥바트를 불러오는 날이면 나는 죽었다!'

악령은 킥바트가 어디에 있는지 알아보라며 아내를 내

보냈다. 악령의 아내가 나왔다. 킥바트는 악령의 아내를 잡아 그 자리에서 죽였다. 너무 갑작스레 당한 일이라 악령의 아내는 비명 소리 한번 제대로 질러 보지 못한 채 최후를 맞이했다. 킥바트는 집 안으로 들어가 악령을 붙잡은 뒤 목청껏 소리 높여 고함을 질렀다.

"빨리, 빨리, 내게 달려오시오!"

창으로 무장한 네텐 마을 사람들이 모두 쏜살같이 달려왔다. 악령을 옴짝달싹 못 하게 꽁꽁 묶은 뒤 영원히 입을 벌린 채 살아가라고 입안에 세로로 막대기를 꽂았다.

이른 봄부터 여름 내내 네텐 마을 사람들은 악령의 입안에 구정물을 흘려 부었다. 가을 무렵이 되니 배에 가득 찬 구정물이 입 밖으로 흘러나오기 시작했다. 그때 킥바트가 악령에게 물었다.

"이래도 계속 사람들을 비웃고 조롱할 것이냐?"

"절대 안 그러겠소! 맹세하오! 이 마을 근처에는 얼씬도 하지 않겠소."

"그래! 한번 두고 보자! 약속을 지키지 않으면 내가 살아 있는 한 너를 용서하지 않을 것이다."

이렇게 말한 뒤 악령을 자유롭게 풀어 주었다. 이후 악령은 네텐 마을에는 다시는 나타나지 않았다.

꿈속에서 샤먼이 되는 사람

한 노인의 막내아들이 죽었다. 노인은 막내아들이 무척 가여워 장례식을 치르지 않은 채 집 안에 안치해 두었다. 죽은 아들이 이루 말할 수 없을 정도로 무척 보고 싶었다. 노인은 많은 샤먼들을 불렀지만 아무도 죽은 아들을 살려 내지 못했다. 결국 노인은 꿈속에서 샤먼이 된다는 사람을 만나 아들을 살려 달라고 애원했다. 이 샤먼은 꿈속에서 노인의 죽은 아들을 찾아 사방을 돌아다녔지만 도저히 찾을 수가 없었다. 잠에서 깬 샤먼이 노인에게 말했다.

"안 되겠습니다. 아들을 도저히 찾을 수가 없네요. 제게 유리구슬을 주세요. 더 멀리 떨어진 별에 가서 찾아봐야겠어요."

노인은 샤먼에게 유리구슬을 주었고 샤먼은 죽은 아들의 옆에 누우면서 노인에게 말했다.

"저는 3일 동안 잠을 잘 겁니다. 명심하세요. 저를 절대 건드리거나 깨우면 안 됩니다."

샤먼은 꿈속에서 먼 별로 갔는데 나무 근처에 늑대 두 마리가 앉아 있었다. 샤먼은 늑대에게 유리구슬을 주면서 물었다.

"혹시 여기에 우리 별에서 온 청년이 있니?"

"응! 있어. 집 안에 들어가면 맨 구석진 벽에 못에 박혀 걸려 있어."

샤먼은 집 안에 들어가서 못에 박혀 벽에 걸려 있는 남자를 보았다. 주인은 낯선 샤먼의 등장에 화가 잔뜩 났다.

"별일이야! 우리 집에서 대체 뭐 하고 있는 거요?"

"잠깐만요, 우리 별에서 온 남자를 찾고 있는데 당신 집에 있다는 이야기를 들었소."

"그렇소, 우리 집에 당신들 별에서 온 남자가 있소만 절대 줄 수 없소."

"그러지 마시고 주시오. 주지 않으면 당신과 이 집 전체를 땅으로 내려보낼 거요."

팽팽한 말다툼이 시작되었다. 집주인은 청년을 절대 줄 생각이 없었다. 밖으로 나간 샤먼은 늑대들에게 영롱하게 빛나는 유리구슬을 주면서 말했다.

"이 집을 땅으로 끌고 가거라!"

유리구슬의 아름다움에 홀딱 빠진 늑대들은 집을 땅으로 끌고 갔다. 샤먼이 집주인에게 말했다.

"자, 밖으로 나가 보시죠!"

주인은 밖으로 나갔다. 정말로 땅에 와 있는 것이 아닌가! 주인은 이만저만 당황한 게 아니었다.

"이보시오! 우리를 별나라로 도로 데려다주오. 당신에게 청년을 주겠소!"

"먼저 청년을 주면 데려다주겠소!"

주인은 흔쾌히 승낙을 하면서 청년을 내주었다. 샤먼은 청년을 집으로 데리고 갔다. 정확하게 3일 뒤 샤먼은 죽은 청년과 함께 잠에서 깨어났다. 샤먼이 청년에게 말했다.

"여름에 태양이 아무리 심하게 내리쬐어도 마을 울타리를 넘어가면 안 됩니다. 알아들었소?"

어느 여름날 태양이 무척 심하게 내리쬐었다. 청년은 샤먼의 말을 어기고 울타리를 넘어섰다. 그 순간 독수리가 청년을 덮치면서 청년은 죽고 말았다. 샤먼의 말을 듣지 않은 청년은 이번에는 정말로 영원한 죽음의 세계에 들어가고 말았다.

악령 이야기

늑대 대장이 된 할아버지 카이마치캄

먼 옛날 순록을 기르면서 아주 부유하게 살아가는 할아버지 할머니가 있었다. 할아버지의 이름은 카이마치캄이었다. 할아버지는 한시도 순록 떼와 떨어지지 않았다. 이날도 할아버지는 어김없이 순록들과 함께 있었다. 순록들은 할아버지 근처에서 여유롭게 풀을 뜯고 있었다. 그런데 순록 한 마리가 갑자기 몸을 부르르 떨었다. 그 순간 세상에! 순록의 귀에서 어린아이가 튀어나왔다. 할아버지는 아이를 집으로 데려가서 할머니에게 건넸다.

"이 아이를 키웁시다. 순록의 귀에서 나왔소. 되도록 빨리 키웁시다."

할머니는 아이를 키우기 시작했다. 할아버지는 순록과 함께 있다 집에 돌아오면 어김없이 할머니에게 물었다.

"그래 아이는 얼마나 자랐소?"

그러지 않아도 아이는 벌써 기어 다니기 시작했다. 매우 빨리 자랐다. 어느 날 할아버지가 순록을 돌보러 나가려는데 갑자기 아이 우는 소리가 들렸다. 그런데 그 소리가 점점 커졌다. 할아버지가 아이를 달래기 시작하자 순록들이 집 반대쪽으로 달아났다. 그 순간 주위를 둘러보니 집도, 할머니도 없었다. 아뿔싸! 아이가 모든 것을 먹어 치운 것이었다. 아이는 소리를 지르면서 할아버지에게 욕을 퍼부었다. 당황한 할아버지는 아이를 낳은 순록을 죽였다. 그런데 아뿔싸! 아이가 그 자리에서 순록을 허겁지겁 남김없이 먹어 치우는 것이 아닌가!

"먹고 싶어! 아무리 먹어도 배가 고파! 먹을 걸 내놔!"

할아버지는 계속하여 순록을 죽였다. 결국 순록을 다 죽였고 아이는 다 먹었지만 여전히 배고픔에 허덕였다. 이제 남은 건 할아버지뿐이었다. 결국 아이는 할아버지를 쫓아오기 시작했다. 이 아이는 아무리 먹어도 배고픔에 허덕이는 악령이었다. 할아버지는 무척 잘 달렸다. 나흘 동안 쫓아왔지만 아이는 할아버지를 잡지 못했다. 달려가다 늑대들을 만난 할아버지가 애원했다.

"제발 나를 좀 숨겨 줘! 내 아이가 나를 잡아먹으려고 쫓아오고 있어! 이 일을 어떡하면 좋아!"

"저쪽으로 가서 숨으세요!"

늑대들은 할아버지를 절벽 사이의 작은 계곡 사이에 숨겨 주면서 단단히 일러두었다.

"가만히 계세요. 절대 움직이면 안 됩니다! 명심하세요, 진한 피가 흐르면 할아버지는 살게 되지만 묽은 피가 흐르면 죽을 겁니다!"

할아버지는 절벽에 앉아서 늑대들이 아이를 죽이는 소리를 들었다. 절벽 계곡에서 올려다보니 할아버지가 숨어 있는 곳을 약간 높은 산이 에워싸고 있었다. 늑대들은 아이를 죽이자마자 그 자리에서 먹어 치울 작정이었다. 처음에는 아이의 힘을 빼기 시작했다. 아이는 지쳐 갔다. 아이가 완전히 기진맥진하자 사방에서 늑대들이 아이에게 달려들었다. 처음에는 팔을, 다음에는 다리를 뜯어 먹었다. 늑대들이 먹지 않고 남겨 두었던 아이의 다리가 눈 위를 굴러다녔다. 늑대들이 아이의 다리에 달려들어 조각조각 자르자 진한 피가 흘렀다. 아이는 그 자리에서 죽음을 맞이했다.

할아버지는 계곡에서 나와 사방을 둘러보았다. 전투가 얼마나 치열했는지 늑대의 수가 상당히 줄어 있었다. 전투가 벌어진 곳에는 눈도 남아 있지 않았다. 땅 위에는 뼈와 고깃덩이들만 뒹굴고 있었다. 할아버지가 말했다.

"이제 나는 뭘 해야 하지? 세상에! 아이가 내 집을 먹어 치우고 순록들을 모두 잡아먹었어."

늑대가 말했다.

"그냥 그렇게 걸어가다 보면 무슨 수가 생기지 않을까요?"

할아버지는 터덜터덜 힘없이 걸어가다 예기치 않게 엄

청나게 큰 늑대를 만났다. 늑대가 할아버지에게 늑대 무리와 함께 살자고 제안했다. 할아버지는 늑대들과의 생활이 무척 만족스러웠다. 3년 동안 늑대들의 대장으로 지냈다. 이것은 할아버지의 다리가 매우 빠르고 강하기 때문에 가능한 일이었다.

악령 석상

두 자매가 있었는데 얼마 전에 부모님을 여의었다. 어느 날 물을 길으러 간 동생이 석상을 발견하여 집으로 가지고 왔다. 언니는 석상을 도로 갖다 놓으라고 했지만 동생은 언니의 말을 귓등으로도 안 들었다. 주위의 다른 사람들도 동생에게 이 석상을 갖다 버리라고 했지만 동생은 막무가내였다. 동생은 이 석상에게 자신의 젖을 먹이기 시작했다.

그런데 어느 날 갑자기 석상이 눈을 뜨더니 숨을 쉬기 시작했다. 동생은 석상 돌보는 일을 멈추지 않았다. 언니가 동생을 나무랐다. 얼마 뒤부터 석상이 울면서 떼를 부리는 바람에 석상을 손에 들고 달래야만 했다. 떼를 부릴 때마다 석상은 등불을 피울 때 쓰는 기름을 먹어 치웠다. 그러면 언니는 고기를 더 많이 삶아야 했다. 언니는 석상에 악령이 들어가 있는 것 같으니 석상이 자는 틈을 타서 도망가자고 했다. 그 전에 자매는 도망가면서 먹을 음식과 석상에게 줄 음식을 준비했다. 자매는 자는 석상 옆에 고기를 놓아두고 순록 썰매를 타고 한적한 툰드라로 떠났다.

얼마 지나지 않아 잠에서 깨어난 석상은 울면서 먹을 것을 달라고 보채기 시작했다. 석상은 오랫동안 소리를 지르면서 사람을 찾았지만 인기척이 없자 옆에 놓인 고기를 먹기 시작했다. 고기를 남김없이 먹어 치운 석상은 자매가 도망간 사실을 눈치채고 그 뒤를 쫓아 나섰다. 석상은 자매가 어디로 갔는지 단번에 알아냈고 자매들은 순록의 다리가 안 보일 정도로 빠른 속도로 순록을 몰아갔다. 그런데 아뿔싸! 앞에 강이 나타났고 강 맞은편 기슭에는 어마어마하게 거대한 괴물 딱정벌레가 앉아서 이를 잡고 있었다. 언니는 괴물 딱정벌레에게 사정사정 애원했다.

"할머니! 우리를 맞은편 기슭으로 건네주세요! 제발 부탁이에요!"

"기다려 봐라. 이 한 마리만 더 잡고 나서 건네주마!"

자매는 통사정을 하면서 더 간절하게 애원했다. 드디어 딱정벌레가 다리를 쭉 폈다. 딱정벌레의 다리에 올라탄 자매는 무사히 강 맞은편 기슭으로 건너갔다. 살아난 샤먼의 석상도 강에 와서 괴물 딱정벌레에게 강을 건너게 해 달라고 애원했다.

"할머니! 제발 부탁이에요! 빨리 맞은편 기슭으로 건너가게 해 주세요!"

"알았다. 그런데 이 한 마리 더 잡을 동안 조금만 기다려라."

괴물 딱정벌레는 하던 일을 계속했다. 이 시간 자매는 석상으로부터 더 멀리 도망을 갔다. 자매는 정말 오랫동안 달려 결국 악령을 따돌렸다. 갑자기 큰 유르타가 있어 안으로 들어갔더니 노부부가 살고 있었다. 그 시각 석상은 강을 건너게 해 달라고 괴물 딱정벌레를 계속 조르고 있었다.

"알았다. 이제 건네주마."

딱정벌레가 다리를 쭉 폈는데 이번에는 자매를 건네줄 때 내민 다리가 아닌 다른 쪽 다리였다. 딱정벌레의 다리에 올라탄 석상도 강을 건너고 있었다. 강 중간쯤 오자 딱정벌레가 순식간에 다리를 휙 돌리는 바람에 석상은 떼구루루 굴러 그대로 물에 빠지고 말았다.

노부부의 집에서 잠시 휴식을 취한 자매는 석상으로부터 더 멀리 도망갈 준비를 했다. 노부부는 조금 가다 보면 다섯 갈래의 갈림길이 나타날 것이라고 알려 주었다. 첫 번째 길은 얼음길이고, 두 번째 길은 영혼들의 길이며, 세 번째 길은 악령의 길이고, 네 번째 길은 아주 걷기가 힘든 늪지이고, 다섯 번째 길은 사람의 길이라고 했다. 길을 떠난 자매들은 얼마 지나지 않아 곧 다섯 갈래의 갈림길에 들어섰다. 동생은 이번에도 언니의 말을 듣지 않았다. 동생 때문에 자매는 악령의 길로 들어섰다. 길을 따라 걷는데 갑자기 악령들이 자매를 공격해 왔다. 언니는 악령들을 달콤한 말로 유혹하면서 자신들을 놓아 달라고 손이 발이 되도록 간절하게 빌었다.

"지금 우리를 놓아주면 아주 기름지고 맛있는 사람들을 데려다줄게요."

"갔다 오너라. 그런데 빨리 돌아와야 한다."

악령들의 길을 빠져나온 자매는 사람의 길로 냅다 달려갔다. 사람들이 사는 마을에 도착한 자매는 마음 편히 행복하게 살기 시작했다.

사냥꾼과 악령

바닷가 외딴집에 부부와 아이들이 살고 있었다. 그해는 동물 사냥이 거의 불가능했다. 대체 동물들은 어디로 떠난 걸까? 모두 앉은 자리에서 굶어 죽을 판이었다. 아버지는 무슨 수를 쓰든 가족의 생계를 이어 가야만 했다. 툰드라로 사냥을 가기로 결심했다. 얼마나 걸었을까! 갑자기 유르타가 보여 안으로 들어가니 사람의 시체가 있었다. 선반에는 사람의 머리, 혀, 눈이 가지런히 얹혀 있었다. 출입문 근처에는 막 죽은 시체가 있었다. 사냥꾼은 뒤늦게나마 이 유르타가 악령이 사는 곳이라는 사실을 깨달았다. 이때 커튼 뒤에서 환호성이 울려 왔다.

"거기 누구야?"

머리가 헝클어진 여인 악령이 불쑥 튀어나와서 왜 왔냐고 물었다. 사냥꾼은 사실대로 모두 말했다. 악령이 말했다.

"저 커튼 안에 들어가서 내 아들을 좀 돌봐 줘. 금방 돌아와서 먹을 걸 줄게."

사냥꾼은 여인 악령의 아들과 단둘이 남겨졌다. 아기 악령은 훌쩍거리다가 이내 기 넘어가는 소리를 지르면서 울었다. 배가 고픈 것이 분명했다. 그런데 엄마가 못 먹게 하는 것 같았다. 사냥꾼은 이곳에서 도망치기로 마음먹었다. 가죽 위에 아이를 냅다 팽개치고 유르타를 나와 옆에 있는 창고로 들어가서 순록 고기, 해마 고기를 가지고 달아났다. 얼마나 시간이 흘렀는지도 알 수 없다. 그런데 갑자기 땅이 흔들리면서 사냥꾼을 쫓아오는 여인 악령의 노랫소리가 들려왔다. 이제 어떻게 해야 하나? 문득 앞을 보니 허름하고 군데군데 구멍이 숭숭 뚫려 있으며 반쯤 허물어진 유르타가 있었다. 안으로 들어가려는 순간 노파가 밖으로 나와 사냥꾼을 맞아 주었다. 사냥꾼은 저간의 사정을 모두 들려주었다.

"빨리 우리 집으로 들어오게. 자네를 지팡이로 변신시켜 주겠네. 여인 악령이 자네를 쫓아오고 있어."

노랫소리가 점점 가까워졌다. 노파의 집에 도착한 여인 악령은 노파에게 사냥꾼을 보았냐고 물었다. 노파는 시침을 뚝 떼면서 못 봤다고 말했다. 여인 악령은 앞으로 계속 걸어갔다. 한참 뒤 여인 악령이 유르타에서 완전히 멀어지자 노파가 지팡이를 바닥에 두드리면서 소리쳤다.

"다시 사람이 되어라."

사냥꾼이 노파에게 감사의 말을 하면서 짐을 어깨에 둘러메자 불쑥 노파가 말했다.

"이 지팡이를 가지고 가게. 자네에게 많은 도움이 될 것이네. 여인 악령이 자네를 계속 쫓아갈 것이야. 뒤에서 발자국 소리가 들리면 지팡이를 땅에 꽂고 뛰어넘은 뒤 꼭 다시 챙겨서 가지고 가야 하네. 잊지 말게!"

노파의 유르타를 나온 사냥꾼은 집을 향해 계속 걸었다. 얼마나 걸었을까? 뒤에서 묵직한 발자국 소리와 비명 소리가 들렸다. 여인 악령이 사냥꾼을 잡기 직전이었다. 사냥꾼은 노파가 시킨 대로 땅에 지팡이를 꽂고 뛰어넘은 뒤 다시 들고는 길을 재촉했다. 그러자 여인 악령의 발자국 소리가 저만치 멀어졌고 노랫소리는 들릴 듯 말 듯했다. 사냥꾼은 걷고 또 걸었다. 너무 피곤해서 바위에 앉아 쉬고 있는데 갑자기 노랫소리와 비명 소리가 들렸다. 세상에! 여인 악령의 모습이 보였다! 사냥꾼은 지팡이를 땅에 꽂고 뛰어 건넌 뒤 지팡이는 까맣게 잊고 냅다 달리기 시작했다. 그러나 이상하게 발걸음을 뗄 때마다 열기가 확 몰려오면서 먹구름이 일었다. 사냥꾼은 점점 더 숨이 차 왔다. 여인 악령이 손 뻗으면 잡을 수 있는 거리까지 쫓아왔지만 사냥꾼은 한 발짝도 움직일 수가 없었고 먹구름은 점점 더 짙어졌다. 그 순간 갑자기 새가 나타나자 사냥꾼이 애원했다.

"새야, 새야, 아름다운 목소리를 가진 새야! 무척 빠른 날개를 가진 새야! 내가 잊고 가져오지 않은 지팡이를 좀 가져다주렴. 이제는 숨 쉬기조차 힘들어."

"내게 매년 고기를 준다고 약속하면 도와줄게요."

사냥꾼은 그렇게 하겠다고 약속했고 새는 지팡이를 가지러 날아갔다. 여인 악령과의 거리는 점점 좁혀지고 있었다. 사냥꾼은 어떻게 해야 할지 막막했다. 이때 새가 지팡이를 가지고 왔다. 사냥꾼은 새에게 고맙다는 말을 한 뒤 집을 향해 빛의 속도로 달려갔다. 잠시 후 먹구름이 완전히 물러가면서 해가 반짝였고 구름이 떠다녔으며 바다가 푸른빛으로 빛났다. 바닷가 유르타가 설핏설핏 보였다. 아내와 아이들이 사냥꾼을 맞이하러 나왔다. 사냥꾼은 이렇게 집으로 무사히 돌아왔지만 목숨을 구해 준 새는 절대 잊지 않았다. 해마다 새는 사냥꾼의 집을 찾아와서 즐거운 시간을 보낸 뒤 다시 따뜻한 나라로 날아갔다.

순록 사육인과 악령

순록을 사육하는 부부가 무남독녀를 지극정성으로 기르면서 살고 있었다. 딸도 부모님과 같이 순록을 길렀다. 어느 날 하나뿐인 딸이 병에 걸려 시름시름 앓다가 죽고 말았다. 장례를 치르고 나서 아버지는 밤새 한잠도 자지 못했다. 쉼 없이 눈물을 쏟아 냈다. 딸이 너무 불쌍하고 가여웠다. 아내가 말했다

"여보, 밤에는 울지 마세요. 울고 싶으면 낮에 우세요. 밤에는 울면 안 돼요!"

"내버려 둬요! 무슨 상관이오! 이제 어떻게 산단 말이오! 딸아이가 너무 가엾구려! 하나밖에 없는 딸이 죽다니!"

아버지는 하염없이 눈물을 흘렸다. 툰드라에까지 아버지의 울음소리가 구슬프게 들려왔다. 그때 다섯 자매의 영혼이 다가와서 죽은 딸을 괴롭히기 시작했다.

"야, 일어나! 네 아버지가 불쌍하지도 않니? 밤새 눈물을 강물처럼 쏟아 내고 있잖아."

맏언니가 동생들에게 말했다.

"애들아! 조금 있다 나와 순록 사육인의 딸의 걷는 모습을 한번 비교해 봐. 몸짓이 비슷할 거 같지 않니? 그러면

그렇다고 말을 해."

맏언니와 죽은 딸은 나란히 걸어 보았다. 그런데 걷는 모양새가 전혀 달랐다. 맏언니가 이번에는 둘째 동생에게 걸어 보라고 했다. 둘이 걸어 보았는데 여전히 달랐다. 셋째, 넷째 동생이 차례로 순록 사육인의 딸과 나란히 걸어 보았는데 두 언니보다는 비슷했지만 여전히 달랐다. 마지막으로 막냇동생에게 걸어 보라고 했다. 걷는 모양새가 완전 판에 박아 놓은 것처럼 비슷했다. 맏언니가 이번에는 노래를 불러 보라고 했다. 죽은 딸이 노래를 부른 다음 막냇동생이 노래를 불렀다. 둘의 목소리는 아주 똑같아 누가 누군지 전혀 구별할 수가 없었다. 노래뿐만 아니라 말하는 모양새도 너무 비슷했다. 자매들이 죽은 딸에게 말했다.

"자, 그럼 이제부터 너는 푹 자도록 해."

순록 사육인의 딸을 밀어 땅 위로 쓰러뜨려 다시 죽음의 깊은 잠에 빠져들게 했다. 자매들은 순록 사육인의 딸에게 달려들어 발톱, 머리카락부터 시작해서 피부 가죽까지 모두 벗겨 내서 막냇동생에게 입혔다. 마지막으로 항문에 공기 주머니를 매달고 순록 사육인 딸의 윗도리를 입힌 뒤 말했다.

"됐다! 가 봐! 아버지가 정말로 너무 불쌍해서 눈 뜨고는 못 봐 주겠구나."

막냇동생은 순록 사육인의 집을 향해 떠났다. 도착해 보니 집 옆에는 큰 강이 거칠게 아우성치고 있어서 문이 있는 곳으로는 도저히 갈 수가 없었다. 아버지를 부르기 시작했다. 아버지는 슬피 울다가 갑자기 딸이 부르는 소리를 들었다. 아버지는 이루 말로 표현할 수 없을 정도로 기뻐하면서 아내에게 말했다.

"부질없어요. 괜히 기뻐하지 마세요. 절대 그 아이가 아니에요!"

"아니야, 우리 딸아이가 틀림없소! 세상에, 애야, 네가 돌아왔구나! 어서 빨리 집으로 들어오너라!"

"그런데 어떡하면 집으로 갈 수 있어요? 이 강을 어떻게 건너야 돼요?"

실제로 그곳에 강 같은 것은 없었다. 아버지는 밖으로 나가 막대를 주워 들고는 아가씨가 강을 건너오게 도와주는 시늉을 하면서 말했다.

"자, 이리 오너라."

아가씨는 집으로 들어갔다. 아버지 어머니는 아가씨를 뚫어지게 바라보았다. 아니 세상에! 정말로 딸이 살아 돌아온 것이 아닌가! 엄마는 여전히 믿지 않았다. 가장 먼저 아가씨에게 아버지의 순록에 대해 물었다.

"우리의 순록은 어디에 있니?"

그러자 아버지가 먼저 나서면서 대답했다.

"순록들은 어디엔가 있겠지. 하여튼 네가 돌아와 줘서 정말 기쁘구나."

아가씨는 집안일에 참으로 많은 보탬이 되었다. 바느질 솜씨가 얼마나 뛰어난지 바느질을 위해 세상에 태어난 것 같았다. 어느 날 아가씨가 아버지에게 말했다.

"이제부터 샤먼 의식을 배우겠어요."

그 후 아가씨는 더 이상 바느질을 하지 않았다. 늘 식사가 끝나기 무섭게 샤먼 의식에 몰두했다. 어느 날은 밤새 샤먼 의식을 배우다 아침녘이 되어서야 잠이 들었다. 얼마나 곤하게 잠이 들었는지 잠결에 허우적거리다가 항문에 묶어 둔 공기 주머니가 열리고 말았다. 이상한 소리에 잠에서 깬 엄마가 불을 켰다. 그 광경을 본 엄마가 아버지를 깨웠다.

"보세요! 제가 말했잖아요, 저 아이는 우리 딸이 아니에요! 악령이에요! 지금도 좋으세요? 돌아온 아이가 우리의 딸이 아니고 악령인데도!"

아버지가 가만히 들여다본 뒤 아내에게 말했다.

"알았소. 빨리 옷을 입으시오."

아버지도 서둘러 옷을 입었고 길을 재촉했다. 아버지는

작은 목탄, 돌, 막대기를 챙겼다. 집 쪽으로 썰매를 끌고 와서 아내에게 물었다.

"순록들이 이곳에 있소?"

"예, 여기에 있어요."

"그중 썰매를 끌 수 있는 순록이 있소?"

"그럼 있지요."

"어서 속히 그 순록들을 썰매에 묶으시오."

순록들을 묶었다. 아버지와 엄마는 곧장 북쪽으로 달렸다. 출발하자마자 귀청이 찢어질 것 같은 큰 고함 소리를 들었다. 오호! 얼마나 무시무시한 소리였던지!

딸로 변한 악령이 부부의 뒤를 쫓아왔다. 얼마 가지 않아 바로 뒤에까지 바짝 쫓아왔다. 손만 뻗으면 닿을 거리까지 악령이 다가오자 아버지는 목탄을 눈 위에 던지면서 침을 뱉었다. 목탄이 큰 숲으로 변하더니 불이 활활 타오르면서 악령의 앞길을 가로막았다. 악령이 이 불을 돌아오는 동안 부부는 제법 멀리까지 도망갔다. 그러나 또다시 악령은 손을 뻗으면 닿을 거리까지 쫓아왔고 아버지는 눈 위에 돌을 던진 뒤 침을 뱉었다. 돌이 거대한 절벽으로 변했다. 악령이 절벽을 넘어오는 동안 부부는 멀리까지 달아났다. 절벽을 지나온 악령은 바람처럼 달려서 다시 부부의 바로 뒤에까지 바짝 쫓아왔다. 그런데 부부가 뒤를 돌아보니 달려오느라 배가 고팠는지 악령은 순록을 뼈째 게걸스럽게 먹고 있었다. 그러느라 약간 시간이 지체되었다. 순록을 남김없이 먹어 치운 악령은 다시 바람처럼 달려왔다. 더 빨리 쫓아오고 싶은 마음에 악령은 네발로 달려오면서 소리를 질렀다.

"왜 나만 두고 가는 거야? 나는 당신들의 딸이 분명하단 말이야. 나는 자꾸만 먹고 싶어, 너무 배가 고파!"

드디어 완전히 지척에까지 쫓아왔다. 악령이 한 손으로 썰매를 잡자 아버지는 막대기를 꺼내 악령의 손을 내리쳐 손을 부러뜨렸다. 악령은 다른 손으로 썰매를 잡았다. 이번에도 아버지가 내리치는 바람에 손이 부러졌다. 얼마나 다행인가! 악령은 너무 아픈 나머지 펑펑 울기 시작했고 부러진 손에서 피가 쉴 새 없이 흐르면서 그 자리에서 최후를 맞이했다. 악령이 살아났다면 부부는 죽었을 것이다. 부부는 썰매를 타고 집으로 되돌아가서 다시 평온하게 살기 시작했다. 이때부터 축치인은 장례식 날 밤에는 절대 눈물을 흘리지 않았다.

온천 마을에서 온 남자와 북쪽 지방에서 온 남자

이 이야기는 온천이 있는 로리노 마을의 한 남자에 대한 것이다. 부부가 살고 있었는데 아이는 없었다. 정확하게 말해 아이가 아예 없었던 것은 아니었다. 제법 여러 명의 아이가 생겼지만 웬일인지 태어나자마자 이내 죽었다. 부부는 늙었고 이미 백발이 성성했다. 어느 날 남편이 불쑥 아내에게 말했다.

"그런데 말이오, 아이가 있으면 정말 좋겠소."

"그렇게 된다면야 정말 좋지요, 감사할 따름이지요."

부부의 바람대로 아이가 태어났다. 사내아이였다. 쑥쑥 자라 앉기 시작할 무렵 어느 날 느닷없이 죽었다. 부부는 얼마나 슬피 울었던지! 이듬해 아내는 또 아이를 가졌다. 남편이 말했다.

"이번에는 제발 안 죽었으면 좋겠소."

이번에는 계집아이가 태어났다. 또 앉기 시작할 때쯤 갑자기 죽었다. 실의에 잠긴 남편이 말했다.

"여기를 떠납시다. 여기에서 더는 살 수가 없을 것 같소."

유르타를 분해한 뒤 기둥 네 개와 지붕은 가지고 갔다. 모든 짐을 등에 짊어지고 북쪽으로 향했다. 쉬엄쉬엄 숨을 돌려 가면서 길을 갔다. 도중에 마을을 만나면 그곳에 유르타를 세운 뒤 식사를 하고 잠깐 눈을 붙인 뒤 동이 트기 무섭게 다시 길을 떠났다. 밤이면 유르타를 설치하고 아침이면 다시 거두어들이는 생활이 기약 없이 이어지던 어느 날 남편이 말했다.

"이곳에 유르타를 설치하고 여기에서 터를 잡고 삽시다."

유르타를 설치하고 잠이 들었다가 아침에 일어나니 아내가 말했다.

"제가 또 아이를 가졌어요."

"그래요? 정말 기쁘군요, 감사해요."

"이번에는 제발 죽지 말아야 할 텐데!"

남편은 바다 사냥을 나갔다 돌아오는 길에 어떤 남자를 만나 인사를 나눈 뒤 두런두런 이야기를 주고받았다. 남자가 먼저 물었다.

"어디에서 왔소?"

"온천 마을에서 왔소. 당신은 어디서 왔소?"

"우리는 북쪽에서 왔는데 유목을 하고 있소."

"내게는 아이들이 제법 여럿 있었는데 모두 죽었소. 아마 부정을 타서 그런 것 같소. 산모가 복대[30]를 착용하면

---

30) 추코트인이 악의 정령을 막기 위해 옷 위에 착용하는 보호 벨트다.

액을 막을 수 있다는데…. 혹 당신에게 복대가 있소?"

"있지요. 저희 집에 있어요."

"내게 빌려줄 수 있소?"

"그럼요. 빌려드리고말고요."

"그런데 집은 어디요?"

"바로 저기 산 위요. 내일 제가 복대를 갖다드리면서 당신의 아이를 지켜 드리지요."

"감사합니다! 정말 감사합니다!"

집에 돌아온 남편이 말했다.

"우연히 유목인 남자를 만났는데 복대가 있다고 하여 빌려 달라고 부탁했소."

유목인도 집에 와서 아내에게 말했다.

"온천 마을에서 온 사람을 만났는데 아이들이 모두 죽었다고 하더군. 너무 딱해. 그 사람에게 복대를 빌려주어야 할 것 같소."

"그럴 수 없어요. 절대 줄 수 없어요."

"안 되오. 빌려줘야 하오. 너무 가엾잖소. 어쨌든 내일 빌려주기로 했소."

유목인은 다음 날 온천 마을에서 온 사람들의 유르타로 갔다. 유르타는 정말 너무 작고 남루했다. 남편이 유목인에게 말했다.

"고맙습니다! 약속대로 와 주었군요. 이리 들어오세요."

"아닙니다. 방도 무척 비좁아 보이는데요 뭘."

"그래도 괜찮으니 들어오세요. 아이는 아직 아내의 배 속에 있어요. 당신이 지켜 주세요. 당신에게 맡기겠어요."

"알겠습니다. 그럼 송구스럽지만 안에 들어가서 잠을 청하겠습니다."

잠이 들었다. 아내는 똑바로 누워서 자고 있는데 잠결에 코를 무척 심하게 골아 유목인은 도저히 잠을 잘 수가 없었다. 게다가 웬 벌레들이 그렇게 극성맞게 달려드는지! 영 잠을 이루지 못한 유목인이 생각했다.

'내가 왜 여기에 왔지? 여인은 아주 곤히 잘 자고 있는데…. 하지만 필시 아이들이 죽은 이유가 있을 거야. 대체 그게 뭘까?'

그때 밖에서 발자국 소리가 들리더니 누군가 살그머니 문을 여는 것이 아닌가! 유목인은 상대가 눈치채지 못하게 유심히 살펴보았다. 가만 보니 두 발이 아닌 네 발로 살금살금 기어들어오고 있었다. 악령이었다. 유목인은 악령이 방에 들어오는 순간 붙잡아 침을 뱉었다. 그러자 악령은 그 자리에 돌처럼 굳어진 채 더 이상 움직이지 못했고 그냥 묻는 말에 대답만 했다.

"어디서 왔소?"

"북쪽에서 왔소. 그러는 당신은 어디에서 왔소?"

"온천 마을에서 왔소."

"그런데 어째서 여기에 왔소?"

"이 여인의 아이를 죽이러 왔소."

"안 돼요! 이제는 더 이상 죽일 수 없소. 이제부터는 내가 이곳을 지킬 거요. 나는 북쪽 지방 출신이오. 아이에게 해코지하면 당신을 죽이겠소. 명심하시오!"

"알겠소! 죽이지 않겠소. 반드시 약속을 지키겠소."

"두고 보겠소, 거짓말하지 마시오. 거짓말을 할 경우 쥐도 새도 모르게 죽여 버리겠소."

"아니오! 절대 거짓말하지 않겠소."

유목인이 밖을 바라보며 악령의 몸에 뱉었던 침을 닦자 방에 들어온 낯선 자가 움직이기 시작했다.

"어휴, 이제야 살 것 같네. 정말 좋군. 그런데 당신은 어디에서 왔소?"

"이미 말했잖소. 북쪽에서 왔다고."

"남의 아이들이 아니라 당신 아이들에게나 신경을 쓰시오."

악령은 이 말을 끝으로 갑자기 굴뚝을 통해 뛰어나가더니 어디론가 흔적도 없이 사라져 버렸다. 동이 텄다. 모두 잠에서 깨어나자 유목인이 말했다.

"이제 저는 가겠습니다!"

밖으로 나가서 집을 한 바퀴 휘 돌아보더니 뒷걸음질을 치면서 굴뚝에 시선을 꽂았다. 그 순간 악령이 불쑥 지붕에 모습을 드러냈다.

"왜 불렀소?"

"두고 보겠소. 거짓말할 생각은 추호도 하지 마시오. 이 아이가 죽기라도 하면 가만두지 않겠소."

"걱정 마시오. 절대 거짓말 따위는 하지 않소."

"아이가 태어난 뒤 아이에게 무슨 짓을 하면 결코 용서하지 않겠소."

"글세 절대, 절대 안 한다니까! 아이를 건드리지 않는다니까!"

"어디 두고 보겠소."

유목인은 유르타로 들어가 안쪽에서 굴뚝을 유심히 바라보았다. 거기에 매달려 있던 악령이 놀림조로 말했다.

"저거 봐! 내가 거짓말할까 봐 겁내는 거 봐! 내가 또 무슨 짓을 할까 봐 무섭지? 그렇잖소?"

"아이가 죽기라도 하면 당신을 반드시 찾아내서 죽여 버리겠소."

여인이 아주 튼튼한 아이를 낳았다. 유목인이 말했다.

"이제 저는 가 보겠습니다. 제 할 일은 다 끝난 것 같습니다. 다음에 다시 오겠습니다."

남편이 말했다.

"아이가 또 죽을까 봐 너무 두렵소! 우리와 함께 있어 주면 안 되겠소?"

"아닙니다. 두고 보십시오. 아이는 잘 자랄 겁니다. 나중에 다시 오겠습니다."

밖으로 나가 굴뚝에 시선을 꽂으면서 다시 한번 위협을 했다.

"두고 보겠소. 아이를 절대 건드리지 마시오."

유목인이 가던 걸음을 멈추고 뒤를 돌아보니 악령이 굴뚝에서 나오면서 소리를 질렀다.

"내가 무슨 짓을 할까 봐 겁나지? 아이에 대해서는 걱정 붙들어 매시오! 아이를 돌봐 주겠소."

유목인은 집으로 가서 아내에게 말했다.

"돌아왔소."

"어디서 무엇을 하다 이제야 집에 왔죠?"

"그게 말이야… 저기 온천 마을에서 온 사람들이 아이를 낳았지 뭐요."

얼마 후 아이는 앉기 시작했고 곧 걷기 시작했으며 그렇게 끝까지 잘 자랐다. 아내의 배가 다시 불러 왔고 남편은 또 유목인을 찾아갔다.

"거기 누구요?"

"아내가 또 아이를 가졌소. 당신을 데리러 왔소."

둘이 함께 길을 나섰다. 집 근처에 온 유목인은 굴뚝 위에서 언뜻 악령을 본 것 같았는데 순간적으로 흔적도 없이 사라져 버렸다. 집 안으로 들어갔더니 여인의 배가 무척 불러 있었다.

"보시오, 아내의 몸이 다시 무거워졌소."

다시 유목인은 이 집에 머물렀다. 얼마 지나지 않아 아내가 곧 두 딸을 낳았다.

"이제 됐습니다. 저는 가 보겠습니다."

밖으로 나가 뒷걸음질 치면서 굴뚝을 보니 악령이 집 안으로 내려가면서 말했다.

"왜 여기에 그렇게 자주 오는 거야? 내가 말했잖소. 거짓말은 절대 하지 않는다고! 다른 곳으로 가 보시오. 이 집 아내는 나이가 들어 더 이상 아이를 낳지 못할 거요. 어쨌든 나는 계속 이 집에 눌러 있을 것이니 딸들이 아이를 낳을 때 그 아이들을 지켜 주러 다시 오는 게 좋겠소."

딸들이 커서 아주 튼튼한 사내아이들을 낳았고 내리 예쁜 계집아이도 낳았다. 유목인은 이 집 옆으로 옮겨 와서 아이들을 지켜 주었다. 유목인에게 필요한 일은 다른 사람들이 다 해 주었고 유목인은 아무 일도 하지 않고 아이들 지키는 일에만 전념했다. 그렇게 모두 행복하게 잘 살았다.

목동 이이누비예

그의 이름은 '불'이라는 의미의 이이누비예다. 어느 날 밤 유목을 하고 있을 때 큰 눈보라가 몰아쳤다. 순록들 근처에서 잠이 들었던 이이누비예는 소스라치게 놀라서 잠에서 깨어났다.

"세상에! 별일이군! 왜 이렇게 무섭지? 악령이 나를 잡아먹으려고 하나…. 친구들! 부탁이 있는데 내가 자는 동안 망 좀 봐 줘!"

이이누비예는 허리춤에 차고 다니는 스키, 지팡이, 칼, 숫돌에게 말했다.

"내가 자는 동안 아무 일이 없게 나를 잘 지켜 줘야 해. 알았지? 너무 무섭단 말이야. 악령이 여기로 오고 있나 봐. 내가 너희의 주인이잖아. 그러니 당연히 너희가 나를 지켜 줘야지!"

그리고 친구들을 눈 속에 꽂아 둔 채 이이누비예는 잠이 들었다. 한 치 앞도 보이지 않을 정도로 눈보라가 심하게 몰아쳤다. 그때 지팡이가 불쑥 말했다.

"에구머니! 저기 악령이 오네. 세 놈이나 되는데!"

스키가 말했다.

"있는 힘을 다해 주인을 지키자!"

숫돌이 말했다.

"그래, 주인을 지켜야만 해!"

칼은 한마디도 안 하고 잠자코 있었다. 숫돌이 물었다.

"이봐 칼! 너는 왜 아무 말도 안 하는 거니?"

"그냥. 저기 악령이 오고 있다는 말 이외에는 할 말이 없는데."

악령 세 놈이 이러쿵저러쿵 말을 주고받으면서 오고 있었다.

"순록들을 꼭 잡아야 돼. 만에 하나 못 잡기라도 하는 날이면 우리는 종당에는 굶어 죽을 거야."

한 악령이 손에 창을 들고 살금살금 다가오자 지팡이가 스키에게 말했다.

"먼저 너희가 악령을 덮쳐!"

숫돌이 칼에게 말했다.

"그래, 악령에게 돌진하자!"

칼은 침묵만 지킬 뿐 한마디도 하지 않았다. 악령이 바로 옆에 오자 칼이 말했다.

"나를 들어. 나는 아주 날카로워. 자고 있는 저자의 옆구리를 그대로 찔러!"

숫돌이 칼에게 소리쳤다.

"뭐어? 세상에! 알고 보니 너는 주인의 적이었구나! 이런 배신자! 못된 놈!"

"그래! 나는 주인이 착한 일을 하는 것을 본 적이 없어. 주인은 항상 얼음의 얼굴에다 나를 들이댔어. 그게 얼마나 힘든 일인지 알기나 해?"

"어이쿠, 아무리 그래도 배신은 아니지!"

숫돌이 변절자에게 돌진하여 마구 두들겨 패자 변절자는 그대로 내동댕이쳐졌다. 스키는 악령의 얼굴을, 지팡이는 가슴을, 숫돌은 눈을 때렸다. 산 너머로 날아간 악령은 한참이 지난 뒤에야 겨우겨우 친구들에게 돌아왔다.

"어휴, 이 동물은 건드리지 않는 게 좋겠어. 이 동물에게는 아주 믿음직스러운 파수꾼이 많아. 자, 봐, 내 한쪽 눈이 완전히 박살이 났잖아."

나이가 가장 많은 악령이 나섰다.

"그렇지 않아, 우리가 이 동물을 잡지 못할 이유가 없어."

다른 악령을 싸움터로 내보내면서 말했다.

"동물과 함께 파수꾼들도 모조리 죽여 버려!"

"좋았어, 다 죽여 주지!"

다른 악령이 나섰다. 다시 스키, 지팡이, 숫돌이 돌진하여 적을 쫓아냈다. 이 악령도 눈에 심한 상처를 입었고 만신창이가 된 몸을 이끌고 겨우 친구들에게 돌아갔다. 그러자 나이가 가장 많은 악령이 말했다.

“좋아, 내가 직접 가겠어. 이러다간 모두 굶어 죽고 말 거야. 내가 저자들을 죽이지 못할 거 같아? 반드시 죽이겠어.”

땅속으로 들어가더니 흙을 파헤치면서 이이누비에를 향해 한 걸음 한 걸음 다가갔다. 지팡이가 말했다.

“이봐, 이이누비에! 내 말 들려? 너를 죽이려고 악령이 땅 밑으로 오고 있어. 이런 상황에서 우리는 너를 지켜 줄 수가 없어. 빨리 일어나서 대책을 마련해야 해!”

이이누비에가 대답했다.

“알았어. 일어날게. 내가 밖으로 나가서 직접 악령을 처리할게.”

허리춤에 매달아 놓은 백조 뼈로 만든 작은 파이프를 꺼냈다. 한쪽 끝을 입에 대고 다른 쪽은 눈 속에 찔러 넣은 뒤 물었다.

“준비됐어! 적이 거의 다 왔지?”

지팡이가 대답했다.

“그래! 곧 뭔가를 해야만 해! 이제 곧 여기 도착할 거야!”

이이누비에는 있는 힘을 다해 작은 파이프를 통해 땅속으로 입김을 불어넣었다. 악령은 폭풍우를 만난 것처럼 아주 먼 곳으로 날아갔다. 너무 멀리 날아가는 바람에 얼어 죽기 직전이었다. 악령은 한참 만에야 친구들 곁으로 돌아왔다. 나이가 가장 많은 악령은 완전히 기진맥진했고 잠깐 사이 기력이 쇠진하여 폭삭 늙어 버렸다.

"어휴, 세상에, 이 동물을 그냥 내버려 두고 집으로 돌아가자. 안 그러면 저 동물한테 우리 모두 죽고 말 거야."

악령들은 본전도 못 건진 채 집으로 돌아갔다. 이이누비예가 파수꾼들에게 말했다.

"그래, 이제는 쉬도록 해. 악령들은 돌아갔어."

이렇게 하여 이이누비예는 적의 공격에서 무사히 살아났다. 이이누비예는 배신자 칼을 돌에 던져 부순 뒤 멀리 던져 버렸다. 스키, 지팡이, 숫돌은 영원히 이이누비예와 함께 있었다.

해 설

축치인 설화에 대하여

설화는 축치인의 세계관, 전통 신앙, 삶의 가치관, 역사, 이웃 민족과의 관계 등 많은 것을 말해 준다. 이 책에는 마흔일곱 편의 축치인 설화가 실려 있는데 주제와 모티프에 따라 동물 이야기 여덟 편, 지혜롭고 용감한 축치인 이야기 스물여덟 편, 샤먼 이야기 다섯 편, 악령 이야기 여섯 편으로 나누어진다. 이들 중 주제, 모티프, 서사 구조 등이 한국 설화와 유사한 이야기도 있지만 한국인과 생활 환경과 세계관이 다르기 때문에 대응되는 한국 설화가 없는 이야기가 더 많다.

동물 이야기에는 <엄마의 복수를 갚은 아칸니카이>, <아내를 구하러 나선 수캐>, <흰 암곰과 결혼한 청년>, <곰과 함께 겨울잠을 잔 목동 티네시킨>, <순록 사육인이 되고 싶었던 갈색 곰>, <늑대의 자식 교육법>, <해마의 아내들>, <괴물 독수리에게서 아내를 구해 온 요나뵤츠긴>이 있다.

이야기 속의 동물들은 가정, 사회, 나라를 이루어 사람과 똑같은 생활을 한다. 그들 나라의 정치 체제는 다양한데 독재 국가도 있고 민주 국가도 있고 노예 국가도 있다. 체제에 항거하는 민중 지도자도 있다. <흰 암곰과 결혼한 청년>에서 흰곰 나라는 먼 바다의 얼음 위에 있는데 그 나라의 민중은 독재자의 착취와 억압에 시달린다. 그런데 흰 암곰과 결혼한 주인공이 독재자를 처단하면서 민중이 자유를 얻게 된다.

<괴물 독수리에게서 아내를 구해 온 요나뵤츠긴>에서 독수리 나라는 노예 국가로 하늘 저 너머에 있다. 독수리 대장은 육지 동물을 잡아가 노예로 부린다. 어느 날 독수리 대장에게 노예로 잡혀간 아내를 남편 요나뵤츠긴이 용기와 지혜를 발휘하여 구해 온다. <해마의 아내들>에서 해마 나라는 먼 바다의 얼음 위에 있는데 그 규모가 제법 크며 비교적 평등하고 민주적인 사회를 이루어 살아간다.

또 축치인 설화 속의 동물들은 지혜와 기지, 예의범절을 준수하려는 성향, 가족애, 복수, 열정 등 사람과 같은 본성과 감정을 가지고 있다. <아내를 구하러 나선 수캐>에서 한 수캐는 남편뿐만 아니라 시댁 식구들을 무시하는 첫 부인과 헤어지고 남편의 말을 존중하고 시어머니

와 시동생을 공경하는 다른 암캐와 결혼한다. 이런 아내로 인해 복을 받게 되면서 수캐 가족 모두 사람으로 변하여 아주 행복하게 살았다. 이 이야기는 한국 설화 '살림 잘하는 며느리'와 유사하다. 이 이야기는 가정 내에서 아내의 역할, 아내에게 요구되는 덕목 등 가부장적인 축치인 사회의 단면을 보여 준다. <엄마의 복수를 갚은 아칸니카이>에서 엄마가 늑대에게 죽임을 당하는 광경을 목격한 아기 순록 아칸니카이는 장성하면서 힘을 길러 마침내 엄마의 복수를 한다. 이 이야기는 모자유친(母子有親)을 통해 축치인의 혈육에 대한 정을 잘 보여 준다.

지혜롭고 용감한 축치인 이야기는 주제와 모티프에 따라 영웅담, 인과담(因果談), 일상담으로 나눌 수 있다. 영웅담에는 <큰어머니를 구한 아이>, <용감한 에이구스케이>, <일곱 형제>, <못된 코랴크인을 응징한 쿤렐류>, <벨리비넬레비트와 형제들>, <러시아 상인들과 랍틸레발의 전쟁>, <날렵한 악바프라르키>, <순록을 무기로 사용하는 반카치코르>, <엄마를 되찾아 온 키예긴>, <벌레로 적을 물리친 오먀야크>, <에스키모인에게 아버지를 잃은 초마락티기르긴>, <흉포한 무사 켈리예프와 청년>, <이상한 노인>, <신출귀몰한 키틴카프>, <천상 세계에 잡혀갔다 온 청년>이 있다.

영웅담의 주인공은 보통 사람과는 다른 강인한 체력과 뛰어난 지혜를 가지고 있다. 영웅담은 영웅의 행동 유형에 따라 다시 세 그룹으로 나뉜다. 첫 그룹의 영웅들은 다른 민족과의 전투에서 축치인을 구한 민족 영웅들로 이 그룹의 영웅들이 등장하는 이야기의 주제는 '민족 구원'이다. <못된 코랴크인을 응징한 쿤렐류>에서 쿤렐류는 코랴크인과의 전투에서, <러시아 상인들과 랍틸레발의 전쟁>에서 랍틸레발은 러시아 상인들과의 전투에서 축치인을 구했다.

두 번째 그룹의 영웅들은 축치인 사이에서 악명이 높거나 가족을 죽인 원수를 응징하는데 이 그룹의 영웅들이 등장하는 이야기의 주제는 '복수'다. <흰옷 입은 남자>에서 주인공 남자는 어느 날 흰옷을 입고 눈 위에 있으면 다른 사람들이 자신을 볼 수 없다는 사실을 알게 된다. 어느 날 남자는 못된 짓을 일삼는 페옉티를 찾아가서 응징하는데 한국의 '밀본 최사 설화'와 유사하다. <큰어머니를 구한 아이>에서 주인공 아이는 위험을 무릅쓰고 악령에게 납치당한 큰어머니를 찾으러 간다. 온갖 고난을 다 극복하고 큰어머니를 납치한 악령을 벌한 뒤 드디어 큰어머니와 함께 집으로 돌아오는데 한국의 '조마구 설화(주둥이 닷발 꽁지 닷발)'와 유사하다.

<일곱 형제>에서 주인공 막내는 바다와 툰드라로 사냥을 나갔던 형들이 차례로 죽자 형들을 죽인 적들을 찾아내어 복수를 하면서 툰드라와 바다에 평화가 찾아온다. <흉포한 무사 켈리예프와 청년>에서 주인공 청년은 축치인 사이에 아주 흉포하기로 소문이 자자할 뿐만 아니라 자신의 형들을 죽인 켈리예프라는 자를 찾아가 복수를 한다. 켈리예프가 죽은 뒤 그 마을의 사람들은 비로소 평화와 안정을 찾게 되었다. <이상한 노인>에서 주인공 청년은 사람들을 잡아와서 노예로 부리고 마음에 안 들면 서슴없이 죽이는 노인에게 형이 죽임을 당하고 형수와 아내가 납치되자 힘과 지혜를 길러 노인에게 복수한다. 이후 주변 축치인 마을과 주인공의 가정에 평화가 찾아왔다.

<엄마를 되찾아 온 키예긴>에서 주인공 아들은 아버지와 함께 엄마를 납치한 자들을 찾아가서 복수를 하고 엄마를 되찾아 온다. <천상 세계에 잡혀갔다 온 청년>에서 주인공 청년은 태어나자마자 천상 세계의 신에게 잡혀가서 아들처럼 살던 중 자신의 출생과 성장의 비밀을 알게 되면서 천상 세계의 신으로부터 도망 나와 엄마에게 돌아온다. <에스키모인에게 아버지를 잃은 초마락티기르긴>에서 주인공 초마락티기르긴은 복수를 위해 아버지를 죽인 이누이트인(에스키모)을 찾아간다. 이 세 편의 이

야기는 축치인의 부모와 자식 간의 끈끈한 정을 잘 보여준다.

세 번째 그룹의 영웅들은 갑작스러운 적들의 공격에도 불구하고 인구에 회자될 만큼 적들을 초토화한 '개인적인 영웅들'로 이 그룹의 영웅들이 등장하는 이야기의 주제는 '지혜와 강인한 힘'이다. <순록을 무기로 사용하는 반카치코르>, <벌레로 적을 물리친 오마야크>, <신출귀몰한 키틴카프>에서 주인공은 모두 부지불식간에 적의 공격을 받는다. 그런데 반카치코르는 순록을, 오마야크는 벌레를 이용해 적을 물리친다. 키틴카프는 약혼녀를 훔쳐간 티아기르긴을 기지와 재치로 물리친다.

인과담(因果談)에는 <공을 가지고 노는 여인>이 있는데 이 이야기를 통해 축치인의 태양, 달, 별에 대한 숭배사상을 알 수 있다. 달에서 온 여인이 태양, 달, 별을 가지고 와서 공을 만들자 온 세상이 어둠에 잠긴다. 사람들이 공포에 떨기 시작하자 인초운 마을의 남자가 여인을 찾아가서 태양, 달, 별을 제자리에 돌려놓는다. 그러자 세상은 다시 밝아지고 사람들은 안정을 되찾는다. 하지만 이후 여자는 더 이상 공을 만들지 못하게 되었다.

일상담은 축치인의 일상생활, 특정 마을이나 해협이 생기게 된 배경을 말해 주며 대체로 주제는 '권선징악', '인과

응보', '자연물 창조' 등이다. 일상담에는 <자신이 기른 벌레에게 죽임을 당한 남자>, <바다 무지개>, <물집투성이 청년>, <가련한 카차프>, <새의 말을 알아듣고 싶은 엄마>, <곰을 모르는 청년>, <욕심 때문에 죽음을 자초한 큰아버지>, <아내를 떠났다 되돌아온 쿠이키네쿠>, <장난감으로 만들어진 사람들>, <해협이 만들어지다> 가 있다.

<자신이 기른 벌레에게 죽임을 당한 남자>, <바다 무지개>, <욕심 때문에 죽음을 자초한 큰아버지>는 '인과응보 설화'로 주제는 '권선징악'이다. <자신이 기른 벌레에게 죽임을 당한 남자>에서 남편은 아이를 낳지 못하는 아내에 대한 분노로 아내를 죽이기 위해 벌레를 길렀는데 오히려 자신이 그 벌레들에게 죽임을 당했다. <바다 무지개>는 욕심 많은 형과 착한 동생 이야기로 동생을 가련히 여긴 무지개 정령이 동생에게 복을 내리고 형을 벌한다는 내용으로 한국 설화 '흥부 놀부'와 비슷하다. <욕심 때문에 죽음을 자초한 큰아버지>에서 욕심이 지나친 큰아버지는 더 많은 재산을 축적하기 위해 어머니, 아내까지 죽인 뒤 조카도 죽이려 했지만 오히려 조카의 기지와 꾀에 넘어가 자신이 죽게 되었는데 한국 설화 '혹부리 영감'과 유사하다.

<새의 말을 알아듣고 싶은 엄마>와 <곰을 모르는 청년>은 '바보 설화'에 속한다. <새의 말을 알아듣고 싶은 엄마>에서 엄마는 사람과 새는 의사소통이 불가능하다는 사실을 인정하지 못하고 오히려 새의 말을 못 알아듣는다고 자신의 아들을 버리는데 엄마가 '바보'로 등장한다. <곰을 모르는 청년>에서 아들은 곰과 쥐도 구별할 줄 모르지만 힘은 무척 센데 곰과 쥐도 분별 못 한다는 아버지의 윽박에 쥐 사냥을 나간다. 아들은 쥐가 아니라 곰을 잡았지만 아버지에게 와서 쥐를 잡았다고 하면서 웃지 못할 일이 벌어진다. 이 이야기에서는 아들이 '바보'로 등장하는데 한국 설화 중 '미련한 소금 장수 설화'와 비슷하다.

<장난감으로 만들어진 사람들>과 <해협이 만들어지다>는 각각 민족 기원 설화와 자연물 전설에 속한다. <장난감으로 만들어진 사람들>에서 메메레넨 마을의 아가씨는 나이 든 부자와 결혼하라는 아버지의 말을 거역한 죄로 집에서 쫓겨난 뒤 우텐 마을에 정착한다. 아가씨는 집에서 가지고 온 장난감과 동물 뼈로 순록 사육과 어로에 종사하는 축치인뿐만 아니라 순록, 해마, 고래 등 동물들을 만든다. 그리고 순록 사육 축치인과 해안 축치인에게 자연을 이용하는 법, 축치인의 전통적인 가치관, 환경이 다른 두 유형의 축치인이 물물교환을 통해 서로 공생

하는 법을 가르친다. 이 이야기는 축치인이 산악에서 순록 사육에 종사하는 축치인과 해안에서 정착 생활을 하는 축치인으로 나누어지게 된 배경을 말해 준다.

<해협이 만들어지다>는 텝켈린이란 축치인이 먼 바다에서 아주 큰 바다표범 사냥을 하다 이상한 짐승의 습격을 받게 되는데 바로 그날 엄청난 파도가 텝켈린이 사는 마을을 덮치면서 텝켈린을 비롯한 대다수 마을 사람이 죽는다. 그 뒤 그곳에는 이네틀린섬과 이메겔린섬이 만들어졌는데 한국의 '장자못 전설'과 유사하며 '선악상벌(善惡賞罰)'이라는 축치인의 윤리관을 보여 준다.

샤먼 이야기는 초자연적, 초우주적인 샤먼의 능력과 관련된 이야기가 대다수인데 <이키추린스키, 콜류친스키, 나우칸카>, <랍클랴볼과 고아 샤먼>, <죽은 아들을 살려 낸 샤먼>, <악령을 혼내 준 샤먼 킥바트>, <꿈속에서 샤먼이 되는 사람>이 있다. 샤먼의 주요 역할이 악령으로부터 축치인을 지키는 것이기 때문에 악령 이야기와 많은 부분 겹친다. 따라서 샤먼 이야기는 악령 이야기와 같이 살펴보아야 한다.

악령 이야기에는 <늑대 대장이 된 할아버지 카이마치캄>, <악령 석상>, <사냥꾼과 악령>, <순록 사육인과 악령>, <온천 마을에서 온 남자와 북쪽 지방에서 온

남자>, <목동 이이누비예>가 있다.

악령 이야기의 주요 내용은 주인공이 지혜와 기지를 발휘해 악령을 물리친다는 것이다. 이야기 속 악령은 주로 인간의 영혼과 육체를 사냥하러 다니는데 <순록 사육인과 악령>에 등장하는 다섯 자매 악령, <악령 석상>에서 석상의 모습을 한 악령, <악령을 혼내 준 샤먼 킥바트>에서 병을 몰고 다니면서 사람을 사냥하는 악령, <사냥꾼과 악령>에서 사람을 사냥하러 다니는 숲속의 악령을 예로 들 수 있다.

설화를 통해 축치인의 자연 숭배 사상과 애니미즘을 엿볼 수 있다. 축치인의 설화에서 대부분의 악령들은 땅속에서 튀어나오기도 하고 하늘에서 내려오기도 하지만 바닷가에서 오는 법은 결코 없다. 이는 고대 축치인의 생활에서 바다가 차지하는 중요성, 축치인의 바다 숭배 사상과 관련이 있다. <목동 이이누비예>에서는 스키, 지팡이, 숫돌, 칼 등의 무생물도 모두 사람처럼 말을 하고 생각을 하는데 축치인의 애니미즘과 관련이 있다.

그뿐만 아니라 설화를 통해 축치인 풍습의 기원도 알 수 있다. <순록 사육인과 악령>에서 외동딸의 장례식을 치른 날 밤 아버지가 밤새 슬피 울자 악령이 딸 흉내를 내면서 부모님을 찾아와 함께 지낸다. 어느 날 딸이 아니라 악령인 사실이 들통나자 부모님을 죽이려 했지만 지혜롭게 이를 물리친다. 이 사건 이후 축치인들은 장례식을 치른 날 밤에는 절대 울지 않는다.

축치인의 이야기에는 악령만이 아니라 <죽은 아들을 살려 낸 샤먼>에서처럼 샤먼이 부르면 나타나서 샤먼을 도와주는 땅딸보 얄라우트 같은 선한 정령도 등장한다.

축치인의 기원과 발전 과정

축치인은 베링해부터 인디기르카강까지 그리고 북빙양부터 아나디르강과 아뉴이강까지 굉장히 넓은 지역에 걸쳐 거주하는 소수민족으로 2010년 러시아연방공화국 인구조사에 의하면 1만 5908명이 생존해 있다. 축치인은 축치어와 러시아어를 주로 사용하는데 축치어는 계통상 고아시아어에 속하며 코랴크어, 케레크어, 알류토르어, 이텔멘어와 친족 관계다.

민족명 '축치'는 추콧카 지역에 널리 전파된 '순록 부자'라는 의미의 '차우추'에서 유래하는데 산지에서 순록 사육에 종사하는 축치인을 해안에서 개 사육에 종사하는 축치인인 안칼린('바다'라는 의미의 축치어 '안키'에서 유래)과

구별하기 위해 이렇게 불렀다.

축치인은 기원전 4~3세기경 시베리아 최북동 추콧카 반도에서 기원하는 것으로 추정되며 초기에는 야생 순록 사냥을 하면서 이동 생활을 했다. 이후 이동 수단으로 이용하기 위해 순록 사육을 시작했다. 기원후 5세기경 이누이트인과 교류를 시작하면서 바다 동물 사냥법을 차용했으며 그 이후 일부 축치인은 해안에서 정착 생활을 시작했다.

17세기 이후 유카기르인이 콜리마강과 아나디르강으로 이주해 오면서 축치인은 유카기르인에게 야생동물 사냥지를 빼앗겼다. 그로 인해 일부 축치인은 야생동물 사냥을 접고 생업을 순록 사육으로 바꾸었다. 이와 맞물려 17세기 알라제야강으로 러시아인이 침투하면서 축치인의 생활은 격변의 소용돌이에 휘말리게 되었다. 1644년 카자흐인 스타두힌(Стадухин)이 니즈네콜림(Нижнеколым) 마을을 만들었다. 당시 콜리마강 동쪽과 서쪽에서 유목을 하던 축치인들은 카자흐인들과 혈전을 벌였고 혈전에서 패하면서 콜리마강 서부 해안을 카자흐인들에게 내어주었다. 이와 동시에 축치인은 북빙양 해변에 거주하던 이누이트인을 베링해 방면으로 밀어냈다. 이후 100년 이상 러시아인과 축치인 사이에는 혈전이 끊이지 않았는데 축치인과 러시아인의 경계는 서쪽으로는 콜리마강, 남쪽으로는 아나디르강이었다.

축치인의 분류

축치인은 생산 활동 양식에 따라 순록 축치인과 해안 축치인으로 나누어지는데 전자는 주요 생산 활동이 사냥과 순록 사육이며 산지에 거주하고 유목 이동 생활을 한다. 후자는 해안에서 정착 생활을 하는데 다시 소규모 순록 사육, 야생 순록과 바다 동물 사냥에 종사하는 그룹과 순록 사육을 하지 않고 도보로 이동하면서 바다 동물과 야생 순록 사냥에 종사하는 그룹으로 나누어진다. 이들은 겨울과 봄에는 바다표범 사냥에, 여름과 가을에는 해마와 고래 사냥에 종사한다. 바다표범 사냥은 마스크를 쓰고 동물 흉내를 내면서 혼자 하는 것을, 해마 사냥은 그룹을 지어 바다 동물 가죽으로 만든 배인 '바이다라'를 타고 하는 것을 좋아한다. 19세기경 이들 사이에 거주 지역이 분명하게 나누어졌는데 순록 축치인은 인디기르카강부터 알라제이강, 콜리마강 서쪽 방면, 해안 축치인은 태평양, 베링해 연안, 북빙양 연안에 거주했다.

축치인의 씨족과 결혼

축치인의 씨족은 부계 혈통을 따르며 공통의 토템과 종교 의식을 가진다. 결혼은 족외혼이며 종종 일부다처제로 두세 명의 부인을 둔다. 협의에 따라 친척이나 형제 사이에 아내를 공유하기도 하며 일반적으로 자녀가 없는 상태에서 남편이 사망한 과부를 최근친이 아내로 맞이하기도 하는데 콜리마강 축치인 사이에는 이런 풍습이 없다.

축치인의 의식주

전통 가옥은 다각형의 큰 천막집으로 밖을 순록 가죽이나 모피로 덮는다. 바람 때문에 천막집 기둥과 천막 밖에는 돌을 묶어 놓는다. 천막집 가운데는 모닥불을 설치한다. 천막집 내부에서 먹고 마시고 자는 공간에는 작은 사각형 모피 커튼을 설치한다.

전통 식재료는 순록, 바다표범, 고래 고기 등이며 고기의 피와 내장뿐만 아니라 버드나무 껍질과 잎, 해초, 수영(sorrel), 열매 등도 식재료로 활용한다. 축치인의 전통 음식 중 순록 위에서 꺼낸 이끼를 반만 익힌 '모날로'가 있다. 모날로는 식재료로도 이용되는데 모날로, 동물 피, 비계, 잘게 다진 고기를 섞은 뒤 끓여서 만든 반유동성 음식이 가장 널리 전파되어 있다. 축치인이 가장 좋아하는 음식은 익히지 않은 해마 고기다.

축치인의 식기는 아주 소박하지만, 유동성 음식을 담는 데 사용하는 식기의 종류는 제법 다양하다. 삶은 고기, 설탕, 비스킷 보관용으로는 높이가 낮은 큰 나무 식기를 이용한다. 식사는 커튼 안에서 다리가 짧은 식탁 주위에 앉아서 하거나 접시를 가운데 놓고 그 주위에 둘러앉아서 한다. 식사 후에 가는 나무 대팻밥으로 만든 수세미로 설거지를 하고 식기는 상자에 보관한다.

의복은 순록 축치인과 해안 축치인 사이에 차이가 없으며 전반적으로 이누이트인의 의복과 아주 유사하다. 전통적인 의복 재료는 어린 순록이나 어린 바다표범 가죽이며 해안 축치인은 방수가 잘되는 바다표범 가죽을 이용해 바지 가장자리와 봄여름 신발을 만든다. 순록 축치인과 해안 축치인은 서로 공생 관계이며 생활용품은 서로 간의 물물교환으로 해결한다. 순록 축치인은 해안 축치인에게서 바다 동물 가죽으로 만든 신발, 신발 바닥, 벨트 등을, 해안 축치인은 순록 축치인으로부터 겨울 의복용 순록 가죽을 구한다.

전통 의복은 일상복과 의례복으로 나누어지고 다시 아동복, 청년복, 남성복, 여성복, 노인복으로 나뉜다. 전통적인 남성복은 가죽 윗도리, 칼과 담배쌈지가 달린 허리띠, 윗도리 위에 입는 사라사로 만든 망토, 해마 힘줄로 만든 우비, 바지, 모자로 이루어진다. 여성복은 소매가 넓고 무릎까지 오는 모피 윗도리와 바지로 이루어진다. 축치인 여성들은 머리를 양 갈래로 땋으며 구슬로 장식을 하고 남성들은 앞머리를 남겨 두고 정수리에서 두 다발로 머리를 묶는데 동물의 귀를 연상시킨다.

해안 축치인의 화살통과 옷의 전통 문양은 이누이트인에게 차용한 것이다. 이후 이 문양은 축치인으로부터 아시아 극지방의 다른 민족에게로 널리 전파되었다. 육지에서의 주된 이동 수단은 순록 썰매인데 썰매는 화물 운반용, 식기 운반용, 아이들 운반용, 천막집 기본 골조 운반용 등으로 나누어진다. 바다에서의 주된 이동 수단은 동물 가죽으로 만든 배인 바이다라다.

축치인의 신앙과 죽음에 대한 관념

축치인의 초기 신앙은 애니미즘으로 태양, 달, 별, 숲, 물, 바위 등 모든 자연물과 순록, 곰, 늑대, 까마귀 등 모든 동물에게 영혼이 있다고 믿었다. 축치인은 전통 신앙을 귀걸이, 완장, 구슬이 달린 벨트 모양의 목걸이 등의 호신부(護身符) 혹은 호부(護符)를 통해 표현한다. 축치인은 씨족마다 특정 토템을 가지고 있는데 제의나 축제 때 씨족의 토템 표현과 함께 제물의 피로 얼굴에 채색을 한다.

축치인 노인들은 삶의 조건이 극한에 처할 때 특히 사냥물이 적어 식량이 모자랄 때 스스로를 돌볼 능력이 없다고 판단되면 다른 가족들에게 피해를 주지 않기 위해 자발적 죽음을 택한다. 그렇다고 친족이나 가족과 노인의 사이가 나쁘다거나 그들이 자발적 죽음을 종용하는 것은 아니다. 이런 조건에서는 노인뿐만 아니라 중병에 걸린 젊은 사람들도 이 자발적 죽음을 택하는데 이들의 숫자가 노인에 비해 결코 적지 않다. 자발적 죽음을 택하는 노인들과 젊은 사람들은 직접 죽을 시기를 정하며 그들의 요구에 따라 가까운 친지가 죽이기도 한다. 이는 <장난감으로 만들어진 사람들>에서 우텐 마을을 만든 아가씨의 죽음에 잘 나타나 있다.

축치인의 장례 풍습은 독특하다. 고인의 목을 자르고 심장과 간을 밖으로 빼낸 뒤 순록의 날고기로 감싸 들판에 던지는데 근대 이후에는 화장(火葬)도 널리 전파되었다.

옮긴이에 대해

엄순천은 러시아어학 박사다. 현재 성공회대 외래교수로 재직 중이며 시베리아 소수민족 언어 및 문화에 관심을 가지고 연구 중이다. 저서로 ≪잊혀져가는 흔적을 찾아서: 퉁구스족(에벤키족) 씨족명 및 문화 연구≫(2016), 역서로 ≪북아시아설화집 3: 나가이바크족, 바시키르족, 쇼르족, 코미족, 텔레우트족≫(2015), ≪예벤키인 이야기≫(2017) 등이 있다. 연구 논문으로는 <중국 문헌 속 북방지역 소수종족과 퉁구스족과의 관계 규명: 순록 관련 기록을 중심>(2018), <에벤키족 음식문화의 특성 분석 – 인문지형학, 인문경제학, 민속학적 관점에서>(2017) 등이 있다.

축치인 이야기

작자 미상
옮긴이 엄순천
펴낸이 박영률

초판 1쇄 펴낸날 2018년 11월 13일

지식을만드는지식
02880 서울시 성북구 성북로 5-11 (성북동1가 35-38)
전화 (02) 7474 001, 팩스 (02) 736 5047
출판등록 2007년 8월 17일 제313-2007-000166호
전자우편 zmanz@commbooks.com
홈페이지 www.commbooks.com

ZMANZ
5-11, Seongbuk-ro, Seongbuk-gu, Seoul, 02880, KOREA
phone 82 2 7474 001, fax 82 2 736 5047
e-mail zmanz@commbooks.com
homepage www.commbooks.com

ISBN 979-11-288-3138-6
979-11-288-3139-3(큰글씨책)
979-11-288-3140-9(PDF 전자책)

책값은 뒤표지에 있습니다.

문학

한국 ≪포의교집≫ 외
중국 ≪서상기≫ 외
일본 ≪바다에서 사는 사람들≫ 외
아시아 ≪물고기 뼈≫ 외
고대 그리스 ≪히폴리투스≫ 외
영국/미국 ≪빨래≫ 외
독일 ≪길쌈쟁이들≫ 외
프랑스 ≪홍당무≫ 외
스페인 ≪위대한 술탄 왕비≫ 외
러시아 ≪유리 나기빈 단편집≫ 외
유럽 ≪로칸디에라≫ 외
아프리카 ≪아딜리와 형들≫ 외
중남미 ≪네루다 시선≫ 외
퀘벡 ≪매달린 집≫ 외

예술

미술 ≪예술에 관한 판타지≫ 외
연극 ≪풍자화전≫ 외

한국문학선집

한국문학의 어제와 오늘을 총정리하는 사상 초유의 기획

초판본 한국소설문학선집
한국 근현대문학 120년, 대표 작가 120명의 작품집 101권

초판본 한국시문학선집
한국 근현대문학 120년, 작고 시인 101명의 작품집 99권

한국문학평론선집
한국 대표 문학평론가 50인의 평론집 50권

한국수필문학선집
한국 대표 수필가 50인의 수필집 50권

한국희곡선집
문학성과 공연성이 입증된 한국 대표 희곡 100권

한국 대표 시인의 육필시집
한국 시단을 주도하는 시인들이 직접 쓴 시집 80권

한국동화문학선집
한국 아동문학사에 기록될 동화작가 120명의 작품집 100권

한국동시문학선집
한국 동시의 역사이자 좌표, 동시작가 111명의 작품집 100권

단행본

≪고려 후기 한문학과 지식인≫ 외